普通高等院校土木专业"十四五"规划精品教材

桥梁结构抗震

黄民水　卢海林　编著

华中科技大学出版社
中国·武汉

内 容 简 介

本书为普通高等院校高年级学生的专业课教材,基于《公路桥梁抗震设计规范》(JTG/T 2231-01—2020)编写而成。主要内容包括地震基本知识概述,桥梁震害与抗震概论,场地、地基与基础,桥梁地震反应分析和地震作用计算,桥梁延性抗震设计,桥梁减隔震设计以及城市轨道交通桥梁的抗震设计。本书内容时效性强,基于最新的公路桥梁抗震设计规范编写,并吸收了作者多年来在桥梁结构抗震教学实践中的经验与成果。

本书可供高等院校土木工程专业高年级本科生或研究生学习参考,也可供结构健康监测相关专业人员研究参考。

图书在版编目(CIP)数据

桥梁结构抗震/黄民水,卢海林编著. —武汉:华中科技大学出版社,2020.10(2024.7重印)
ISBN 978-7-5680-6755-3

Ⅰ.①桥… Ⅱ.①黄… ②卢… Ⅲ.①桥梁结构-防震设计-高等学校-教材 Ⅳ.①U442.5

中国版本图书馆 CIP 数据核字(2020)第 235444 号

桥梁结构抗震　　　　　　　　　　　　　　　　黄民水　卢海林　编著
Qiaoliang Jiegou Kangzhen

策划编辑:周永华
责任编辑:叶向荣
封面设计:原色设计
责任校对:周怡露
责任监印:朱　玢
出版发行:华中科技大学出版社(中国·武汉)　　电话:(027)81321913
　　　　　武汉市东湖新技术开发区华工科技园　　邮编:430223
录　　排:华中科技大学惠友文印中心
印　　刷:武汉邮科印务有限公司
开　　本:850mm×1065mm　1/16
印　　张:17.5
字　　数:362千字
版　　次:2024年7月第1版第2次印刷
定　　价:58.00元

本书若有印装质量问题,请向出版社营销中心调换
全国免费服务热线:400-6679-118　竭诚为您服务
版权所有　侵权必究

普通高等院校土木专业"十四五"规划精品教材

丛书审定委员会

王思敬　彭少民　石永久　白国良

李　杰　姜忻良　吴瑞麟　张智慧

普通高等院校土木专业"十四五"规划精品教材

总　　序

　　教育可理解为教书与育人。所谓教书，不外乎是教给学生科学知识、技术方法和运作技能等，教学生以安身之本。所谓育人，则要教给学生做人道理，提升学生的人文素质和科学精神，教学生以立命之本。我们教育工作者应该从中华民族振兴的历史使命出发，来从事教书与育人工作。作为教育本源之一的教材，必然要承载教书和育人的双重责任，体现两者的高度结合。

　　中国经济建设高速持续发展，国家对各类建筑人才需求日增，对高校土建类高素质人才培养提出了新的要求，从而对土建类教材建设也提出了新的要求。这套教材正是为了适应当今时代对高层次建设人才培养的需求而编写的。

　　一部好的教材应该把人文素质和科学精神的培养放在重要位置。教材中不仅要从内容上体现人文素质教育和科学精神教育，而且还要从科学严谨性、法规权威性、工程技术创新性来启发和促进学生科学世界观的形成。简而言之，这套教材有以下特点。

　　一方面，从指导思想来讲，这套教材注意到"六个面向"，即面向社会需求、面向建筑实践、面向人才市场、面向教学改革、面向学生现状、面向新兴技术。

　　二方面，教材编写体系有所创新。结合具有土建类学科特色的教学理论、教学方法和教学模式，这套教材进行了许多新的教学方式的探索，如引入案例式教学、研讨式教学等。

　　三方面，这套教材适应现在教学改革发展的要求，提倡所谓"宽口径、少学时"的人才培养模式。在教学体系、教材编写内容和数量等方面也做了相应改变，而且教学起点也可随着学生水平做相应调整。同时，在这套教材编写中，特别重视人才的能力培养和基本技能培养，适应土建专业特别强调实践性的要求。

　　我们希望这套教材能有助于培养适应社会发展需要的、素质全面的新型工程建设人才。我们也相信这套教材能达到这个目标，从形式到内容都成为精品，为教师和学生，以及专业人士所喜爱。

中国工程院院士　王思敬

前　言

据统计，全世界每年发生的地震可达数百万次，但其中绝大多数是小地震，不为人们所察觉，只有极少量震级在 5 级以上的较强烈的地震会造成灾害，平均每年只有十多次。如中国 1976 年 7 月 28 日 3 时 42 分 56 秒在唐山丰南的强地震（$M=7.8$），该地区公路中等跨度简支梁桥的震害大都是摆柱式支座倾倒、固定支座齿板剪脱滑出，有的是墩台倾斜，有的是桩柱式墩的基桩折断，甚至是墩倒梁落；而柔性桩墩的双曲连续拱桥的震害多为主拱圈和拱上建筑的小拱圈严重开裂，个别的主拱圈拱起而严重破坏。地震区的铁路桥梁因桥墩基础较好，侧向刚度较强，震害严重程度比公路桥稍轻，如墩台沿施工接缝处开裂或被剪断，钢支座的锚固螺栓被拉出而移位，但落梁事故较少。在其他多地震国家，如日本，桥梁震害也以中小跨度的桥梁为多，大跨度的悬索桥和斜拉桥尚无因地震坠落的事例，但在日本一些轻便悬索桥有塔柱折断、缆索破坏的震害出现。因此，多地震国家，如日本、美国，都在积极开展这类大跨度桥梁结构的抗震研究。

与欧美国家相比，我国的公路桥梁抗震设计规范还不够完善，特别是在桥梁的延性设计、减震和隔震设计等方面，涉及的规范较少。而我国又是一个地震频发的国家，仅 2018 年，5 级以上的地震共计 31 次。各国对桥梁的抗震设计越来越重视，欧美、日本等国家和地区率先在这方面开展研究，并且处于领先地位，为抗震设计的发展做出了较大贡献。相比较而言，我国的抗震设计研究起步较晚，抗震设计规范不够完善，但在借鉴国外先进经验的基础上，仍得到了较大的发展。

我国建筑抗震设计规范编制起步较早，参与研究编制的单位和人员较多，规范体系严谨、内容完备，修订频率较快，体现最新的研究成果；而桥梁抗震设计规范则略显逊色。目前我国桥梁抗震设计规范有公路、城市、铁路和轨道交通 4 种，分别由交通运输部、住房和城乡建设部以及原铁道部负责主编或批准。铁路和轨道交通规范为国家标准，公路和城市规范为行业标准，这 4 种规范均在汶川地震后进行修订和新编。现行桥梁抗震设计规范有《公路工程抗震规范》（JTG B02—2013）、《公路桥梁抗震设计规范》（JTG/T 2231-01—2020）、《城市桥梁抗震设计规范》（CJJ 166—2011）、《铁路工程抗震设计规范（2009 年版）》（GB 50111—2006）和《城市轨道交通结构抗震设计规范》（GB 50909—2014）。

本书是作者十多年以来在桥梁结构抗震领域进行理论研究与教学实践的成果总结，并结合最新颁布的《公路桥梁抗震设计规范》（JTG/T 2231-01—2020）编写而成。全书较为系统地阐述了桥梁结构抗震的基础知识和抗震设计方法。全书共分为 7 章，内容为：第 1 章对地震基础知识进行了介绍，包括地震发生机理、地震活动与地震分布、地震震害和地震震害启示；第2章介绍了桥梁震害与抗震概论，包括桥梁地震破坏等级划分、桥梁各部位的震害、桥梁工程抗震设防标准及桥梁工程抗震设计流程；第3章介绍了场地、地基与基础，包括地震地面运动特性、场地的划分、地基的承载力、地基土的液化和抗液化措施及桩基础的抗震设计；第4章介绍了桥梁地震反应分析和地震作用计算，包括地震反应分析方法的演变、单自由度体系的运动方程和线性振动响应、地震反应谱、多自由度体系的弹性地震反应分析、桥梁地震作用计算及桥梁的抗震措施；第5章介绍了桥梁延性抗震设计，包括延性的基本概念、桥梁延性抗震设计方法、桥梁延性抗震计算、特殊桥梁抗震设计及双柱墩简支梁桥、连续梁桥延性抗震设计实例；第6章介绍了桥梁减隔震设计，包括桥梁减隔震技术的基本原理、减隔震技术的应用与发展、减隔震装置、桥梁减隔震设计及减隔震计算实例。第7章介绍了城市轨道交通桥梁的抗震设计，包括城市轨道交通桥梁抗震设计现状和设防标准、梁式高架区间结构的抗震计算、抗震性能的验算、抗震构造细节及抗震措施、轨道交通简支梁桥和连续梁桥计算实例。

  黄民水博士负责本书第1章及第3～7章的撰写工作，卢海林教授负责本书的审定及第2章的撰写工作。本书的撰写工作得到了攻读硕士学位的凌中正、吴昊轩及成希豪等的协助，已毕业的研究生赵威为实例编写提供了技术指导，作者对他们为本书相关内容的编写做出的贡献表示感谢。同时，也感谢华中科技大学出版社有限责任公司的大力支持。本书的部分内容参考了国内外其他大学和研究机构的研究成果及教材，在此表示感谢。

  由于编者水平有限，本书难免存在疏漏之处，请读者予以批评指正。

黄民水 卢海林
2020年8月

目 录

第1章 地震基本知识概述 …………………………………… (1)
  1.1 地震发生机理 …………………………………………… (1)
  1.2 地震活动与地震分布 …………………………………… (14)
  1.3 地震震害 ………………………………………………… (16)
  1.4 地震震害启示 …………………………………………… (21)

第2章 桥梁震害与抗震概论 ………………………………… (22)
  2.1 桥梁地震破坏等级划分 ………………………………… (22)
  2.2 桥梁各部位的震害 ……………………………………… (23)
  2.3 桥梁工程的抗震设防标准 ……………………………… (38)
  2.4 桥梁工程抗震设计流程 ………………………………… (46)

第3章 场地、地基与基础 …………………………………… (50)
  3.1 地震地面运动特性 ……………………………………… (50)
  3.2 场地的划分 ……………………………………………… (52)
  3.3 地基的承载力 …………………………………………… (57)
  3.4 地基土的液化和抗液化措施 …………………………… (58)
  3.5 桩基础的抗震设计 ……………………………………… (65)

第4章 桥梁地震反应分析和地震作用计算 ………………… (68)
  4.1 地震反应分析方法的演变 ……………………………… (68)
  4.2 单自由度体系的运动方程和线性振动响应 …………… (74)
  4.3 地震反应谱 ……………………………………………… (78)
  4.4 多自由度体系的弹性地震反应分析 …………………… (89)
  4.5 桥梁地震作用计算 ……………………………………… (94)
  4.6 桥梁的抗震措施 ………………………………………… (105)

第5章 桥梁延性抗震设计 …………………………………… (112)
  5.1 延性的基本概念 ………………………………………… (112)
  5.2 桥梁延性抗震设计方法 ………………………………… (120)
  5.3 桥梁延性抗震计算 ……………………………………… (131)
  5.4 特殊桥梁抗震设计 ……………………………………… (145)
  5.5 双柱墩简支梁桥延性抗震设计实例 …………………… (153)
  5.6 双柱墩连续梁桥延性抗震设计实例 …………………… (166)

第 6 章　桥梁减隔震设计 (180)
- 6.1　桥梁减隔震技术的基本原理 (180)
- 6.2　减隔震技术的应用与发展 (183)
- 6.3　减隔震装置 (191)
- 6.4　桥梁减隔震设计 (202)
- 6.5　减隔震计算实例 (211)

第 7 章　城市轨道交通桥梁的抗震设计 (220)
- 7.1　城市轨道交通桥梁抗震设计现状 (220)
- 7.2　城市轨道交通桥梁抗震设防标准 (221)
- 7.3　梁式高架区间结构的抗震计算 (225)
- 7.4　抗震性能的验算 (235)
- 7.5　抗震构造细节及抗震措施 (240)
- 7.6　轨道交通简支桥梁抗震计算实例 (245)
- 7.7　轨道交通连续梁桥抗震计算实例 (257)

参考文献 (269)

第1章 地震基本知识概述

地震又称地动、地震动,是地壳快速释放能量过程中造成震动并产生地震波的一种自然现象。地球上板块与板块之间相互挤压碰撞,造成板块边沿及板块内部产生错动和破裂,是引起地震的主要原因。目前的科技水平尚无法预测地震的到来,未来相当长的一段时间内,地震也是无法预测的。所谓成功预测地震的例子,基本都是巧合。对于地震,我们更应该做的是提高工程结构抗震等级、做好防御,而不是预测地震。人们要提高对工程结构抗震的认识,首先应该了解一些关于地震的基本知识。

1.1 地震发生机理

地震是一种自然现象,是地壳运动的一种表现,且与地质构造密切相关,是伴随着地壳能量的释放而引起的地球表面的振动甚至强烈的运动。引起这种能量释放的原因有地壳某些部位的突然断裂、火山爆发及人为活动,其中绝大多数毁灭性地震是由地壳的断裂所引起的。据统计,地球上每年发生的地震约 500 万次,绝大多数地震由于发生在地球深处或它所释放的能量小而不为人们察觉。人们能察觉到的地震(即有感地震),约占地震总数的 1%。能造成灾害的强烈地震为数更少,平均每年发生十多次。人们察觉不到的地震,必须用地震仪才能记录下来;不同类型的地震仪能记录不同强度、不同远近的地震。世界上运转着数以千计的各种地震仪器,日夜监测着地震的动向。

1.1.1 地球的构造

地球是一个巨大的略呈椭圆的实心球体。它的平均半径约为 6400 km。研究表明,地球由性质不同的三个层次构成:最外层是薄薄的地壳,中间层是很厚的地幔,最里层是地核(图 1.1)。

地壳是地球最表面的一层固体外壳。地壳的厚度是不均匀的,其平均厚度约 17 km。大陆部分地壳厚度一般为 16~40 km,高山、平原地区可达 60~70 km;海洋地壳较薄,一般厚度为 5~15 km。地壳厚度的变化规律:地球大范围固体表面的海拔越高,地壳越厚;海拔越低,地壳越薄。地壳的物质组成除了沉积岩外,基本上是

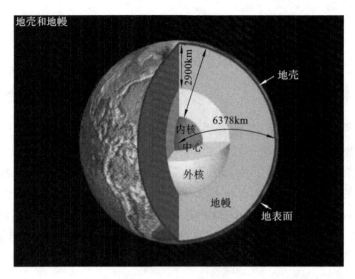

图 1.1　地球的构造

花岗岩、玄武岩等。世界上绝大多数的地震都发生在地壳这一层内。

地幔是介于地壳和地核之间的中间层,厚度将近 2900 km,主要由致密的造岩物质构成,这是地球内部体积最大、质量最大的一层。地幔的物质组成具有过渡性。靠近地壳部分,主要是硅酸盐类的物质;靠近地核部分,则与地核的组成物质比较接近,主要是铁、镍金属氧化物。地幔又可分成上地幔和下地幔两层。地幔主要由质地非常坚硬、比重较大的黑色橄榄岩组成。由于这一层压力大、温度高,因此一般推测地幔的材质具有黏弹性,其顶部存在着缓慢运动着的软流层,即上层地幔。

地核是个半径为 3500 km 的球体,构成物质主要是镍和铁。地核又可分为外核和内核。对地核的成分和状态目前尚不清楚,据推测,外核厚度约为 2100 km,内核半径约为 1400 km,地核层压力大于 $3×10^5$ MPa,温度高达 5000 ℃。根据地震波传播分析,外核可能处于液态,而内核可能是固态。

到目前为止,所观察到的地震深度最深为 700 km,约占地球半径的 1/9,可见地震仅发生于地球的表面部分——地壳内和地幔上部。

1.1.2　地震的类型和成因

根据地震的形成原因,地震可以分为火山地震、陷落地震、诱发地震和构造地震四种类型。

1. 火山地震

火山地震是火山活动所引起的地震。火山活动时,岩浆及其挥发物质向上移动,一旦冲破火山口附近的围岩即会产生地震。此类地震有时发生在火山喷发前夕,可成为火山活动的前兆,有时直接伴随火山喷发而发生。火山地震的强度通常不大,因此,其影响范围也较小。火山地震主要分布于环太平洋、地中海以及东非等地带,其数量占全球地震数量的7%左右。

2. 陷落地震

石灰岩地区,经地下水溶蚀后常可形成许多地下洞坑,如果坑洞不断地扩大,最后导致坑洞的上覆岩石突然陷落,由此所引起的地震称为陷落地震。此类地震的影响范围很小,主要见于石灰岩及其他易溶岩石地区,如岩墙、煤田发达的地区。其数量占全球地震数量的3%左右。

3. 诱发地震

由人为因素所引起的地震称为诱发地震。例如水库地震和人工爆破地震等。水库地震为由水库蓄水而引发的地震。因为水库蓄水后,厚层水体的静压力作用改变了地下岩石的应力,加上水库中的水沿着岩石裂隙、孔隙和空洞渗透到岩层中,形成润滑剂的作用,最后导致岩层滑动或断裂,进而引起地震。此种地震的起因为水库的压力,但地震形式属于断层地震。地下核爆炸时产生的短暂巨大压力脉冲,也可诱发原有的断层再度发生滑动从而造成地震。

4. 构造地震

由于地壳构造运动造成地下岩层断裂或错动引起的地面振动称为构造地震,此种地震约占地震总数的90%,世界上绝大多数震级较大的地震均属此类型。此类地震的特点为活动频繁、延续时间长、影响范围广、破坏性大。因此,构造地震多为地震研究的主要对象。

对于构造地震的成因有多种学说,这里主要介绍断层学说和板块构造学说。

构造地震成因的局部机制可以用地壳构造运动来说明,地球内部处于不断运动之中,地幔物质发生对流,释放能量,使得地壳岩石层处在强大的地应力作用之下。在漫长的地质年代中,原始水平状的岩层在地应力作用下发生形变:当地应力只能使岩层产生弯曲而未丧失其连续性时,岩层发生褶皱;当岩层变形积累的应力超过本身强度极限时,岩层就发生突然断裂和猛烈错动,岩层中原先积累的应变能全部释放,并以弹性波的形式传到地面,地面随之振动,形成地震(图1.2)。

构造地震成因的宏观背景可以借助板块构造学说来解释。板块构造学说认为,地壳和地幔顶部厚70~100 km的岩石组成了全球岩石圈,岩石圈由大大小小的板块组成,类似一个破裂后仍连在一起的蛋壳,板块下面是塑性物质构成的软流层。软流层中的地幔物质以岩浆活动的形式涌出海岭,推动软流层上的大洋板块在水平方向移动,并在海沟附近向大陆板块之下俯冲,返回软流层。这样在海岭和海沟之

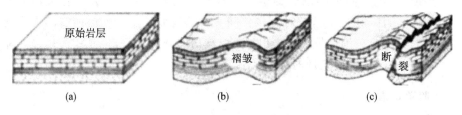

图 1.2 构造运动与地震示意图
(a) 岩层原始状态；(b) 褶皱变形；(c) 断裂错动

间便形成地幔对流,海岭形成于对流上升区,海沟形成于对流下降区(图 1.3)。

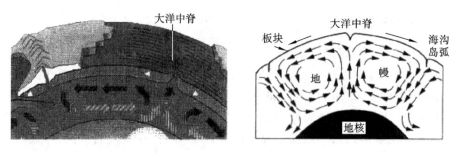

图 1.3 板块运动

全球岩石圈可以分为六大板块,即亚欧板块、太平洋板块、美洲板块、非洲板块、印度洋板块和南极洲板块。

除太平洋板块几乎完全是海洋外,其余板块既包括大陆,又包括海洋。此外,在板块中还可以分出若干次一级的小板块,如把美洲板块分为南美洲、北美洲两个板块,菲律宾、阿拉伯半岛、土耳其等也可作为独立的小板块。板块之间的边界是大洋中脊或海岭、深海沟、转换断层和地缝合线。这里提到的海岭,一般指大洋底的山岭。一般来说,在板块内部,地壳相对比较稳定,而板块与板块交界处,则是地壳运动比较活跃的地带,这里火山、地震活动以及断裂、挤压褶皱、岩浆上升、地壳俯冲等频繁发生。板块构造学说可以较为合理地解释世界地震分布现象。据历史资料统计,全世界 85% 左右的地震发生在板块边缘,其余地震发生在板块内部。

1.1.3 地震波

当震源岩层发生断裂、错动,岩层所积累的能量突然释放,以波的形式从震源向四周传播,这种波称为地震波。地震波主要为在地球内部传播的两种体波和在地表传播的两种面波。

1. 体波

体波是在地球内部传播的波,根据介质质点振动方向和波传播方向的不同,又可分为纵波和横波(图 1.4)。

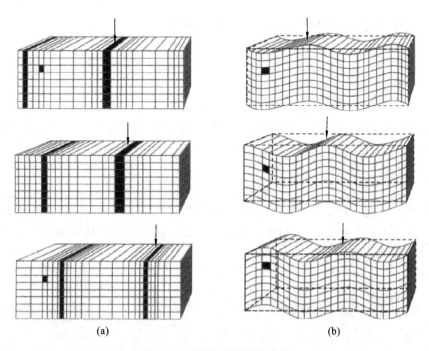

图 1.4 体波运动特征示意图
(a) 纵波(压缩波);(b) 横波(剪切波)

纵波(初波、P 波、压缩波或拉压波)介质质点振动方向与波传播方向相同,是从震源向四周传播的压缩波。纵波一般周期较短,波速较快,振幅较小,在地面上引起上下颠簸运动。纵波波速一般用 v_p 表示,在地壳内波速一般为 200~1400 m/s。根据弹性波理论,v_p 按下述公式计算:

$$v_p = \sqrt{\frac{E(1-\mu)}{\rho(1+\mu)(1-2\mu)}} \tag{1-1}$$

式中,E——介质弹性模量;
μ——介质泊松比;
ρ——介质密度。

横波(次波、S 波、剪切波或等体积波)介质质点运动方向与波传播方向垂直,是从震源向四周传播的剪切波。横波一般周期较长,波速较慢,振幅较大,引起地面水平方向的晃动。横波波速一般用 v_s 表示,在地壳内速度一般为 100~800 m/s,v_s 计算公式为:

$$v_s = \sqrt{\frac{E}{2\rho(1+\mu)}} = \sqrt{\frac{G}{\rho}} \tag{1-2}$$

式中，G——介质弹性剪切模量；

μ——介质泊松比；

ρ——介质密度。

令横波波速与纵波波速之比为 δ，则可以得到：

$$\delta = \frac{v_s}{v_p} = \sqrt{\frac{1-2\mu}{2-2\mu}} \tag{1-3}$$

在一般情况下，当 $\mu = 0.22$ 时，

$$v_p = 1.67 v_s \tag{1-4}$$

由此可见，纵波的传播速度要比横波快。所以在仪器的观测记录纸上，纵波一般都先于横波到达。

2. 面波

面波是沿地球表面及其附近传播的波，是体波在离开震源一定距离后由自由边界或经地层界面多次反射、折射所形成的次生波。面波主要有瑞雷波（R 波）和乐普波（L 波）（图 1.5）。

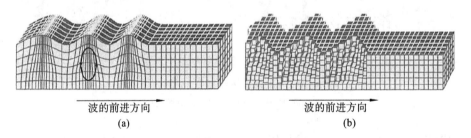

图 1.5 面波运动特征示意图
(a) 瑞雷波；(b) 乐普波

瑞雷波传播时，介质质点在波的传播方向与地表法向组成的平面内做椭圆运动。椭圆的长轴与地表面垂直，短轴则与地表面平行，长短轴之比就是竖向位移分量和水平位移分量的振幅之比。乐普波传播时，介质质点在与波前进方向垂直的水平方向运动，在地面上表现为蛇形运动。两者都有随着距离地面深度的增加其振幅衰减的特性。

面波振幅大，周期长，只能在地表附近传播，比体波衰减慢，故能传播到很远的地方。

综上所述，地震波的传播以纵波最快，横波次之，面波最慢。所以在任意一张地震波记录图（图 1.6）上，纵波总是最先到达，横波次之，面波最晚到达。然而就振幅而言，后者却最大。因为面波的能量比体波大，所以造成建筑物和地表破坏的主要

是面波。大量震害调查表明,一般建筑物的震害主要是由水平振动引起,因此,由体波和面波共同引起的水平地震作用通常是最主要的地震作用。从图 1.6 中还可看出,在上述 3 种波到达之间有一相对稳定区段,稳定区段的时间间隔则随观测点至震源之间距离的减小而缩短。在震中区,由于震源机制和地面扰动的复杂性,3 种波的波列几乎难以区分。

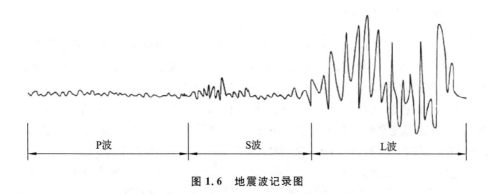

图 1.6 地震波记录图

1.1.4 地震强度

1. 震级

地震强度通常用震级和烈度等来反映。地震震级是指一次地震释放能量大小的尺度,它是地震基本参数,地震释放的能量越多,地震震级越大。由于在一次地震中,人们所能观测到的只是传播到地面的震动,也就是对我们有直接影响的那部分能量所引起的地面震动,因此采用地震时地面运动的幅值大小来度量地震震级。国际上一般采用美国地震学家查尔斯·弗朗西斯·里希特(C. F. Richter)和宾诺·古腾堡(Beno Gutenberg)于 1935 年共同提出的震级划分法,即通常所说的里氏地震等级。震级大小是采用标准地震仪(周期为 0.8 s,阻尼系数为 0.8,放大倍数为 2800),在距离震中 100 km 处记录到的以微米($1\ \mu m = 10^{-6}$ m)为单位的最大水平位移 A 的常用对数值,即:

$$M = \lg A \tag{1-5}$$

式中,M——地震震级,通常称为里氏震级;

A——记录的地震曲线图上得到的最大振幅。

当实际采用非标准地震仪或测点震中距非 100 km 时,需对观测数据进行修正后才能确定地震震级。一次地震释放的能量大小一定,所以只有一个震级。当发生地震时,震源释放的能量(E)与震级(M)之间的关系可用下式表达:

$$\lg E = 1.5M + 11.8 \tag{1-6}$$

震级相差一级,地面振幅相差约10倍,而地震能量相差约32倍。一次7级地震相当于近30颗2万吨级原子弹的能量。人类有记录的震级最大的地震是1960年5月21日智利发生的9.5级地震,所释放的能量相当于一颗1800万吨炸药量的氢弹,或100万千瓦的发电厂40年的发电量。汶川地震所释放的能量大约相当于一颗90万吨炸药量的氢弹,或100万千瓦的发电厂2年的发电量。

2. 地震烈度和地震烈度表

地震烈度是指一次地震在地面上造成的实际影响,即对地面和各类建筑物造成破坏的强弱程度。一次地震所释放的能量一定,即地震震级只有一个;而在地面上造成的破坏程度各不相同,在各个地区有不同的地震烈度。地震烈度与地震震级、震中距、震源深度、地质构造、建筑物地基条件和施工质量有关。一般来说,地震震级越大,地震烈度越高;震中距越大,地震烈度越低;震源深度越浅,烈度越高,在地面影响的范围越小;震源深度越深,烈度越低,在地面影响的范围越大。

震中点的烈度称为震中烈度。对于一次地震,烈度最大的地方往往不在震中,而是与震中有一定的距离。因此地震烈度最大的地方称为宏观震中,而震源在地表的垂直投影称为微观震中。

对于浅源地震而言,地震震级与震中烈度有大致对应关系,如以下经验公式和表1-1所示:

$$M = 0.58I + 1.5 \tag{1-7}$$

式中,M——地震震级,通常称为里氏震级;

I——震中烈度。

表 1-1 震中烈度与地震震级之间对照关系

地震震级	2级	3级	4级	5级	6级	7级	8级	8级以上
震中烈度	1~2度	3度	4~5度	6~7度	7~8度	9~10度	11度	12度

为衡量地震烈度的大小,科学家建立了相应的标准,即地震烈度表。地震烈度表以描述震害宏观现象为主,主要根据地震时人的感觉、地表破坏特征、建筑物损坏程度、家具器物的反应等进行区分。按照破坏程度强弱分为若干等级,地震破坏程度越大,烈度越大。

由于对地震破坏程度影响轻重的分段不同,加之地表宏观现象、定量指标、建筑质量和地基情况的差异,各国所制定的烈度表也各不相同。日本采用0~7度分成8个等级的烈度表,欧洲少数国家用10度划分,而绝大多数国家(包括我国)采用12度的地震烈度表。

1999年由国家地震局颁布实施的《中国地震烈度表》(GB/T 17742—1999),就属于将宏观烈度与地面运动参数建立联系的地震烈度表。所以,该烈度表既有定性的宏观标志,又有定量的物理标志,兼有宏观烈度表和定量烈度表的功能。《中国地震烈度表》(GB/T 17742—1999)自发布实施以来,在地震烈度评定中发挥了重要作用。由于国家经济发展,城乡房屋结构发生了很大变化,抗震设防的建筑比例增加。因此,由中国地震局对《中国地震烈度表》(GB/T 17742—1999)进行了修订,并由国家质量监督检验检疫总局和国家标准化管理委员会联合发布了新的《中国地震烈度表》(GB/T 17742—2008),参见表 1-2。

表 1-2 中国地震烈度表

地震烈度	人的感觉	房屋震害		平均震害指数	其他震害现象	水平向地震动参数	
		类型	震害程度			峰值加速度/(m/s^2)	峰值速度/(m/s)
Ⅰ	无感	—	—	—	—	—	—
Ⅱ	室内个别静止中的人有感觉	—	—	—	—	—	—
Ⅲ	室内少数静止中的人有感觉	—	门、窗轻微作响	—	悬挂物微动	—	—
Ⅳ	室内多数人、室外少数人有感觉,少数人梦中惊醒	—	门、窗作响	—	悬挂物明显振动、器皿作响	—	—
Ⅴ	室内绝大多数人有感觉,多数人梦中惊醒	—	门窗、屋顶、屋架颤动作响,灰土掉落、个别房屋墙体抹灰出现细微裂缝,个别屋顶烟囱掉砖	—	悬挂物大幅度晃动,不稳定器物摇动或翻倒	0.31(0.22~0.44)	0.03(0.02~0.04)

续表

地震烈度	人的感觉	房屋震害			其他震害现象	水平向地震动参数	
		类型	震害程度	平均震害指数		峰值加速度/(m/s²)	峰值速度/(m/s)
Ⅵ	多数人站立不稳,少数人惊逃户外	A	少数中等破坏,多数轻微破坏和/或基本完好	0.00~0.11	家具和物品移动;河岸和松软土出现裂缝,饱和砂层出现喷砂冒水;个别独立砖烟囱轻度裂缝	0.63 (0.45~0.89)	0.06 (0.05~0.09)
		B	个别中等破坏,少数轻微破坏,多数基本完好				
		C	个别轻微破坏,大多数基本完好	0.00~0.08			
Ⅶ	大多数人惊逃户外,骑自行车的人有感觉,行驶中的汽车驾乘人员有感觉	A	少数毁坏和/或严重破坏,多数中等和/或轻微破坏	0.09~0.31	物体从架子上掉落;河岸出现塌方,饱和砂层常见喷水冒砂,松软土地上地裂缝较多;大多数独立砖烟囱中等破坏	1.25 (0.90~1.77)	0.13 (0.10~0.18)
		B	少数中等破坏,多数轻微破坏和/或基本完好				
		C	少数中等和/或轻微破坏,多数基本完好	0.07~0.22			

续表

地震烈度	人的感觉	房屋震害			其他震害现象	水平向地震动参数	
		类型	震害程度	平均震害指数		峰值加速度/(m/s²)	峰值速度/(m/s)
Ⅷ	多数人摇晃颠簸,行走困难	A	少数毁坏,多数严重和/或中等破坏	0.29~0.51	干硬土上出现裂缝,饱和砂层绝大多数喷砂冒水;大多数独立砖烟囱严重破坏	2.50(1.78~3.53)	0.25(0.19~0.35)
		B	个别毁坏,少数严重破坏,多数中等和/或轻微破坏				
		C	少数严重和/或中等破坏,多数轻微破坏	0.20~0.40			
Ⅸ	行动的人摔倒	A	多数严重破坏或/和毁坏	0.49~0.71	干硬土上多处出现裂缝,可见基岩裂缝、错动,滑坡、塌方常见;独立砖烟囱多数倒塌	5.00(3.54~7.07)	0.50(0.36~0.71)
		B	少数毁坏,多数严重和/或中等破坏				
		C	少数毁坏和/或严重破坏,多数中等和/或轻微破坏	0.38~0.60			
Ⅹ	骑自行车的人会摔倒,处不稳状态的人会摔离原地,有抛起感	A	绝大多数毁坏	0.69~0.91	山崩和地震断裂出现,基岩上拱桥破坏;大多数独立砖烟囱从根部破坏或倒毁	10.00(7.08~14.14)	1.00(0.72~1.41)
		B	大多数毁坏				
		C	多数毁坏和/或严重破坏	0.58~0.80			

续表

地震烈度	人的感觉	房屋震害			其他震害现象	水平向地震动参数	
		类型	震害程度	平均震害指数		峰值加速度/(m/s²)	峰值速度/(m/s)
Ⅺ	—	A	绝大多数毁坏	0.89~1.00	地震断裂延续很大,大量山崩、滑坡	—	—
		B		0.78~1.00			
		C					
Ⅻ	—	A	几乎全部毁坏	1.00	地面剧烈变化,山河改观	—	—
		B					
		C					

注:表中给出的"峰值加速度"和"峰值速度"是参考值,括弧内给出的是变动范围。

具体说明如下。

(1) 评定指标。

新的烈度表规定了地震烈度的评定指标,包括人的感觉、房屋震害程度、其他震害现象、水平向地震动参数。

(2) 数量词的界定。

数量词采用个别、少数、多数、大多数和绝大多数,其范围界定如下:

①"个别"为10%以下;

②"少数"为10%~45%;

③"多数"为40%~70%;

④"大多数"为60%~90%;

⑤"绝大多数"为80%以上。

(3) 评定烈度的房屋类型。

用于评定烈度的房屋,包括以下三种类型。

①A类:木构架和土、石、砖墙建造的旧式房屋。

②B类:未经抗震设防的单层或多层砖砌体房。

③C类:按照Ⅶ度抗震设防的单层或多层砖砌体房屋。

(4) 房屋破坏等级及其对应的震害指数。

房屋破坏等级分为基本完好、轻微破坏、中等破坏、严重破坏和毁坏五类,其定义和对应的震害指数 d 如下。

①基本完好:承重和非承重构件完好,或个别非承重构件轻微损坏,不加修理可继续使用。对应的震害指数范围为 $0.00 \leqslant d < 0.10$;

②轻微破坏：个别承重构件出现可见裂缝，非承重构件有明显裂缝，不需要修理或稍加修理即可继续使用。对应的震害指数范围为 $0.10 \leqslant d < 0.30$；

③中等破坏：多数承重构件出现轻微裂缝，部分有明显裂缝，个别非承重构件破坏；需要一般修理后可使用。对应的震害指数范围为 $0.30 \leqslant d < 0.55$；

④严重破坏：多数承重构件破坏较严重，非承重构件局部倒塌，房屋修复困难。对应的震害指数范围为 $0.55 \leqslant d < 0.85$；

⑤毁坏：多数承重构件严重破坏，房屋结构濒于崩溃或已倒毁，已无修复可能。对应的震害指数范围为 $0.85 \leqslant d \leqslant 1.00$。

各类房屋平均震害指数 D 可按下式计算：

$$D = \sum_{i=1}^{5} d_i \lambda_i \tag{1-8}$$

式中，d_i——房屋破坏等级为 i 的震害指数；

λ_i——破坏等级为 i 的房屋破坏比，用破坏面积与总面积之比或破坏栋数与总栋数之比表示。

1.1.5 常用术语

震源深度：震中到震源的垂直距离，称为震源深度。

一般把震源深度小于 60 km 的地震称为浅源地震；60～300 km 的地震称为中源地震；大于 300 km 的地震称为深源地震。我国发生的绝大部分地震都属于浅源地震，一般深度为 5～40 km。

震中距：建筑物到震中之间的距离叫震中距。

极震区：在震中附近，振动最剧烈、破坏最严重的地区叫极震区。

等震线：一次地震中，在其所波及的地区内，用烈度表可以对每一个地点评估出一个烈度，烈度相同点的外包线叫等震线。

常用地震术语如图 1.7 所示。

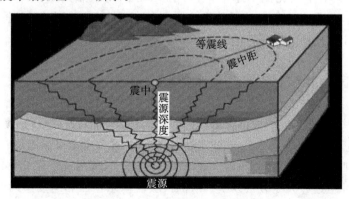

图 1.7 常用地震术语示意图

1.2 地震活动与地震分布

1.2.1 世界地震活动

20世纪初,科学家们在遍访各大洲、进行宏观地震资料调查的基础上,编制了世界地震活动图。随后,又根据各地震台的观测数据编出了较精确的世界地震分布图。从这些图中可以清楚地看到,小地震几乎到处都有,大地震则主要发生在某些地区,即地球上的两个主要地震带。

(1) 环太平洋地震带。

环太平洋地震带全长约3500 km,地震活动极为强烈,是地球上最大的一条地震带,该地震带释放的能量占世界总量的75%,80%的浅源地震、90%的中源地震和几乎全部深源地震都集中在这里。

它像一个巨大的环,沿北美洲太平洋东岸的美国阿拉斯加向南,经加拿大西部、美国加利福尼亚和墨西哥西部地区,到达南美洲的哥伦比亚、秘鲁和智利,然后从智利转向西,穿过太平洋抵达大洋洲东边界附近,在新西兰东部海域折向北,再经斐济、印度尼西亚、菲律宾、中国台湾地区、琉球群岛、日本列岛、阿留申群岛,回到美国的阿拉斯加,环绕太平洋一周,也把大陆和海洋分隔开来。

(2) 地中海喜马拉雅地震带。

地中海喜马拉雅地震带西起大西洋中的亚速尔群岛,经地中海、意大利、土耳其、伊朗,抵达帕米尔,沿喜马拉雅山东行,穿过中南半岛西侧,直达印度尼西亚的班达海与太平洋地震带西支相连,总长约20000 km。因其穿过欧、亚两大洲,故也称为欧亚地震带。

20世纪以来,非洲北侧的摩洛哥、阿尔及利亚,南欧意大利、希腊,西亚的土耳其、伊朗等国,都受到过地震的无情摧残。这条地震带释放的能量占全球地震能量的20%左右,环太平洋地震带以外的中源地震基本分布在这里。

1.2.2 我国地震活动

根据板块构造学说,中国位于亚欧板块东南端,东邻太平洋板块,南邻印度洋板块。太平洋板块每年以4~10 cm的速度向西移动,在日本东岸深海沟一带俯冲到地面以下。在亚洲大陆西南侧,印度洋板块以每年5~6 cm的速度向北移动,在喜马拉雅山南侧俯冲至边界大断裂带以下。欧洲次板块向东挤压和运动。因此,中国所在区域受到太平洋板块向西、印度洋板块向北、欧洲次板块向东的挤压和推动。当各大板块对中国所在板块挤压应力在大陆岩石圈中持续积累到一定程度,超过岩石圈所能承受的限度时,地壳就会断裂,产生地震。

我国是世界上发生地震较频繁的国家之一,境内地震分布具有条带分布特点,地震活动主要分布在 5 个地区的 23 条地震带上。这 5 个地区如下。

①台湾地区及其附近海域。

②西南地区,主要是西藏、青海、四川西部和云南中西部。

③西北地区,主要在甘肃河西走廊、青海、宁夏、天山南北麓。

④华北地区,主要在太行山两侧、汾渭河谷、阴山—燕山一带、山东中部和渤海湾。

⑤东南沿海的广东、福建等地。

各地震带的大地震发生方式有单发式和连发式之分。前者以一次 8 级以上地震和若干中小地震来释放带内积累的能量;后者在一定时期内以多次 7～7.5 级地震释放其绝大部分积累的能量。我国台湾地区位于环太平洋地震带上,西藏、新疆、云南、青海、四川等部分地区位于地中海喜马拉雅地震带上,这些地区地震活动最多,也最为强烈。另外,河北、山东、山西、陕西、甘肃、宁夏等地区地震活动也较为活跃。地震发生地区地貌大多为盆地,如宁夏盆地(宁夏)、渭河盆地(陕西)、四川盆地等。而贵州、江苏、浙江、湖南、湖北等省地震活动较少,也不强烈。中国地震带的分布是制定中国地震重点监视防御区的主要依据。

1.2.3 我国严重的地震灾害

我国的地震活动分布范围广、频度高、强度大、震源浅,几乎所有的省、自治区、直辖市都发生过 6 级以上强震。仅就中国大陆地区统计(1900—1996 年),5 级以上地震发生过 1992 次,平均每年 20.8 次;7 级以上地震 70 次,平均 1 年零 4 个月 1 次。20 世纪以来,全球 7 级以上强震之中,中国约占 35%;全球 3 次 8.5 级以上特大地震,有 2 次发生在中国大陆。有记载以来,中国发生的 8 级以上的地震有 1411 年西藏当雄南 8 级大地震、1556 年陕西华县 8 级大地震、1668 年山东郯城 8.5 级大地震、1679 年河北三河平谷 8 级大地震、1920 年宁夏海原 8.5 级大地震、1927 年甘肃古浪 8 级大地震、1950 年西藏察隅 8.5 级大地震、1951 年西藏当雄北 8 级大地震、2001 年青海昆仑山口西 8.1 级大地震、2008 年四川汶川 8 级大地震等。21 世纪以来中国发生的破坏性地震见表 1-3。

表 1-3 21 世纪以来中国发生的破坏性地震

序 号	发震时间	地震名称	震 级
1	2001 年 11 月 14 日	青海昆仑山地震	8.1 级

续表

序　号	发震时间	地震名称	震　级
2	2003年2月24日	新疆巴楚地震	6.8级
3	2008年5月12日	四川汶川地震	8.0级
4	2010年4月14日	青海玉树地震	7.1级
5	2013年4月20日	四川雅安地震	7.0级
6	2013年7月22日	甘肃定西地震	6.6级

1.3　地震震害

1.3.1　地震中地表的破坏

1. 地裂缝

强烈地震发生时,地下断层面将到达地表,从而改变地形和地貌。地下断层的垂直位移会造成悬崖峭壁,大的水平位移会使地形、地物产生错位;挤压、扭曲造成地面的扭转起伏和错动。地裂缝将造成地表工程结构的严重破坏,使得公路中断、铁轨扭曲、桥梁断裂、房屋破坏、河流改道、水坝受损等。

地裂缝是地震时常见的地表破坏,主要有两种类型。一种是强烈地震时由于地下断层错动延伸到地表面形成的裂缝,称为构造地裂缝。这类裂缝与地下断层带走向一致,其形成与断裂带受力性质有关,一般规模较大,形状较规则,通常呈带状,裂缝长度为几千米或几十千米,裂缝带宽度可以达几米甚至几十米(图1.8)。另一种地裂缝是在古河道、河湖岸边、陡坡等土质松软地方产生的地表交错裂缝,其形状和大小不同,规模也较小(图1.9)。

2. 喷砂冒水

在地下水位较高、砂层埋深较浅的平原地区,特别是河流两岸最低平的地方,地震时地震波产生的强烈震动使地下水位急剧增加,地下水通过地裂缝或土质松软的地方冒出地面。当地表土层为砂土或者粉土时,则夹带着砂土或粉土一起冒出地面,形成喷砂冒水现象(图1.10)。喷砂冒水持续时间长,喷口有时会沿着一定的方向呈线状分布。喷出的砂土有时可以达到1~2 m的高度,形成砂堆或砂堤。

图 1.8　汶川地震中水泥路面裂缝

图 1.9　唐山大地震中铁路扭曲

图 1.10　2005 年江西发生地震后某农场喷砂冒水

喷砂实际是砂土液化的表现。地震中出现喷砂冒水现象可使农田、矿井被淹没,水管、道路被堵塞,严重时可造成建筑结构的不均匀沉降,使上部结构开裂或倒塌。

3. 地表下沉

在强烈地震作用下,地表往往发生陷落。在地下存在溶洞的地区,或者人们生产开挖的矿井或者地铁等地方,都有可能发生地表下沉。强烈地震发生时,地面土体将会产生下沉,形成洼地,造成大面积陷落。在土地陷落的地方,当地下水注入时,就会形成大面积积水,引发灾害。

4. 河岸、陡坡滑坡

在河岸、陡坡等地方,强烈地震使得土体失稳,造成塌方和滑坡。塌方土体淹没农田、村庄,堵塞河流。如2008年汶川地震造成唐家山大量山体崩塌,两处相邻的巨大滑坡体夹杂巨石、泥土冲向江河道,形成巨大的堰塞湖,对下游居民安全造成严重威胁。

1.3.2 地震中工程结构的破坏

工程结构的破坏可能是由地基失效引起的,也可能是由上部结构承载力不足形成的破坏或结构丧失整体稳定性造成的。前者称为结构的静力破坏,后者称为结构的动力破坏。

地震历史资料表明,由地基失效引起的工程结构破坏仅占结构破坏的10%左右,其余90%都是由结构承载力不足或丧失整体稳定造成的(图1.11)。

图1.11 汶川地震中倒塌的房屋

1.3.3 地震次生灾害

强烈地震除了引起结构破坏外,一般还会引起一些次生灾害,如火灾、水灾、泥石流、海啸、山崩和滑坡等。一般来说,地震本身造成的直接损失往往小于次生灾害所造成的间接损失。在城市,尤其是在大城市,这个问题越来越引起人们的关注。

(1) 火灾。

地震时电气短路引燃煤气、燃气等引发火灾。发生在 1995 年 1 月 17 日的日本阪神地震,发生火灾达 122 起,烈焰熊熊,浓烟遮天蔽日。不少建筑物倒塌后又被烈火包围,火势日夜不减,这给救援工作带来很大困难(图 1.12)。又如 1923 年日本关东大地震,据统计,震倒房屋 13 万栋。由于地震时正值中午做饭时间,故许多地方同时起火,自来水管普遍遭到破坏,而道路又被堵塞,致使大火蔓延,烧毁房屋达 45 万栋。1906 年美国旧金山大地震,在震后的三天火灾中,共烧毁 521 个街区的 28000 幢建筑物,使已被震坏但仍未倒塌的房屋又被大火夷为一片废墟。

图 1.12 日本阪神地震火灾

(2) 海啸。

地震引发的海啸是一种严重的地震灾害。1960 年发生在海底的智利大地震,引起海啸灾害,除吞噬了智利中部、南部沿海房屋外,海浪还从智利沿大海以 640 km/h 的速度横扫太平洋,22 h 之后,高达 4 m 的海浪又袭击了距智利 17000 km 远的日本。在本州和北海道,海港和码头建筑遭到严重破坏,其至连巨船也被抛上陆地。北京时间 2011 年 3 月 11 日 13 时 46 分,在日本东北部海岸(北纬 38.1 度,东经 142.6 度)发生里氏 9.0 级地震,震源深度约 32 km。地震引发的巨大海啸袭击了环太平洋沿海大部分国家和地区,造成巨大人员伤亡和财产损失。海啸波于震后 15 min 抵达日本沿岸,并在随后数小时内袭击了海岸区(图 1.13)。

(3) 有毒物质泄漏。

2011 年 3 月 11 日,日本东北部海域发生里氏 9.0 级地震,地震引起海啸,海啸

图 1.13　2011 年日本地震引发的海啸造成的灾难性场景

又造成日本福岛第一核电站 1~4 号机组发生核泄漏事故，由此导致的对大气、海洋以及周边陆地等的环境影响难以估量。

(4) 堰塞湖。

除海啸外，地震导致的水灾还有地震时山体崩塌堵塞河道，形成"堰塞湖"，使上游一些地区被水淹没，而一旦堰塞湖溃决，会危及下游城市、村镇居民的生命财产安全。2008 年汶川地震中，主灾区形成对下游构成威胁的堰塞湖有 34 处。其中唐家山堰塞湖是最大的一座，如图 1.14 所示。汶川地震引发唐家山发生巨型滑坡，滑坡体落入渝河河道形成一座长 803.4 m、高度为 82~124 m、体积约为 2037 万平方米的堆积坝体，堰塞湖库容达 3.2 亿米。奔流直下的渝河被阻断，水位迅速上升，北川县许多房子没入水中，6 月 10 日最大库容达 2.5 亿平方米，一旦崩溃，将直接冲毁宝成铁路涪江大桥和兰成渝输油管，将给绵阳市等众多城市、乡镇的数百万人民的生命财产造成无法挽回的损失。

图 1.14　汶川地震引发的唐家山堰塞湖

（5）地质灾害。

此外，地震发生后，一方面，灾区许多地质灾害隐患点有可能成灾，滑坡、崩塌、泥石流将造成建筑物、民房倒塌，人员伤亡，也使公路、铁路、桥梁、通信等大量基础设施被摧毁。另一方面，地震会使山体稳定性降低，形成大量新的地质灾害和新的地质灾害隐患点，在余震和降雨的共同作用下，极可能导致灾区地质灾害频发，再次造成灾区重大损失，给灾区抗震救灾、人民生活安置、重建家园造成新的更加严重的后果。2008年汶川地震中，仅震中映秀镇24 km^{2}范围内，崩塌、滑坡、泥石流就达上百处，没有受到地质灾害影响的面积只占其中的20%。

1.4 地震震害启示

地震是一种灾害性自然现象。全世界每年大约发生500万次地震，其中绝大多数地震是人察觉不到的微小地震，只有灵敏的仪器才能监测到它们的活动。我国是世界上多地震国家之一，20世纪共发生破坏性地震3000余次，其中6级以上地震近800次，8级以上特大地震9次。由于地震时产生的巨大能量，往往造成各类建筑物和设施的破坏，甚至倒塌，并由此引起各种次生灾害的发生以及人员的伤亡。提高建筑物和各类设施防御地震破坏能力，防止地震时人员伤亡，减少地震所造成的经济损失，是地震工程和抗震工程学的重要任务。国内外大量震害都表明，采用科学合理的抗震设防标准、抗震设计方法和抗震构造措施，是当前减轻地震灾害最有效的途径。

对各类建筑物和设施进行抗震设防，免不了要增加工程的造价和投资，因此如何合理地采用设防标准，既能有效地减轻工程的地震破坏、避免人员伤亡、减少经济损失，又能合理地使用有限的资金，是当前工程抗震防灾中迫切需要解决的关键问题。由于制定的设防标准不同，各类建筑物和设施在地震中的表现会截然不同，因而地震时造成的损失也会有巨大的差别。

目前，工程抗震是减轻地震灾害和损失十分有效的措施，工程抗震的成效很大程度上取决于所采用的工程设防标准，而制定恰当、合理的设防标准不仅需要有可靠的科学和技术依据，同时还要受到社会经济、政治等条件的制约。那么是不是对工程建筑物和设施的设防标准越高越好呢？当然不是这样。最佳的或者说可行、合理的设防标准的确定，特别是可接受的最低设防标准的制定，需要在保证地震作用下的工程安全性与优化的经济效益和社会影响之间取得平衡。

第 2 章 桥梁震害与抗震概论

桥梁作为重要的社会基础设施,是生命线工程中的关键部分。地震中桥梁的破坏将导致交通中断,不但会影响人们的正常生活和经济运行,造成严重的经济损失,而且会严重影响震后的救灾工作,使人员不能安全顺利疏散,并阻碍向灾区紧急输送救援人员和救灾物资,从而加剧地震灾害。同时,遭受破坏的大型桥梁修复起来比较困难,严重影响交通运输的尽早恢复。因此,对桥梁采取合理、有效的抗震对策,保证桥梁在地震中的安全和正常使用,对城市和地区的抗震防灾减灾工作和地震灾区的震后恢复重建工作都具有重要的意义。

本章首先引入我国桥梁抗震规范中桥梁地震的破坏等级,其次对桥梁各部位的震害依次进行介绍和分析,对其成因进行总结。之后,对桥梁抗震设计全过程进行初步的介绍,主要从桥梁工程的抗震设防标准和设计流程两个方面依次论述。

2.1 桥梁地震破坏等级划分

桥梁细部结构的破坏能反映结构的受力特点,但是还不足以评定一座桥梁的损坏程度。为了便于桥梁震害调查、损失评估及震害预测等工作,国家质量监督检验检疫总局和国家标准化管理委员会于 2009 年颁布《生命线工程地震破坏等级划分》(GB/T 24336—2009)。该标准以"座"为单位来评定桥梁结构破坏等级。桥梁结构根据其破坏程度,将破坏等级划分为基本完好、轻微破坏、中等破坏、严重破坏、毁坏共五个等级。

(1) Ⅰ级(基本完好):结构构件完好,桥面无明显变形,个别非结构构件可有破损,不需修理可继续使用。

(2) Ⅱ级(轻微破坏):桥台、桥面、桥墩、桥拱、桥塔、主梁等的混凝土部件表面出现细裂缝,局部表面混凝土剥落,支撑连接部位轻微变形,不需修理或稍加修理即可通行。

(3) Ⅲ级(中等破坏):桥墩混凝土出现明显裂缝,梁部移位,梁端混凝土出现明显裂缝,拱脚有明显裂缝,桥塔结构轻微变形,墩台轻微移动,出现明显裂缝,引桥下沉,支座与梁连接的螺栓部分剪断,震后需限制通行(限速、限载),需要进行加固修复后才能正常通行。

(4) Ⅳ级(严重破坏):桥墩混凝土出现贯通裂缝、剥落,梁、拱出现贯通裂缝或破碎,桥塔结构变形,悬索或拉索(杆)锚具出现滑动,墩台滑移、断裂或严重倾斜,基础破坏明显,需要进行大修后才能通行。

(5) Ⅴ级(毁坏):落梁、塌拱、墩台折断、倒塌、断索等现象已经发生或随时可能发生,整个桥梁已不能使用,需重建。

上述等级定义中,"个别"指10%以下;"部分"指10%～50%;"多数"指50%以上。"细裂缝"指出现在表面的微裂缝隙;"明显裂缝"指波及内部但非贯通缝隙;"贯通裂缝"指贯通截面厚度方向的缝隙。

等级划分虽然给出了桥梁结构的破坏等级划分标准,但是实际应用起来还是有一定的局限性,划分时还应考虑经济损失的大小对各等级的影响。例如"落梁",根据现有标准,"落梁"这一灾害放在了"毁坏"等级中,而在现代大型桥梁的破坏中,一跨或少数跨落梁的发生对一座大桥的损失微乎其微,通过更换加固后,桥梁可以继续使用;而如果使用现有桥梁的破坏等级划分标准来确定,这座桥梁就是"毁坏",推倒后重建将会带来更大的经济损失。由此可见,这种划分标准针对小规模桥梁是比较合理的,但应用在现代大型桥梁中则有一定的局限性。

2.2　桥梁各部位的震害

在以往的地震中,不同的桥梁结构形式、细部构造以及所处的场地地震动特性,造成的桥梁结构破坏性质和程度不同。尽管地震动和场地特性存在着不确定性和变异性,但在地震中许多桥梁破坏类型和机理是重复出现的,人们可以从以往的震害中获取桥梁抗震经验。充分认识桥梁的典型地震破坏类型和机理,可以更好地理解现有的和新建的桥梁结构行为及判断潜在的抗震薄弱点,指导桥梁结构抗震设计。

2.2.1　桥梁震害原因

大量的震害分析表明,引起桥梁震害的原因主要有四个:
(1) 所发生的地震强度超过了抗震设防标准;
(2) 桥梁场地对抗震不利,地震引起地基失效或地基变形;
(3) 桥梁结构设计、施工错误;
(4) 桥梁结构本身抗震能力不足。

从结构抗震设计的角度出发,可将桥梁震害分为两类,即结构强烈振动引起的破坏和地基失效引起的破坏。以桥梁震害的内因为出发点,概括并总结结构设计和细部构造等不合理因素引起的震害,可将桥梁震害分为桥梁上部结构震害、桥梁支座及连接部位震害、桥梁下部结构震害以及桥梁基础震害。下面详细介绍这四种震害。

2.2.2 桥梁上部结构震害

桥梁上部结构的震害,按照震害产生原因的不同,可分为上部结构自身震害、上部结构移位震害和上部结构碰撞震害。

1. 上部结构自身震害

桥梁上部结构自身遭受震害而被毁坏的情形比较少见。在发现的少数此类震害中,主要是钢结构的局部屈曲破坏(图 2.1、图 2.2)、混凝土梁连接部位的损坏等。

图 2.1 阪神地震中钢箱梁的局部屈曲破坏

图 2.2 阪神地震中拱桥风撑的局部屈曲破坏

2. 上部结构移位震害

桥梁上部结构移位震害在破坏性地震中极为常见,这种震害表现为桥梁上部结构的纵向移位、横向移位以及扭转移位。一般来说,设置伸缩缝的地方比较容易发生移位震害,如图 2.3 和图 2.4 所示。如果上部结构的移位超出了墩台等的支承面,则会发生更为严重的落梁震害。上部结构发生落梁时,如果撞击桥墩,还会给下部结构带来很大的破坏。在破坏性地震中,最为常见的是桥梁上部结构的纵向移位和落梁震害。桥梁支座和墩台的毁坏也会导致上部结构的破坏。

图 2.3 阪神地震中上部结构横向移位

图 2.4 阪神地震中上部结构纵向移位

如图 2.5 所示为汶川地震中桥梁上部结构移位震害。G213 线白水溪大桥 3 号墩墩顶梁体横向移位达到 48cm,面临横桥向落梁危险[图 2.5(a)]。G213 线寿江大桥第一跨主梁向映秀方向纵向移位,面临纵桥向落梁的风险[图 2.4(b)]。同时大量的斜交桥梁发生了平面转动,如图 2.5(c)所示的映秀-汶川二级路的皂角湾桥,45°斜交,梁体产生了平面转动。广岳铁路穿心店大桥的轨道发生变形,同时梁体倾斜[图 2.5(d)、图 2.5(e)]。梁体移位是由于梁体直接支撑在桥墩上,相互之间仅靠橡胶支座相连,基本没有水平约束,当水平地震力超过摩擦力或支座抗剪能力时,梁体与桥墩发生相对位移。

图 2.5 汶川地震中桥梁上部结构移位震害
(a) 白水溪大桥 3 号墩墩顶梁体横向移位;(b) 寿江大桥第 1 跨主梁纵向移位;
(c) 皂角湾桥梁体平面转动;(d) 广岳铁路穿心店大桥的轨道变形;
(e) 广岳铁路穿心店大桥的梁体倾斜

在1971年美国圣·费尔南多地震中，最引人关注的是两座互通式立交桥的坍塌。一座是加州5号高速干道与洲际210干道的立交桥；另一座是加州5号高速干道与14号高速公路的立交桥。图2.6为加州5号高速干道与14号高速公路立交桥部分梁跨塌落的情况。

图2.6　圣·费尔南多地震中立交桥梁坠毁（加州5号高速干道与14号高速公路立交桥）

致使两座立交桥部分塌落的主要外因是墩台间的水平相对位移过大，另外还有结构本身的内因。一是桥墩墩顶的支承面过窄。二是在设计钢筋混凝土桥墩时，仅从强度方面考虑，没有配置足够的箍筋，导致延性较差。较高的桥墩大多弯曲破坏，较矮的桥墩大多是剪切破坏。横向箍筋的明显不足是导致这两种破坏的主要内因。三是桥墩主筋锚固长度不足，导致主筋从承台或桩基中拔出。

图2.7为1995年日本阪神地震中西宫港大桥（主跨252 m的钢系杆拱桥）第一跨引桥脱落的震害现象。落梁的主要原因是主桥和引桥间的相对位移过大，桥墩的支承面太窄，而支座、连接部位构件又失效。

1989年美国洛马·普里埃塔地震中，旧金山-奥克兰海湾大桥的落梁破坏引人注意。旧金山-奥克兰海湾大桥建成于1934年，为悬索和桁架组合体系的双层钢桥。在此次地震中，桁架墩上方的连接跨发生落梁现象，如图2.8所示。海湾大桥连接相邻支墩相对位移过大，致使一处连接螺栓剪断破坏，再加上桥面板大梁的支承宽度不足，致使落梁。

1994年美国北岭地震中，建于1967年的Gavin Canyon跨线桥遭受严重破坏（图2.9）。该桥上部结构由两个分离的钢筋混凝土箱梁组成，支承在双柱式桥墩上，桥轴方向与下部支承呈24°斜交。该桥共有5跨，中跨连续，两端各有短的伸臂，左右边跨均为伸臂梁结构，伸臂部分一端支承在桥台上，另一端通过牛腿搭接在中跨梁

图 2.7 阪神地震中西宫港大桥第一跨引桥脱落

图 2.8 旧金山-奥克兰海湾大桥一跨脱落

上,牛腿宽度仅为 20 cm(按美国现行 Caltrans 规范要求,该处牛腿宽度至少应为 76 cm)。该桥于 1974 年安装了纵向约束装置。地震中,该桥第二跨和第四跨完全塌落,如图 2.10 所示,斜交和牛腿连接处支承面过窄是导致落梁的主要原因;纵向约束装置也遭受破坏,没有发挥出作用。总体来看,主要是桥台处的支承宽度过小,仅 14 英寸(1 英寸=0.0254 m)。

图 2.11 为 1999 年我国台湾集集地震中多跨简支梁桥的落梁震害(有一断层穿过该桥)。该桥的主梁支承在板式橡胶支座上,纵向未设限位装置,横向设置了两个小挡块。

图 2.12 是 2008 年中国汶川 8.0 级特大地震中,都汶高速公路上的庙子坪大桥引桥第五跨落梁震害。落梁的原因在于地震中梁、墩相对位移过大,引桥第五跨伸缩缝处的相对位移大于搭接长度。除此之外,落梁还与支承的构造细节有关,庙子坪大桥的引桥采用板式橡胶支座,支座放在支承垫石上,梁体与支承垫石的搭接长度为 50 cm,没有采用任何纵桥向防落梁装置,由于板式橡胶支座与梁体底面无连接,地震中当梁体惯性力大于支座与梁底间的摩擦力时,梁底与支座顶面会产生相

图 2.9　美国北岭地震中 Gavin Canyon 落梁震害

图 2.10　美国北岭地震中桥台处落梁震害

图 2.11　中国台湾集集地震中多跨简支梁桥的落梁震害

对滑动,当相对位移超过梁体与支承垫石的搭接长度时会引起落梁,落梁时梁底与支承垫石和桥墩边缘碰撞会产生损伤。

图 2.12 庙子坪大桥引桥第五跨落梁震害

先在桥墩顶部浇筑支承垫石,然后在支承垫石上放置板式橡胶支座,是我国桥梁通常采用的方法。实际上采用支承垫石后,梁体与支承垫石的搭接长度要远远小于其与桥墩的搭接长度,梁体位移超过与支承垫石的搭接长度后就会引起落梁。汶川地震中的梁式桥大多采用这种做法,因此震中附近的桥梁发生落梁的现象非常多。

3. 上部结构碰撞震害

上部结构的碰撞震害是由于低估了地震位移,使得相邻结构之间的预留间距不足而导致冲击破坏发生。桥梁在地震中的上部结构碰撞主要体现为:相邻跨上部结构的碰撞(图 2.13),上部结构与桥台间的碰撞(图 2.14),上部结构与挡块之间的碰撞(图 2.15),以及相邻桥梁间的碰撞(图 2.16)。

图 2.13 相邻跨上部结构的碰撞

图 2.14　上部结构与桥台间的碰撞

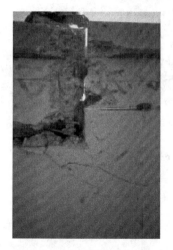 

图 2.15　上部结构与挡块之间的碰撞　　　　图 2.16　相邻桥梁间的碰撞

2.2.3　桥梁支座及连接部位震害

桥梁支座及连接部位的破坏是常见的震害之一。桥梁支承连接部位是桥梁结构的相对薄弱环节,如支座、伸缩缝、剪力键和梁间连接装置等。支承连接部位的破坏会引起力的传递方式的变化,从而对结构其他部位的抗震能力产生影响,进一步加重震害。桥梁支座及连接部位发生震害的主要原因如下:①缺少连接与支挡等构造措施;②设计没有充分考虑抗震的要求;③形式和材料本身的缺陷。支座破坏形式主要有支座移位,锚固螺栓拔出、剪断,活动支座脱落以及支座本身构造上的破坏等(图 2.17)。

图 2.17 支座震害
(a) 支座剪切变形；(b) 支座剪切脱空；(c) 支座移位；(d) 支座自身破坏

2.2.4 桥梁下部结构震害

下部结构的严重破坏是引起桥梁倒塌的主要原因。墩台、墩柱和基础等下部构件是整个桥梁的支承构件，它们把上部结构传递下来的荷载再传递给地基，同样也起着承上启下的作用，并且直接承受地震动的作用，因而也极易遭受震损，而且损坏后将影响上部结构的安全，可能引起上部结构移位震害或者上部结构碰撞震害等，所以下部结构的震害也必须受到重视。桥梁下部结构的震害主要分为下列几种：墩柱的震害、框架墩震害、桥台震害。

1. 墩柱的震害

墩柱的弯曲破坏和墩柱的剪切破坏在历次破坏性地震中比较常见，特别是墩柱的弯曲破坏，但是墩柱的剪切破坏较弯曲破坏引起的震害更为严重。墩柱弯曲破坏在破坏性地震中是非常常见的震害形式，弯曲破坏是延性的，多表现为开裂、混凝土剥落压溃、钢筋裸露和弯曲等，并产生很大的塑性变形，主要是约束箍筋配置不足、纵向钢筋的搭接或焊接不牢等引起的墩柱的延性能力不足；墩柱的剪切破坏在历次大地震中都不少，剪切破坏是脆性的，往往会造成墩柱及上部结构的倒塌，震害较为严重；另外，桥梁墩柱的基脚破坏也是一种可能的破坏形式。

2008年汶川地震中的百花大桥发生框架墩墩柱弯压破坏（图2.18）。这种破坏可能是由于桥墩墩柱底部在地震中反复受到弯曲和剪切作用，混凝土保护层脱落，核心混凝土受弯并被反复拉压而破碎，纵筋发生屈曲。造成这一震害的主要原因是纵向钢筋和约束箍筋配置不足，箍筋间距太大。

图 2.18 2008年汶川地震中百花大桥墩柱弯压破坏

最为惨重的墩柱剪切破坏发生在1995年日本的阪神地震。在地震中，阪神高速公路在神户市内的高架桥共18个独柱墩被剪断，长500 m左右的梁侧向倾倒，如图2.19所示。震后研究表明，独柱墩剪切破坏的主要原因是纵向钢筋过早切断（有1/3纵筋在距墩底1/5墩高处被切断）和约束箍筋不足；独柱墩剪切破坏导致重量较大的梁体侧倾，造成桥梁倒塌。

图 2.19 阪神高速公路神户段内高架桥部分倒塌

图 2.20～图 2.23 是典型的桥梁墩柱破坏实例。

图 2.20　美国圣费南多地震立交桥墩柱剪切破坏

图 2.21　日本阪神地震高架桥矮墩剪切破坏

图 2.22　中国台湾集集地震实体矮墩剪切破坏

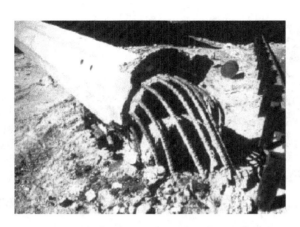

图 2.23 美国圣费南多地震中墩柱基脚主筋拔出

2. 框架墩震害

城市高架桥中常见的框架墩,在地震中有不少震害的例子。在 1989 年美国洛马·普里埃塔地震中,就出现了大量框架墩毁坏的实例。在 1995 年阪神地震中,经过大阪、神户两市的新干线铁路高架桥的框架桥墩也多处发生断裂和剪切破坏。框架墩的震害主要表现为盖梁的破坏、墩柱的破坏以及节点的破坏。盖梁的破坏形式主要是剪切强度不足(当地震力和重力叠加时)引起的剪切破坏,盖梁负弯矩钢筋的过早截断引起的弯曲破坏,以及盖梁钢筋的锚固长度不够引起的破坏。框架墩墩柱的破坏形式与其他墩柱类似。而节点的破坏主要是剪切破坏。

在 1989 年美国洛马·普里埃塔地震中,880 号洲际公路赛普里斯(Cypress)高架桥上层框架墩断裂使上层桥梁塌落,造成惨重的灾害。该桥建成于 1957 年,上层框架柱底普遍采用与下层框架铰接的形式。该桥在地震发生之前,已按加州运输局的第一阶段加固计划在相邻梁跨间安装了纵向约束装置,并计划在 1990—1992 年对下部结构进行加固。地震中,该桥有一段 800 m 长的上层桥面因墩柱断裂塌落在下层桥面上,上层框架完全毁坏,如图 2.24 所示。该桥塌落的主要原因是结构上梁柱节点配筋不足、垂直柱体配筋连续性和横向箍筋不足。另外,盖梁钢筋的锚固长度不够,也是其震害大的原因之一。

在 2008 年汶川地震中,位于震中映秀镇的百花大桥采用了柱式框架桥墩,设置了系梁。全桥 6 联 20 跨,其中第 5 联整体性坍塌。全桥 19 个桥墩的 38 个墩柱中倒塌、压溃的共 24 个,比例高达 63%;环向开裂的 6 个,占 16%;墩柱病害不明显的 8 个,占 21%。系梁除了 7 道没破坏外,其余均有不同程度的破坏。图 2.25 为地震后百花大桥框架墩在系梁与墩柱的节点区域发生破坏的情况,系梁端部和墩柱局部发生剪切破坏。

图 2.24 美国洛马·普里埃塔地震 Cypress 高架桥上层框架墩断裂

图 2.25 汶川地震百花大桥框架墩节点区域破坏

3. 桥台震害

桥台震害是地震中由于桥台或桥墩破坏导致的桥梁震害,是一种典型的震害现象,除了地基丧失承载力(如砂土液化)等引起的桥台滑移外,桥台震害主要表现为台身与上部结构(如梁)的碰撞破坏,以及桥台向后倾斜。

汶川地震中桥台发生破坏的桥梁比较多见(图 2.26)。桥台破坏主要是主梁与桥台相互作用所致,多表现为胸墙、翼墙混凝土碎裂,如高原大桥、寿江大桥、庙子坪大桥等,有些则是桥台地基滑移、震陷所致。都汶公路上受损桥梁有数十座,这些桥梁很多建于山腰处,由于地基土向山下滑移导致桥台或桥墩基础移位的桥梁不在少数。

图 2.26 汶川地震中桥台各类型的破坏
(a) 胸墙被撞坏；(b) 桥台前墙剪切破坏；(c) 桥台侧墙垮塌；(d) 桥台侧墙水平剪切破坏

2.2.5 桥梁基础震害

桥梁基础震害是国内外多数地震的重要震害现象之一，大量震害资料表明：地基失效是桥梁基础破坏的主要原因。扩大基础的震害往往是由于地基失效引起的，除地基失效这一主要原因引起的桩基的震害之外，还有上部结构传下来的惯性力引起的桩基剪切、弯曲破坏，当然还有桩基设计不当引起的震害(图 2.27、图 2.28)。不良地质所引起的基础震害很难通过加强基础抗震能力的措施来避免，必须在选取桥址、桥型、结构布置上予以足够的重视。

地基震害体现为砂土液化、地基失效，地面产生大变形，地层发生水平滑移、下沉和断裂等。基础自身的破坏现象则较少发现，其震害的主要形式表现为基础沉降、滑移，桩基折断和屈曲失稳等，可能由于地基失效导致，也可能由上部结构震害传递所致。

值得注意的是，虽然在软弱地基上采用桩基础的结构往往比无桩基础的结构具有更好的抗震性能，但是桩基震害有极大的隐蔽性。许多桩基的震害是通过上部结构的震害体现出来的,有时上部结构震害轻微,而开挖基础时却发现桩基已产生严重损坏,甚至发生断裂破坏。

图 2.27　美国洛马·普里埃塔地震中桩头处剪切破坏

图 2.28　阪神地震中桩基与承台连接失效

2.3　桥梁工程的抗震设防标准

桥梁抗震设防是指对未来可能发生的破坏性地震采取的一种旨在减轻损失的防御措施。由于强震为小概率事件,其在桥梁结构使用期内是否发生具有随机性。即使在技术层面上认为可以实现在强震作用下桥梁结构不发生破坏,但这种做法通常是没必要且经济上是不可行的。因此桥梁抗震设防标准旨在控制在未来可能发生的强震中桥梁结构的损伤程度,使其达到人们可接受的水平。

2.3.1　桥梁抗震设防标准

随着国内外震害资料的不断增加,人们对地震动特性以及地震作用下各类结构的动力响应特性、破坏机理、构件能力的研究和认识也不断加深。同时,由于经济的原因,社会、团体组织对结构在不同水准地震作用下结构预期抗震性能会有不同的要求。以上这些因素不断地促进抗震设计思想和方法的发展,由原来的单一水准设防一阶段设计逐渐发展为双水准或三水准设防两阶段设计、三阶段设计,以及多水准设防、多性能目标准则的基于性能的抗震设计等。

抗震设防标准的基本内涵之一是确定相应地震概率水准,即地震超越概率。所谓地震超越概率,是指一定场地在未来一定时间内遭遇到大于或等于给定地震的概率,常以年超越概率或设计基准期超越概率表示。它的另一种表达方式是重现期,即一定场地重复出现大于或等于给定地震的平均时间间隔。地震重现期 T 与设计基准期 T_0 内超越概率 P 之间换算关系为:

$$T = \frac{-T_0}{\ln(1-P)} \tag{2-1}$$

抗震设防标准是抗震设计的依据,桥梁抗震设计首先应确定抗震设防标准。桥梁抗震设防标准是根据地震动背景,为保证桥梁结构在寿命期内的地震损失不超过规定的水平,规定桥梁结构必须具备的抗震能力。

(1) 对于地震动背景的考虑,定义3种桥梁抗震设防水准。设防水准Ⅰ:重现期为50～100年或25年的地震作用,超越概率为50年39%～63%或86.4%,即"小震"。设防水准Ⅱ:重现期约为475年的地震作用,超越概率约为50年10%,即"中震"。设防水准Ⅲ:重现期约为2000年的地震作用,超越概率为50年2%～3%,即"大震"。

(2) 对于地震损失的考虑,定义3种桥梁抗震性能目标。性能目标Ⅰ:一般不受损坏或不需要修复可以继续使用,结构完全保持在弹性工作状态,即"不坏"。性能目标Ⅱ:可发生局部轻微损伤,不需修复或经简单修复可以继续使用,结构整体保持在弹性工作状态,即"可修"。性能目标Ⅲ:应保证不致倒塌或产生严重的结构损伤,经临时加固后可供维持应急交通使用,即"不倒"。

2.3.2　桥梁的抗震设防分类

桥梁的最低抗震设防标准由相关的桥梁抗震设计规范规定,我国铁路桥梁、公路桥梁和城市桥梁的抗震设防标准应分别满足现行《铁路工程抗震设计规范》(GB 50111—2006)、《公路桥梁抗震设计规范》(JTG/T 2231-01—2020)和《城市桥梁抗震设计规范》(CJJ 166—2011)的要求。

《铁路工程抗震设计规范》根据铁路等级及其在路网中的重要性和修复（抢修）的难易程度，分为 A、B、C、D 四个抗震设防类别，根据不同设防等级取不同的重要性系数。铁路桥梁工程抗震设防类别的划分应符合表 2-1 的规定。

表 2-1 铁路桥梁工程抗震设防类别的划分

类别	适用范围
A 类	跨越大江、大河，且技术复杂、修复困难的特殊结构桥梁
B 类	(1) 客货共线铁路混凝土简支梁跨度大于等于 48 m，简支钢梁跨度大于等于 64 m，混凝土连续梁主跨大于等于 80 m，连续钢梁主跨大于等于 96 m； (2) 高速铁路及客运专线（含城际铁路）跨度大于等于 40 m 的桥梁； (3) 墩高大于等于 40 m 的桥梁； (4) 常水位水深大于 8 m 的桥梁； (5) 技术复杂、修复困难的特殊结构桥梁
C 类	(1) 高速铁路及客运专线（含城际铁路）的普通桥梁； (2) 墩高大于 30 m 但小于 40 m 的桥梁； (3) 常水位水深 5～8 m 的桥梁
D 类	属 A、B、C 类以外的其他铁路桥梁

《公路桥梁抗震设计规范》（JTG/T 2231-01—2020）和《城市桥梁抗震设计规范》（CJJ 166—2011）的结构抗震性能目标差别不大，但在设防地震概率水准上，后者稍大。

《公路桥梁抗震设计规范》（JTG/T 2231-01—2020）的桥梁抗震设防类别应按表 2-2 确定。对抗震救灾以及在经济、国防上具有重大意义的桥梁或破坏后修复（抢修）困难的桥梁，应提高抗震设防类别。

表 2-2 桥梁抗震设防类别

桥梁抗震设防类别	适用范围
A 类	单跨跨径超过 150 m 的特大桥
B 类	单跨跨径不超过 150 m 的高速公路、一级公路上的桥梁，单跨跨径不超过 150 m 的二级公路上的特大桥、大桥
C 类	二级公路上的中桥、小桥，单跨跨径不超过 150 m 的三、四级公路上的特大桥、大桥
D 类	三、四级公路上的中桥、小桥

对各类别桥梁，基于场地的地震基本加速度，通过赋予不同的抗震重要性系数

规定了 E1 和 E2 两级设防地震,对应的重现期见表 2-3。考虑到场地条件和设防环境对不同概率水平的地震动参数的影响,规范采用了场地系数来调整地震动加速度峰值,见表 2-4、表 2-5。

表 2-3 各类公路桥梁抗震重要性系数及对应的重现期

桥梁类别	E1 地震作用		E2 地震作用	
	重要性系数	重现期(年)	重要性系数	重现期(年)
A 类	1.0	475	1.7	2000
B 类	0.43(0.5)	75(100)	1.3(1.7)	1000
C 类	0.34	50	1.0	475
D 类	0.23	25	—	—

注:高速公路和一级公路上的 B 类大桥、特大桥,其抗震系数取 B 类括号里面的值。

表 2-4 公路桥梁水平向场地系数

场地类型	抗震设防烈度					
	Ⅵ	Ⅶ		Ⅷ	Ⅸ	
	0.05 g	0.1 g	0.15 g	0.2 g	0.3 g	0.4 g
Ⅰ₀	0.72	0.74	0.75	0.76	0.85	0.9
Ⅰ₁	0.80	0.82	0.83	0.85	0.95	1.00
Ⅱ	1.00	1.00	1.00	1.00	1.00	1.00
Ⅲ	1.30	1.25	1.15	1.00	1.00	1.00
Ⅳ	1.25	1.20	1.10	1.00	0.95	0.90

表 2-5 公路桥梁竖向场地系数

场地类型	抗震设防烈度					
	Ⅵ	Ⅶ		Ⅷ	Ⅸ	
	0.05 g	0.1 g	0.15 g	0.2 g	0.3 g	0.4 g
Ⅰ₀	0.6	0.6	0.6	0.6	0.6	0.6

续表

场地类型	抗震设防烈度					
	Ⅵ	Ⅶ		Ⅷ	Ⅸ	
	0.05 g	0.1 g	0.15 g	0.2 g	0.3 g	0.4 g
Ⅰ₁	0.6	0.6	0.6	0.6	0.7	0.7
Ⅱ	0.6	0.6	0.6	0.6	0.7	0.8
Ⅲ	0.7	0.7	0.7	0.8	0.8	0.8
Ⅳ	0.8	0.8	0.8	0.9	0.9	0.8

《城市桥梁抗震设计规范》(CJJ 166—2011)将桥梁按其在城市交通网络中位置的重要性以及所承担的交通量分为甲、乙、丙、丁四个抗震设防类别,见表 2-6。

表 2-6 城市桥梁抗震分类

桥梁抗震设防分类	桥梁类型
甲	悬索桥、斜拉桥及大跨度拱桥
乙	除甲类桥梁以外的交通网络中枢纽位置、快速路上的桥梁
丙	城市主干路和轨道交通桥梁
丁	除甲、乙、丙三类桥梁以外的其他桥梁

对各类城市桥梁分别规定了 E1 和 E2 两级设防地震参数。对于甲类桥梁,E1 和 E2 地震动参数应按地震安全性评价结果取值,其他各类桥梁的 E1 和 E2 地震峰值加速度 a 的取值,则基于场地基本地震加速度值,乘以地震调整系数得到,见表 2-7。甲类桥梁的 E1 和 E2 地震相应的地震重现期分别为 475 年和 2500 年,乙、丙和丁类桥梁的 E1 地震作用时在《建筑抗震设计规范》中多遇地震(重现期 50 年)参数的基础上,分别乘以 1.7、1.3 和 1.0 的重要性系数得到,而 E2 地震作用直接采用《建筑抗震设计规范》(GB 50011—2010)中的罕遇地震(重现期为 2900~2450 年)。

表 2-7　各类城市桥梁 E1 和 E2 地震调整系数

桥梁分类	E1 地震作用				E2 地震作用			
	6度	7度	8度	9度	6度	7度	8度	9度
乙类	0.61	0.61	0.61	0.61	—	2.2(2.05)	2.2(1.7)	1.55
丙类	0.46	0.46	0.46	0.46	—	2.2(2.05)	2.2(1.7)	1.55
丁类	0.35	0.35	0.35	0.35				

2.3.3　桥梁工程的抗震设防目标

抗震设防烈度为 6 度及 6 度以上地区的桥梁,都必须进行抗震设计。

1.《公路桥梁抗震设计规范》的规定

按照《公路桥梁抗震设计规范》(JTG/T 2231-01—2020)的规定,不同设防类别桥梁的抗震设防目标应当符合表 2-8 的要求。

表 2-8　《公路桥梁抗震设计规范》规定的公路桥梁抗震设防目标

桥梁抗震设防类别	设防目标			
	E1 地震作用		E2 地震作用	
	震后使用要求	损伤状态	震后使用要求	损伤状态
A 类	可正常使用	结构总体反应在弹性范围,基本无损伤	不需修复或经简单修复可正常使用	可发生局部轻微损伤
B 类	可正常使用	结构总体反应在弹性范围,基本无损伤	经临时加固后可供维持应急交通使用	不致倒塌或产生严重结构损伤
C 类	可正常使用	结构总体反应在弹性范围,基本无损伤	经临时加固后可供维持应急交通使用	不致倒塌或产生严重结构损伤
D 类	可正常使用	结构总体反应在弹性范围,基本无损伤	—	—

注:B 类、C 类中的斜拉桥和悬索桥以及采用减隔震设计的桥梁,其抗震设防目标应按 A 类桥梁要求执行。

对于 A、B、C 类桥梁采用的是两水准设防两阶段设计。两阶段设计是指第一阶段对桥梁结构进行 E1 地震作用下的强度验算，即按弹性理论计算地震作用效应与其他荷载效应组合，对结构进行承载力和弹性变形验算，以满足结构的承载力和变形要求；第二阶段对桥梁结构进行 E2 地震作用下的弹塑性变形验算，采用延性抗震设计方法，并引入能力保护设计原则。

对于 D 类桥梁采用一水准设防、一阶段设计，要求其在重现期约为 25 年的地震作用下不发生损伤，只进行 E1 地震作用下的强度验算。

2.《城市桥梁抗震设计规范》的规定

按照《城市桥梁抗震设计规范》(CJJ 166—2011)的规定，不同设防类别桥梁的抗震设防目标应当符合表 2-9 的要求。

表 2-9 《城市桥梁抗震设计规范》规定的城市桥梁抗震设防目标

桥梁抗震设防类别	设防目标			
	E1 地震作用		E2 地震作用	
	震后使用要求	损伤状态	震后使用要求	损伤状态
甲	立即使用	结构总体反应在弹性范围，基本无损伤	不需修复或经简单修复可正常使用	可发生局部轻微损伤
乙	立即使用	结构总体反应在弹性范围，基本无损伤	经抢修可恢复使用，永久性修复后恢复正常运营功能	有限损伤
丙	立即使用	结构总体反应在弹性范围，基本无损伤	经临时加固，可供紧急救援车辆使用	不产生严重的结构损伤
丁	立即使用	结构总体反应在弹性范围，基本无损伤	—	不致倒塌

3.《铁路工程抗震设计规范》的规定

我国的《铁路工程抗震设计规范》(GB 50111—2006)规定了铁路工程构筑物应达到的三个抗震性能标准，以及对应的构筑物设防目标和分析方法，见表 2-10。

表 2-10　铁路工程构筑物抗震设防目标及分析方法

地震动水准	多遇地震	设计地震	罕遇地震
构筑物	桥梁	路基,挡土墙,隧道,桥台,桥梁上下部结构连接构造	采用钢筋混凝土桥墩的桥梁
抗震设防标准	达到抗震性能要求Ⅰ	达到抗震性能要求Ⅱ	达到抗震性能要求Ⅲ
分析方法	D类桥梁采用反应谱法;B、C类桥梁及新结构桥梁采用反应谱法或时程反应分析法	采用静力法;连续梁支座可采用反应谱法	简支梁钢筋混凝土桥墩采用延性设计的简化方法;B类桥梁及新结构桥梁采用非线性时程反应分析法

性能要求Ⅰ:地震后不损坏或轻微损坏,能够保持其正常使用功能;结构处于弹性工作阶段。

性能要求Ⅱ:地震后可能损坏,经修补,短期内能恢复其正常使用功能;结构整体处于非弹性工作阶段。

性能要求Ⅲ:地震后可能产生较大破坏,但不出现整体倒塌,经抢修后可限速通车;结构处于弹塑性工作阶段。

三阶段设计:桥梁达到抗震性能要求Ⅰ,设计地震条件下桥台、桥梁上下部结构连接构造达到抗震性能要求Ⅱ,罕遇地震条件下钢筋混凝土桥墩的桥梁达到抗震性能要求Ⅲ。但是,采用了减隔震设计的桥梁不适用上述规定。

4. 重大桥梁工程的抗震设防标准

我国现行的《铁路工程抗震设计规范》(GB 50111—2006)仅适用于跨度小于150 m的梁式桥,《公路桥梁抗震设计规范》(JTG/T 2231-01—2020)及《城市桥梁抗震设计规范》(CJJ 166—2011)对大跨度桥梁仅给出了抗震设计原则,其抗震设计需作专门的研究。大跨度桥梁采用的抗震设防标准一般要略高于普通桥梁,但并不是越高越好。确定合理的设防标准,既能有效减轻地震损失,又能合理使用有限资金,这也是大跨度桥梁抗震设计时首先需要解决的问题。

目前,一般将主跨分别在800 m、400 m、300 m和200 m以上的悬索桥、斜拉桥、拱桥和梁桥称为特大跨桥梁。对于特大跨桥梁,其投资巨大,且在政治、经济上具有非常重要的地位,其抗震设防标准若仍采用规范规定的最低标准显然是不合适的。

因此,分析其合理的抗震设防标准并进行抗震研究,确保其抗震安全和技术经济合理具有非常重要的意义。合理确定特大跨桥梁的抗震设防标准,应在对项目场址进行地震危险性概率分析和对结构进行抗震性能分析的基础上进行,即应综合工程场址发生地震的危险性概率水平和结构的抗震能力,进行综合研究后合理确定。

自20世纪90年代以来,我国已修建了许多特大跨桥梁,这些桥梁的抗震性能研究都单独立项进行(表2-11)。在目前无大桥抗震设计规范可参考的情况下,研究者参考国内外相关规范,一般采用两水准设防两阶段设计的抗震设计方法,用第一水准烈度下的地震作用验算结构是否满足强度要求,用第二水准烈度下的地震作用验算结构位移和变形,以此来判断结构的抗震安全性。

表 2-11　国内部分大型桥梁工程的抗震设防标准

工程名称	设防标准
上海杨浦大桥、南浦大桥	E1:50年10%(重现期475年),验算强度 E2:100年10%(重现期950年),验算位移或变形
上海徐浦大桥、广东虎门大桥 江苏江阴大桥、南京二桥	E1:50年10%(重现期475年),验算强度 E2:50年3%(重现期1642年),验算位移或变形
广东海湾二桥、南澳大桥 江苏润扬长江大桥	E1:50年10%(重现期475年),验算强度 E2:50年3%(重现期2475年),验算位移或变形

2.4　桥梁工程抗震设计流程

通常将桥梁在施工和运营过程中承受的多种作用归结为永久作用、可变作用和偶然作用三大类。地震作用属于偶然作用,在使用期内不一定会出现,但一旦出现就会对桥梁结构产生很大的影响。桥梁设计除了要满足永久作用和可变作用的静力目标之外,还应对其进行抗震设计,以保证桥梁在地震作用下的安全性,因此桥梁工程的抗震设计应贯穿桥梁结构设计的全过程。

桥梁工程的抗震设计是一项综合性的工作。桥梁抗震设计的任务是选择合理的结构形式,并为结构提供较强的抗震能力。具体来说,要正确选择能够有效抵抗地震作用的结构形式,合理分配结构的刚度、质量和阻尼等,并正确估计地震可能对结构造成的破坏,以便通过结构、构造和其他抗震措施,使损失控制在限定的范围内。

桥梁工程的抗震设计流程如图2.29所示,包括七个步骤,即抗震概念设计、确定设防标准、确定场地类别、选择桥梁抗震体系(延性设计或减隔震设计)、地震反应分析、抗震性能验算以及抗震构造与措施选择。

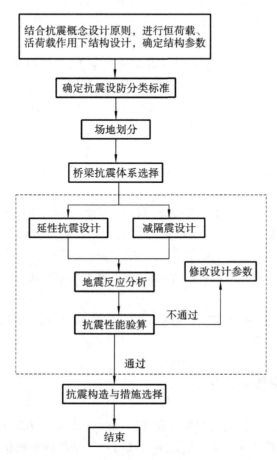

图 2.29　桥梁工程的抗震设计流程

2.4.1　桥梁结构抗震概念设计

抗震概念设计是根据地震灾害以及工程经验获得的设计思想,能够有效地达到合理抗震的设计目的。合理抗震设计要求作品能够达到强度、延性等指标的最佳组合,从而利用最为经济的方法来达到抗震设防的目标。需要指出的是,我们虽然强调概念设计的重要性,但并不代表因此忽视了对于数值的计算,这是为了能够创造更加有利的条件,从而保证计算分析的结果能够完整反映出地震时结构的真实反应。其主要的设计任务是选择出最优的抗震结构体系。

由于地震动的不确定性和复杂性,以及结构计算模型与实际情况的差异,难以保证理论计算分析与实际情况完全吻合。作为正确的抗震设计,必须重视抗震概念设计,灵活而又合理地运用抗震设计思想,使计算工作不致于盲目而且更有针对性;同时,通过计算,可以对桥梁的抗震概念设计进行验证,或者对概念设计中考虑不周到的地方进行修正。根据桥梁抗震设防的新理念,在桥梁概念设计时,可以采取以下措施达到结构防震、减少震害的效果。

(1) 桥梁选址时,应尽可能地建在可靠的地基上,否则软土的液化会加大地震反应。

(2) 重视桥梁结构动力概念设计,选择较理想的抗震结构体系。桥梁刚度不宜过大,但也不能太柔,所设计结构的周期要尽量与场地土卓越周期错开,若能大于卓越周期则更好。

(3) 桥梁抗震设计应同时考虑强度和延性,并提高桥梁结构整体的延性能力,达到经济合理的目的。

(4) 重视桥梁支座的作用及其设计,同时开发更有效的防落梁措施。

(5) 对钢筋混凝土桥墩,应采取适当措施,如提高箍筋体积配箍率以提高延性能力。

(6) 重视桥梁的细部构造设计,特别是钢筋锚固细节和防落梁措施,避免出现构造缺陷。

(7) 对高烈度地区的桥梁或结构复杂的特殊桥梁,重视采用减隔震的设计技术,往往会取得良好的效果。

2.4.2 桥梁抗震体系选择

桥梁抗震设计分为抗震概念设计和延性抗震设计两个方面,必要时还必须进行减震与隔震设计。桥梁抗震概念设计主要目的在于选择理想的抗震结构体系,而延性抗震设计则是在抗震概念设计的基础上进行塑性铰区的横向钢筋设计和抗震能力验算,增强桥梁结构的抗震安全性。当延性抗震设计无法取得理想的抗震效果时,则需继续进行减震与隔震设计,削弱地震对桥梁结构的不利影响。

1. 延性设计与局部构造

桥梁抗震的延性设计主要是利用桥墩等构件自身的延性耗能能力来抵抗地震作用,设计时是通过增加结构、构件延性来实现的,对塑性铰出现的部位应当采用适当的延性设计或者构造措施,提高塑性铰部位的延性能力。我国的《公路桥梁抗震设计规范》(JTG/T 2231-01—2020)指出塑性铰位置一般设置在连续梁桥底部位置。而桩基应当进行能力保护,避免出现塑性铰。

在具体抗震设计中,对于具有横系梁的双柱墩或者框架墩,一般应当避免墩身先于系梁出现塑性铰,墩身相对梁为能力保护构件。墩身塑性铰位置可以局部采用钢纤维混凝土提高桥墩的延性能力。对于桩基础可以局部采用钢护筒,提高桩基能力,避免桩基破坏带来的维修困难。

此外,在典型的桥梁震害中,落梁灾害十分常见,一方面是由于主梁与盖梁的搭接长度不够,另一方面是由于主梁与桥墩的连接部位缺少必要的限位支座,因此在抗震设计中应当十分注意主梁与桥墩的搭接长度,并适当采用挡块、剪力销、防震锚栓以及拉索连梁装置等限位装置。必要的局部构造能够提高桥梁的抗震能力安全储备。

2. 减隔震设计与支承系统

桥梁结构中,支座等支承体系是抗震的薄弱环节。地震灾害中,当支座设置不当时,通常会出现支座位移能力不足、脱空等,例如橡胶支座容易发生梁底或者支座底部滑动。支座的破坏致使上部结构与下部结构之间力的传递方式不明确,导致结构抗震性能下降,发生落梁等地震灾害。在概念设计中合理选择支座将直接影响结构的抗震性能,桥梁支座应当传力明确、性能稳定,并具有一定的位移承受能力的特点。

另一方面,近30年来,减隔震技术得到了广泛的发展与应用。理论与实践表明,采用减隔震支座能够有效地减小结构地震力,获得良好的抗震性能。常用的减隔震支座有叠层橡胶支座、摩擦摆支座、滚轴支座、铅芯橡胶支座、双曲球面支座。减隔震支座应当具有以下特点:①具有一定的柔性或者小刚度的水平约束,从而保证能够有效地延长结构周期,减小地震反应;②具有一定的阻尼、耗能能力或者限位能力,从而保证在柔性约束下结构的相对变形限制在一定的范围之内;③具有较大的初始刚度,保证桥梁结构在正常使用状态下能有效地抵抗风荷载、汽车制动力等,避免正常使用状况下的有害振动。

第 3 章　场地、地基与基础

场地是指工程群体所在地,为了考虑场地条件对结构抗震设计的影响,通常将场地按场地土的等效剪切波速和场地覆盖厚度划分为四类,以便选用合理的设计参数和采取有关的抗震构造措施。为使地震时地基基础不发生过大变形和不均匀沉降,不仅需选择合理的基础体系,同时还需进行必要的抗震验算。液化使地基土抗剪强度丧失,往往造成结构大量下沉或不均匀沉降,并引发结构的破坏甚至倒塌,必须加以判别,并对可能液化的地基采取相应的措施。

本章以桥梁抗震规范为基础,对桥梁场地、地基与基础的知识进行系统阐述,内容包括地震地面运动特性、场地的划分、地基的承载力、地基土的液化和抗液化措施以及桩基础的抗震设计。

3.1　地震地面运动特性

地震地面运动,也称为地震动,是由震源释放出来的地震波引起的地表附近土层的振动。它通常是用建筑所在场地某一点的水平(两个方向)、竖向,有时还有因扭转而同时产生的加速度 $a(t)$、速度 $v(t)$ 和位移 $x(t)$,以及扭转时的角加速度、角速度和角位移表示。同一场地中,同一地震引起的不同点的地震动是相互关联的。在结构抗震设计中,一般仅考虑对结构有影响并且震动强烈的地震动,它可以用强震仪测得。强震仪通常可测得所在处(点)的加速度时程曲线,也称为地震记录。

3.1.1　地震记录

人们对地震的认识,首先来自地震时的宏观现象,并导出了地震烈度这样的概念;随后就用地震仪对地震时质点的地震动进行观测,得出地震记录。地震记录促进了地震波动理论的发展和对震源与地球构造的了解,同时也为工程抗震的研究提供了宝贵资料。

1. 地震记录

世界上最早的地震仪是我国古代科学家张衡于公元 132 年所创,并于 138 年成功地记录了一次远震,开创了人类用仪器观测地震的先例。近代地震仪则是在 18 世纪后期才开始使用的。在工程抗震领域,地震时测量的地面运动是加速度记录,因为它与结构地震惯性力密切相关,是结构设计最重要和最基本的地震参数。

到目前为止,世界范围内已取得了几千条有用的地震加速度记录。这些记录在工程抗震中起到了十分重要的作用。如世界各国抗震规范中的反应谱,就是用地震加速度记录计算、统计得到的;在工程结构的抗震设计、结构地震反应分析和抗震结构试验中,这些记录提供了地震地面运动输入等资料。

2. 地震地面运动特性

表征地震动的三个要素:振幅、频谱和持续时间。这三个要素的不同组合决定着工程结构的安全与否。

1) 振幅

人们首先认识到地震动振幅对结构反应的重要性,认为最大加速度可以作为地震动强弱的标志。采用这种单因素(即最大加速度)作为地震动强弱标志的思想,其特点在于把地震动看成一个简单的物理量。

2) 频谱

随着认识的深入,特别是强震加速度记录的积累,人们明确认识到地震动频谱的重要性,因为地震动和建筑结构振动的特点就是具有周期性和频谱特征。当地震动的卓越周期(或频谱)与工程结构的自振周期接近时,结构的地震反应就会增大,从而加剧了它的震害。

3) 持续时间

大多数地震工程学家认为,地震动持续时间对建筑结构的破坏具有重要影响。他们是从震害调查材料、结构的低周疲劳现象、破坏的积累效应、试验与理论分析得出这一结论的。

3.1.2 场地对地震地面运动特性的影响

地震波是一种波形十分复杂的行波。根据谐波分析原理可以将它看成是由若干个简谐波叠加而成的。场地土对基岩传来的各种谐波分量具有不同的放大作用,有的分量放大得多,而有的分量放大得少。这主要和场地土的卓越周期有关。

共振作用是地震运动中场地覆盖土层的振动周期与工程结构的自振周期耦合而产生的工程结构振动放大,从而使震害加剧。

某特定厚度的土层,与其他介质一样,有其固有周期。从弹性理论出发,可用式(3-1)表示:

$$T = \frac{4d_{or}}{v_s} \tag{3-1}$$

式中,T——土层的周期(s);

d_{or}——覆盖土层厚度(m)；

v_s——土层的剪切波速(m/s)。

当地震波的某一谐波分量的周期恰为该波穿过土层所需的时间 d_{or}/v_s 的4倍时，其振幅放大系数最大，地面震动也最显著。

一般称式(3-1)中的 T 为场地的卓越周期。由于不同场地覆盖层的厚度 d_{or} 与场地剪切波速 v_s 不同，因此不同场地的卓越周期也将不同，一般在0.1秒至数秒之间变化。

对于场地卓越周期人们有以下认识：场地卓越周期随着条件的不同而变化，卓越周期随震中距的增大而趋于变长，随震级变小而趋于变短；当场地土为多层时，卓越周期不唯一，而且变得越来越复杂，它往往具有多个峰点或较宽、较平坦的频谱；在强震作用下，场地卓越周期会随震源特性不同而引起土层的不同反应，表现出颇不相同的频谱特性，从而不易发现频谱中所包含的地基特性。在大小和周期不同的地震波波群通过覆盖土层传向地表的过程中，土层会使一些与土层固有周期一致的某些频率波群放大并通过，而将另一些与土层固有周期不一致的某些频率波群缩小或滤掉，因此土质条件对于改变地震波的频率特性具有重要作用。由于表层土的滤波作用，使坚硬场地的地震动以短周期为主，而软弱场地则以长周期为主。

场地运动对桥梁结构的影响有两种形式：一种是通过场地运动将地震能量传递给结构物引起结构物振动，另一种是场地相对位移对结构施加强制变形。当地震动的卓越周期与场地土的固有周期一致时，就会产生共振现象，使得地表的振幅大大增加。如果桥梁结构的固有周期与地震动的卓越周期相近，结构的振动会增大，震害也会加重，因此结构受到的地震影响与场地的土层结构和土的动力学性质有很大的关系。建筑在场地上的桥梁结构，场地运动除了向结构输入地震能量外，还会对结构施加强制变形，这种相对位移包括平动位移和转动位移。对于刚度比较大的结构，基础的转动变形在整个结构变形中所占的比例很大，影响内力分布，同时也是发生落梁破坏的重要原因。

3.2 场地的划分

3.2.1 场地的选择

工程地质条件对地震破坏的影响很大，根据土质、地形、地貌等情况将地段划分为有利、不利、危险地段，从宏观上指导设计人员合理地选择建设场地。

1. 地段类别划分

《公路桥梁抗震设计规范》(JTG/T 2231-01—2020)对抗震有利地段、抗震不利地段、抗震危险地段和抗震一般地段的表述见表 3-1。

表 3-1 地段类别划分

地段类别	说　　明
抗震有利地段	建设场地及其邻近无晚近期活动性断裂,地质构造相对稳定,同时地基为比较完整的岩体,坚硬土或开阔、平坦、密实的中硬土等
抗震不利地段	软弱黏性土层、液化土层和地层严重不均匀的地段;地形陡峭、孤突、岩土松散、破碎的地段;地下水位埋藏较浅、地表排水条件不良的地段。严重不均匀地层指岩性、土质、层厚、界面等在水平方向变化很大的地层
抗震危险地段	地震时可能发生滑坡、崩塌的地段;地震时可能塌陷的地段、溶洞等岩溶地段和已采空的矿穴地段;河床内基岩具有倾向河槽的构造软弱面被深切河槽所切割的地段,发震断裂、地震时可能坍塌而中断交通的各种地段
抗震一般地段	除抗震有利、不利和危险地段以外的其他地段

2. 桥位场地的选择

《公路桥梁抗震设计规范》(JTG/T 2231-01—2020)规定如下。

(1) 桥位选择应在工程地质勘察和专项工程地质、水文地质调查的基础上,按地质构造的活动性、边坡稳定性和场地的地质条件等进行综合评价,应查明对公路桥梁抗震有利、一般、不利和危险的地段,宜充分利用对抗震有利的地段。

(2) 在抗震不利地段布设桥位时,宜对地基采取适当抗震加固措施。在软弱黏性土层、液化土层和严重不均匀地层上,不宜修建大跨径超静定桥梁和其他对地基不均匀变形敏感的桥梁。

(3) 公路桥梁宜绕避抗震危险地段,当 C 类桥梁中的大桥和特大桥、B 类桥梁、A 类桥梁必须通过抗震危险地段时,应在工程场地地震安全性评价的基础上研究制定相应的对策。

(4) 对地震时可能因发生滑坡、崩塌而造成堰塞湖的地段,应估计其淹没和溃决的影响范围,合理确定路线的高程,选定桥位。当可能因发生滑坡、崩塌而改变河流流向、影响岸坡和桥梁墩台以及路基的安全时,应采取应对措施。

3.2.2 场地类别的划分

从宏观震害的调查结果和不同场地条件上的地震台站的记录来看,土的软硬和覆盖土层厚度对地震动参数、反应谱和震害具有明显的影响。震害经验指出,土质越软、覆盖土层越厚,结构震害越严重;反之越轻。从理论上说,不同刚度和厚度的土层在动力特性上的差别会造成地面运动和反应谱的差别。进行抗震设计时,地震作用一般是利用反应谱确定的,因此在确定抗震设计标准时,人们自然会想到,对不同的场地,应该采取不同的反应谱来做标准。为了便于进行统计分析和制定标准,场地应按其对反应谱特性的影响进行分类。

1. 场地土的类型划分

场地土的类型是指土层本身的刚度特性。根据土层剪切波速 v_s 将场地土的类型划分为四种:坚硬土(或岩石)、中硬土、中软土和软弱土。

我国《公路桥梁抗震设计规范》(JTG/T 2231-01—2020)规定如下。

(1) A类和B类桥梁,可通过现场实测确定。现场实测时钻孔数量应满足如下要求:中桥不少于1个、大桥不少于2个、特大桥宜适当增加。

(2) C类和D类桥梁,当无实测剪切波速时,可根据岩土名称和性状按表3-2划分土的类型,并结合当地的经验,在表3-2的范围内估计各土层的剪切波速。

表 3-2　土的类型划分和剪切波速范围

土的类型	岩土名称和性状	土层剪切波速 v_s 范围/(m/s)
岩石	坚硬、较硬且完整的岩石	$v_s > 800$
坚硬土或软质岩土	破碎和较破碎的或软和较软的岩石,密实的碎石土	$800 \geqslant v_s > 500$
中硬土	中密、稍密的碎石土,密实、中密的砾、粗(中)砂,$f_{a0} > 150$ 的黏性土和粉土,坚硬黄土	$500 \geqslant v_s > 250$
中软土	稍密的砾、粗(中)砂,除松散外的细、粉砂,$f_{a0} \leqslant 150$ 的黏性土和粉土,$f_{a0} > 130$ 的填土,可塑黄土	$250 \geqslant v_s > 150$
软弱土	淤泥和淤泥质土,松散的砂,新近沉积的黏性土和粉土,$f_{a0} \leqslant 130$ 的填土,流塑黄土	$v_s \leqslant 150$

注:f_{a0} 为由荷载试验等方法得到的地基承载力基本容许值(kPa)。

(3) 土层平均剪切波速应按下式计算:

$$v_{se} = d_0/t \tag{3-2}$$

$$t = \sum_{i=1}^{n}(d_i/v_{si}) \tag{3-3}$$

式中，v_{se}——土层平均剪切波速(m/s)；

d_0——计算深度(m)，取覆盖层厚度和 20 m 二者的较小值；

t——剪切波在地面至计算深度之间的传播时间(s)；

d_i——计算深度范围内第 i 土层的厚度(m)；

v_{si}——计算深度范围内第 i 土层的剪切波速(m/s)；

n——计算深度范围内土层的分层数。

2. 场地覆盖层厚度

桥梁工程场地覆盖层厚度，按下列要求确定。

(1) 一般情况下，应按地面至剪切波速大于 500 m/s 且其下卧各层岩土剪切波速均不小于 500 m/s 的土层顶面的距离确定。

(2) 地面 5 m 以下存在剪切波速大于相邻上层土剪切波速 2.5 倍的土层，且其下卧各层岩土剪切波速均不小于 400 m/s 时，可按地面至该土层顶面的距离确定。

(3) 剪切波速大于 500 m/s 的孤石、透镜体，应视同周围土层。

(4) 土层中的火山岩硬夹层，应视为刚体，其厚度应从覆盖土层中扣除。

3. 场地类别

表 3-3 列出了桥梁工程场地的类别与等效剪切波速、覆盖层厚度(d)的关系，当已知表层土的场地土类型和场地覆盖层厚度时，就可以确定桥梁工程场地的类别。

表 3-3 桥梁工程场地类别划分

岩石的剪切波速 v_s 或土层平均剪切波速 v_{se}/(m/s)	场地类别				
	I_0	I_1	II	III	IV
$v_s > 800$	0				
$800 \geq v_s > 500$		0			
$500 \geq v_{se} > 250$		<5	≥5		
$250 \geq v_{se} > 150$		<3	3~50	>50	
$v_{se} \leq 150$		<3	3~15	>15,≤80	>80

注：表中数据为场地覆盖土层厚度(m)。

3.2.3 发震断裂对工程影响的评价

断裂带是地质构造上的薄弱环节,在发震断裂带地表附近,地震时可能产生新的错动,使地面上的工程结构遭受较大的破坏。目前没有经济有效的工程构造措施,因此主要靠避让来减轻危险性。断裂带是否错动和出露到地表与很多因素有关,一般来说,地震震级越高,露出地表的断层长度越长,断层错位就越大;覆盖层厚度越大,露出地表的错动和断层长度就越小;发生在平原、丘陵地区的地震,露出地表的断层长度和水平错位相对于山区要小。

桥梁工程场地范围内有发震断裂时,对断裂的工程影响进行如下评价。

(1) 当符合下列条件之一时,可不考虑发震断裂错动对桥梁的影响。

①抗震设防烈度小于Ⅷ度。

②非全新世活动断裂。

③抗震设防烈度为Ⅷ度和Ⅸ度时,前第四纪基岩隐伏断裂的土层覆盖厚度分别大于 60 m 和 90 m。

(2) 当不能满足上述条件时,宜采取下列措施。

①A 类桥梁宜避开主断裂带,抗震设防烈度为Ⅷ度和Ⅸ度地区,其避开主断裂带的距离即桥墩边缘至主断裂带外缘的距离分别不宜小于 300 m 和 500 m。

②A 类以下桥梁宜采用跨径较小、便于修复的结构。

③当桥位无法避开发震断裂时,宜将全部墩台布置在断层的同一盘(最好是下盘)上;当不能将全部墩台布置在断层的同一盘时,宜进行专项研究。

对构造物附近范围发震断裂的工程影响进行评价,是地震安全性评价的内容。发震断裂的工程影响主要是指发震断裂引起的地表破裂对工程结构的影响。对这种瞬时产生的地表错动还没有经济、有效的工程构造措施,主要靠避让来减轻危险性。国外有报道称,某些具有坚固基础的建筑物曾成功地抵抗住或转移了数英寸的地表破裂,结构物未发生破坏(Youd,1989),指出优质配筋的筏式基础和内部拉接坚固的基础效果最好,可供设计者参考。

实际发震断裂引起的地表破裂与地震烈度没有直接的关系,而是与地震的震级有一定的相关性。从目前积累的资料看,6 级以下的地震引起地表破裂的仅有一例,所以本条所提的"抗震设防烈度小于Ⅷ度",实质是指地震的震级小于 6 级。设计人员很难判断工程所面临的未来地震震级,而地震烈度可以直接从地震区划图上查到。

避开主断裂带的距离即桥墩边缘至主断裂带外缘的距离分别不宜小于 300 m 和 500 m,主要的依据是国内外地震断裂破裂宽度的资料,取值有一定的保守性。在受各种客观条件限制,难以避开数百米时,美国加州桥梁抗震设计规范的相关规定可供参考,了解风险的程度。美国加州规范的规定如下:"一般而言,场地的避让距离应由负责场地勘察的岩土工程师与主管建筑和规划的专业人员协商确定。有足够的地质资料可以准确地确定活断裂迹线的地区,且地形并不复杂时,避让距离可规定为 50 英尺(约 16 m)。复杂的断裂带要求较大的避让距离。倾滑的断层,通常会在较宽且不规则的断裂带内产生多处破裂,上盘边缘受到的影响大、下盘边缘的扰动小,避让距离在下盘边缘可稍小,在上盘边缘则应较大。某些断裂带包含如挤压脊和凹陷之类的局部构造,不能揭露清晰的断裂面或剪切破碎带,应由有资质的工程师和地质师专门研究,如能保证基础能抗御可能的地面变形,可修建不重要的结构。"

当不能将全部墩台布置在断层的同一盘时,表明桥梁无法回避跨越发震断裂;但目前国内外尚无成熟的跨越发震断裂的工程措施,因此,这种情况下宜进行专项研究,以提出针对性的跨越发震断裂措施。

3.3 地基的承载力

由于地震作用属于偶然的瞬时荷载,地基土在短暂的瞬时荷载作用下,可以取用较高的容许承载力。世界上大多数国家的抗震规范和我国其他规范,在验算地基的抗震强度时,对于抗震容许承载力的取值,大都采用在静力设计容许承载力的基础上乘以调整系数 K 来提高。

《公路桥梁抗震设计规范》(JTG/T 2231-01—2020)地基抗震承载力容许值应按下式计算:

$$[f_{aE}] = K[f_a] \qquad (3-4)$$

式中,$[f_{aE}]$——调整后的地基抗震承载力容许值(kPa);

K——地基抗震容许承载力调整系数,应按表 3-4 取值;

$[f_a]$——深宽修正后的地基承载力容许值(kPa),应按现行《公路桥涵地基与基础设计规范》(JTG 3363—2019)的规定采用。

规范还规定进行地基抗震验算时,应采用地震作用效应与永久作用效应组合且满足地基抗震承载力的容许值。

表 3-4 地基抗震容许承载力调整系数

岩土名称和性状	K
岩石,密实的碎石土,密实的砾、粗(中)砂,$f_{a0} \geq 300$ kPa 的黏性土和粉土	1.5
中密、稍密的碎石土,中密和稍密的砾、粗(中)砂,密实和中密的细、粉砂,150 kPa$\leq f_{a0} < 300$ kPa 的黏性土和粉土,坚硬黄土	1.3
稍密的细、粉砂,100 kPa$\leq f_{a0} < 150$ kPa 的黏性土和粉土,可塑黄土	1.1
淤泥,淤泥质土,松散的砂,杂填土,新近堆积黄土及流塑黄土	1.0

注:f_{a0}——由荷载试验等方法得到的地基承载力基本容许值(kPa)。

我国《公路桥梁抗震设计规范》(JTG/T 2231-01—2020)参考《建筑抗震设计规范》(GB 50011—2010)的有关规定制定了验算地基抗震承载力时，基础底面平均压应力和边缘最大压应力应符合下列各式要求：

$$p \leqslant [f_{aE}] \tag{3-5}$$

$$p_{\max} \leqslant 1.2[f_{aE}] \tag{3-6}$$

式中，p——基础底面平均压应力(kPa)；

$p_{\max}$——基础底面边缘的最大压应力(kPa)。

液化土层及以上土层的地基承载力不应按地基抗震容许承载力调整系数调整。在验算液化土层以下地基承载力时，应计入液化土层及以上土层重力。

3.4 地基土的液化和抗液化措施

3.4.1 地基土的液化

1. 液化机理

当处在饱和状态的砂土或者是粉土受到一定时间的振动之后，土体颗粒的局部或者全部会悬浮在土层的孔隙水中，对土体的强度和刚性造成巨大的影响，从而表现出一种液体的性质，这种性质就是土体的"液化"现象。对于地基土来说，它的承载能力主要来自抗剪强度，而砂土或者是粉土的抗剪强度主要与土颗粒之间形成的骨架作用有关。浅层的松散饱和粉土和砂土在地震的时候会受到地震波的震动影响，这样就会让饱和粉土和砂土中的孔隙水分压力在短时间内来不及消散，从而出现急剧的增加，导致土的有效应力减小甚至完全消失，土体的抗剪强度降低。在经过一定的周期性荷载作用之后，孔隙水压力与总应力相等的时候，有效应力会变成零，这时的土体抗剪强度为零，土体就会变成能够流动的水土混合物，这样就形成了所谓的"液化"。总之，地基土的液化对工程结构会产生极大的危害。

2. 液化的影响因素

（1）土层的地质年代。

地质年代的新老程度表示土层沉积时间的长短。较老的沉积土，经过长时间的固结作用和水化学作用，除了密实程度增大外，还具有一定的胶结紧密结构。因此地质年代越古老的土层，其固结度、密实度和结构性就越好，抵抗液化的能力就越强。宏观震害调查表明，国内外历次大地震中，尚未发现地质年代属于第四纪晚更新世（Q3）及以前的饱和土层发生液化。

(2) 土的组成。

一般说来，细砂较粗砂容易液化，颗粒均匀单一的较颗粒级配良好的容易液化。细砂容易液化的主要原因是其透水性差，地震时易产生孔隙水超压作用。

(3) 土层的埋深。

砂土层埋深越大，即其上有效覆盖压力越大，则土的侧限压力也就越大，就越不容易液化。地震时，液化砂土层的深度一般在 10 m 以内，很少超过 15 m。

(4) 相对密度。

松砂较密砂容易液化。粉土是黏性土与无黏性砂类土之间的过渡性土壤，其黏性颗粒含量决定了这类土壤的性质（如黏聚力等），从而也就影响其抵抗液化的能力。黏性颗粒少的比多的容易液化。

(5) 地下水位。

地下水位浅时较地下水位深时容易发生液化。对于砂土，一般地下水位小于 4 m（对于粉土，7 度、8 度、9 度分别为 1.5 m、2.5 m、6 m）时易液化，超过此深度后就不易发生液化。

(6) 地震烈度和地震持续时间。

一般在地震烈度 7 度及以上地区，地震烈度越高（地面运动就越强烈）和地震持续的时间越长，就越容易发生液化。而在地震烈度 5～6 度地区，很少看到液化现象。

3.4.2 地基土的液化判别

我国《公路桥梁抗震设计规范》（JTG/T 2231-01—2020）规定了需经过初判和复判两个过程方能判定地基土是否液化，所用的初判指标大致类似，基本都涉及地质年代、黏粒含量百分率、上覆非液化土层厚度及地下水位埋深 4 个指标。当不满足初判条件时初步判定为液化砂土。此时则需要采用复判步骤进行液化判别，砂土液化的复判均采用标准贯入试验判别法进行判别。

1. 初步判别法

许多资料表明在Ⅷ度以下地区，即Ⅵ度区液化对公路桥梁造成的震害是比较轻的，因此《公路桥梁抗震设计规范》（JTG/T 2231-01—2020）规定Ⅶ度以下地区即Ⅵ度区的公路桥梁可不考虑液化影响。

《公路桥梁抗震设计规范》（JTG/T 2231-01—2020）中规定，存在饱和砂土或饱和粉土（不含黄土）的地基，下列条件均不符合时，可初步判别为可能液化或应考虑液化影响。

(1) 土层地质年代为第四纪晚更新世（Q3）及其以前时，Ⅶ度、Ⅷ度地区可判为不液化。

(2) 粉土的黏粒（粒径小于 0.005 mm 的颗粒）含量百分率，Ⅶ度、Ⅷ度和Ⅸ度分别不小于 10、13 和 16 时，可判为不液化土。

(3) 天然地基的桥梁，当上覆非液化土层厚度和地下水位深度符合下列条件之一时，可不考虑液化影响：

$$d_u > d_0 + d_b - 2 \tag{3-7}$$

$$d_w > d_0 + d_b - 3 \tag{3-8}$$

$$d_u + d_w > 1.5d_0 + 2d_b - 4.5 \tag{3-9}$$

式中，d_w——地下水位深度(m)，宜按设计基准期内年平均最高水位采用，也可按近期内年最高水位采用；

d_u——上覆非液化土层厚度(m)，计算时宜将淤泥和淤泥质土层扣除；

d_b——基础埋置深度(m)，不超过 2 m 时应采用 2 m；

d_0——液化土特征深度(m)，可按表 3-5 采用。

表 3-5 液化土特征深度

饱和土类别	Ⅶ度	Ⅷ度	Ⅸ度
粉土	6	7	8
砂土	7	8	9

2. 标准贯入试验判别法

当初步判别认为需进一步进行液化判别时，应采用标准贯入试验判别法判别地面下 15 m 深度范围内土的液化；当采用桩基或埋深大于 5 m 的基础时，应判别 15～20 m 范围内土的液化。当饱和土标准贯入锤击数（未经杆长修正）小于液化判别标准贯入锤击数临界值 N_{cr} 时，应判为液化土。当有成熟经验时，也可采用其他判别方法。

(1) 在地面下 15 m 深度范围内，液化判别标准贯入锤击数临界值可按下式计算：

$$N_{cr} = N_0 [0.9 + 0.1(d_s - d_w)] \sqrt{3/\rho_c} \quad (d_s \leqslant 15) \tag{3-10}$$

(2) 在地面下 15～20 m 范围内，液化判别标准贯入锤击数临界值可按下式计算：

$$N_{cr} = N_0 (2.4 - 0.1 d_w) \sqrt{3/\rho_c} \quad (15 < d_s \leqslant 20) \tag{3-11}$$

式中，N_{cr}——液化判别标准贯入锤击数临界值；

N_0——液化判别标准贯入锤击数基准值，应按表 3-6 采用；

d_s——饱和土标准贯入点深度(m)；

ρ_c——黏粒含量百分率(%)，当小于 3 或为砂土时，应采用 3。

表 3-6 标准贯入锤击数基准值 N_0

区划图上的特征周期 /s	Ⅶ度	Ⅷ度	Ⅸ度
0.35	6(8)	10(13)	16
0.40、0.45	8(10)	12(15)	18

注:(1) 特征周期根据场地位置在《中国地震动参数区划图》(GB 18306——2001)上查取;
(2) 括号内数值用于设计基本地震动加速度为 $0.15\,g$ 和 $0.30\,g$ 的地区。

式(3-10)和式(3-11)显示,当地下水位深度越浅,黏粒含量百分率越小,地震烈度越高,地震加速度越大,地震作用持续时间越长,土层越容易液化,则标准贯入锤击数临界值就越大。反之,标准贯入锤击数临界值越大,就越容易被判别为液化土层。

3.4.3 液化地基的评价

当经过上述两步判别后,证实地基土确实存在液化的可能,应进一步定量分析,探明液化土层的深度和厚度。按下式计算每个钻孔的液化指数 I_{lE}:

$$I_{lE} = \sum_{i=1}^{n} \left(1 - \frac{N_i}{N_{cri}}\right) d_i W_i \tag{3-12}$$

式中,I_{lE}——液化指数;

n——在判别深度范围内每一个钻孔标准贯入试验点的总数;

N_i、N_{cri}——分别为 i 点标准贯入锤击数的实测值和临界值,当实测值大于临界值时应取临界值的数值;

d_i——i 点所代表的土层厚度(m),可采用与该标准贯入试验点相邻的上、下两标准贯入试验点深度差的一半,但上界不高于地下水位深度,下界不深于液化深度;

W_i——i 土层单位土层厚度的层位影响权函数值(m^{-1}),若判别深度为 15 m,当该层中点深度不大于 5 m 时应采用 10,等于 15 m 时应采用零值,5～15 m 时应按线性内插法取值;若判别深度为 20 m,当该层中点深度不大于 5 m 时应采用 10,等于 20 m 时应采用零值,5～20 m 时应按线性内插法取值。

根据液化指数 I_{lE} 的大小,可将地基的液化等级划分为轻微、中等、严重三个等级(表 3-7)。

表 3-7 地基的液化等级

液化等级	轻微	中等	严重
判别深度为 15 m 的液化指数	$0<I_{lE}\leqslant 5$	$5<I_{lE}\leqslant 15$	$I_{lE}>15$
判别深度为 20 m 的液化指数	$0<I_{lE}\leqslant 6$	$6<I_{lE}\leqslant 18$	$I_{lE}>18$

《公路桥梁抗震设计规范》(JTG/T 2231-01—2020)中提供了一个简化的预估液化危害的方法,可对场地的喷水冒砂程度、一般浅基础工程结构物的可能损坏,做粗略的预估,以便为采取工程措施提供依据。液化等级分为为轻微、中等、严重三级;各级的液化指数、地面喷水冒砂情况以及对结构物危害程度的描述见表 3-8,是根据我国百余个液化震害资料得出的。

表 3-8 液化等级对结构物的相应危害程度

液化等级	判别深度为 15 m 的液化指数	地面喷水冒砂情况	对结构物的危害情况
轻微	$0<I_{lE}\leqslant 5$	地面无喷水冒砂,或仅在洼地、河边有零星的喷水冒砂点	危害性小,一般不至引起明显的震害
中等	$5<I_{lE}\leqslant 15$	喷水冒砂可能性大,从轻微到严重都有;多属中级	危害性较大,可造成不均匀沉陷和开裂,有时不均匀沉陷可能达到 200 mm
严重	$I_{lE}>15$	一般喷水冒砂都很严重,或仅在洼地,地面变形很明显	危害性大,不均匀沉陷可能大于 200 mm,高重心结构物可能产生不容许的倾斜

3.4.4 地基抗液化措施

1. 抗液化措施

对于液化地基,要根据桥梁重要性类别及地基的液化等级按表 3-9 确定抗液化措施。

表 3-9　抗液化措施

桥梁分类	地基的液化等级		
	轻微	中等	严重
B 类	部分消除液化沉陷,或对基础和上部结构进行处理	全部消除液化沉陷,或部分消除液化沉陷且对基础和上部结构进行处理	全部消除液化沉陷
C 类	对基础和上部结构进行处理,也可不采取措施	基础和上部结构进行处理,或采取更高要求的措施	全部消除液化沉陷,或部分消除液化沉陷且对基础和上部结构进行处理
D 类	可不采取措施	可不采取措施	对基础和上部结构进行处理,或采取其他经济的措施

2. 全部消除地基液化沉陷的措施

全部消除地基液化沉陷的措施,一般包括采用桩基、深基础或加密法、换土法等。具体的做法和要求如下。

(1) 采用桩基时,桩端伸入液化深度以下稳定土层中的长度(不包括桩尖部分),应按计算确定。

(2) 采用深基础时,基础底面应埋入液化深度以下的稳定土层中,其深度不应小于 2 m。

(3) 采用加密法(如振冲、振动加密、挤密碎石桩、强夯等)加固时,应处理至液化深度下界;且处理后复合地基的标准贯入锤击数不宜小于按式(3-10)和式(3-11)确定的液化判别标准贯入锤击数临界值。

(4) 采用换土法时,应用非液化土替换全部液化土层。

(5) 采用加密法或换土法处理时,在基础边缘以外的处理宽度,应超过基础底面下处理深度的 1/2 且不小于基础宽度的 1/5。

3. 部分消除地基液化沉陷的措施

部分消除地基液化沉陷的措施,一般包括加固或挖除部分液化土层等。具体的做法和要求如下。

(1) 处理深度应使处理后的地基液化指数减小,其值不宜大于 5。

(2) 加固后复合地基的标准贯入锤击数不宜小于按式(3-10)和式(3-11)确定的

液化判别标准贯入锤击数临界值。

（3）基础边缘以外的处理宽度,应超过基础底面下处理深度的 1/2 且不小于基础宽度的 1/5。

4. 基础和上部结构处理的具体要求

（1）选择合适的基础埋置深度。

（2）调整基础底面面积,减小基础偏心。

（3）加强基础的整体性和刚度。

（4）减轻荷载,增强上部结构的整体刚度和均匀对称性,避免采用对不均匀沉陷敏感的结构形式等。

对地基中的可液化土层,应查明其分布范围,分析其危害程度,根据工程实际情况,选择合理工程措施。具体工程措施很多,从本质上可以归纳为以下几方面:改变可液化土的性质,使其不具备液化条件,如采用振冲加固或挤密碎石桩加固后构成复合地基等;改善排水条件,限制地震时孔隙水压力的产生和增长;置换可液化地基土;越过可液化地基土层,如采用桩基础;围封可液化地基,消除或减轻液化破坏的危害性。规范条文中的规定是较常用的方法。若液化土层埋深浅,工程量小,可采用挖除换土法,该方法造价低、施工快、处治彻底,不留后患。强夯法也多有采用,加密深度可达 10 m 以上。

5. 液化侧向扩展或流滑

有可能发生液化侧向扩展或流动时滑动土体的最危险范围要求采取土体抗滑措施,液化等级为中等和严重的古河道、现代河滨、海滨,当存在液化侧向扩展或流滑可能时,在距常水位线 100 m 以内修建的 A 类和 B 类桥梁,应进行抗滑动验算,必要时应采取防止土体滑动措施。

（1）液化侧向扩展地段的宽度来自海城地震、唐山地震及日本阪神地震对液化侧扩区的大量调查。根据对阪神地震的调查,在距水线 50 m 范围内,水平位移及竖向位移均很大;在 50～150 m 范围内,水平地面位移仍较显著;大于 150 m 以后水平位移趋于减小,基本不构成震害。上述调查结果与我国海城地震、唐山地震后的调查结果基本一致:海河故道、滦运河、新滦河、陡河岸坡滑坍范围距水线 100～150 m,辽河、黄河等可达 500 m。

（2）侧向流动土体对结构的侧向推力,根据阪神地震后对受害结构的反算结果得到。

①非液化上覆土层施加于结构的侧压相当于被动土压力,破坏土楔的运动方向是土楔向上滑而楔后土体向下,与被动土压力发生时的运动方向一致。

②液化层中的侧压相当于竖向总压的 1/3。

③桩基承受侧压的面积相当于垂直于流动方向的桩排的宽度。

3.5 桩基础的抗震设计

3.5.1 桥梁桩基的震害现象和破坏机制

1. 桥梁桩基的震害主要类型

(1) 基础位于软弱地基中,常常出现上部结构与支承结构过大的不均匀沉陷。

(2) 因砂土液化诱发的地面侧向水平位移造成桩基的破坏,从而引起桥面及梁体毁坏。

(3) 桩体未发生明显侧向移动或下沉,而桩体附近沿桩周产生众多密布的宽度不等的环带状裂缝。

(4) 由于桩帽与承台连接构造措施设计不足,上部结构惯性力以及土体运动在桩帽位置发生剪切和弯曲破坏,承台与桩帽脱离。

(5) 桩基桥墩随土体运动引起上部结构落梁。

(6) 桩基未深入稳定土层,或设计长度不足,地震时桩体下沉或发生侧向弯曲变形,导致桥墩变位,引起上部结构落梁或桩墩穿透桥面板。

2. 桩基破坏模式

根据国内外历次地震中桩基震害现象,可以总结出桩基破坏模式如下:①近桩头非黏性土的液化或黏性土的应变软化使得土的侧向支撑力下降,加上大的结构惯性力的作用,在桩头处将发生较大的位移和弯曲应变,导致桩的破坏,这种破坏常发生在桩与承台连接处或桩头处,从而使土体上部结构毁坏;②液化使土体发生侧向流动,土体在桩上施加巨大的横向荷载,导致桩破坏;③由于液化或应变软化使沿桩长的土体软化,桩的支撑力下降,加上上部结构惯性力引起的摆动破坏,桩体下沉,发生穿孔破坏或受拉拔出破坏;④在阻抗相差大的两层土交界处,桩可能遭到弯曲破坏。

3.5.2 非液化土中桩基抗震验算

非液化地基的桩基,进行抗震验算时,E1 地震作用下,端承桩的地基抗震容许承载力调整系数可取 1.5,摩擦桩的地基抗震容许承载力调整系数可根据地基土类别按表 3-4 取值。E2 地震作用下,单桩的抗压承载能力可提高至非抗震设计时的 2 倍,单桩的抗拉承载能力调整系数可根据地基土类别按表 3-4 取值。

由于 E2 地震重现期长,极少发生,同时地震作用属于瞬时荷载,地基在短暂的地震荷载作用下,可以直接取用其极限承载力,而不再考虑安全系数,因此单桩的抗压承载力可以提高至原来的 2 倍。

3.5.3 液化土中桩基抗震验算

当地基内有液化土层时,液化土层的承载力(包括桩侧摩阻力)、土抗力(地基系数)、内摩擦角和黏聚力等,可根据液化抵抗系数 C_e 予以折减。折减系数 α 应按表 3-10 采用。液化土层以下单桩部分的承载能力,可依据非液化土中桩基抗震验算的规定取值;液化土层内及以上部分单桩承载能力不应提高。

$$C_e = \frac{N_1}{N_{cr}} \tag{3-13}$$

式中,C_e——液化抵抗系数;

N_1、N_{cr}——分别为实际标准贯入锤击数和标准贯入锤击数临界值。

表 3-10 土层液化折减系数

C_e	d_s/m	α
$C_e \leqslant 0.6$	$d_s \leqslant 10$	0
	$10 < d_s \leqslant 20$	1/3
$0.6 < C_e \leqslant 0.8$	$d_s \leqslant 10$	1/3
	$10 < d_s \leqslant 20$	2/3
$0.8 < C_e \leqslant 1.0$	$d_s \leqslant 10$	2/3
	$10 < d_s \leqslant 20$	1

另外,桩基承台全部或局部处于液化土层中时,承台基坑应回填并夯实。回填土为砂土或粉土时,夯实后土层的标准贯入锤击数应不小于按式(3-10)和式(3-11)确定的液化判别标准贯入锤击数临界值。

3.5.4 桩基础的抗震性能分析

1. 桩基的垂直承载力计算

在地震时有关桩的垂直承载力计算是个复杂的问题,在地震作用下,土层的物理力学性质将受到影响,一般情况下地基强度指标会降低,变形增加。其影响程度大小取决于土层性质、地震级别大小和延续时间长短等各方面因素。总体来看,对打入岩层或硬层的支承桩的垂直承载力影响较小,而对以摩擦力为主的桩的垂直承载力影响较大。

但地震荷载是特殊荷载,根据《公路桥涵地基与基础设计规范》(JTG 3363—2019)摩擦桩钻(挖)孔灌注桩单桩轴向受压容许承载力 $[P] = 1/2(UL\tau_p + A\delta_R)$ 可以看出,在静力计算时,一般桩的承载力采用安全系数为 2。在地震时虽然由于各种因素承载力会降低,但从多年来工程实际情况看,采用安全系数为 2 的桩基,基本上未出现垂直承载力方面的问题。

2. 桩的水平地震力计算

由于地震力是一个随机荷载,因而确定桩的动力反应是个复杂问题。根据《公路桥涵地基与基础设计规范》桩基内力计算采用 m 法的基本假定条件,目前关于桩的水平地震力计算,多采用近似的方法。一般常用的准静力法是把动力学问题简化为静力方法解决。这种方法忽略了桩的惯性力和地基运动对桩的影响,桩基只承受上部结构的水平惯性力。计算时将桩上部结构的地震水平惯性力简化成作用于桩顶处的水平力和弯矩。求出作用于桩顶的作用力后,下面的计算步骤与桩顶受其他静力荷载作用的计算方法是一样的。这是简化的计算方法,由于简便,目前被广泛采用。

第 4 章 桥梁地震反应分析和地震作用计算

桥梁结构的地震反应分析是一个抗震动力学问题。动力学问题都具有三个要素,即输入(激励)、系统、输出(反应)。对于桥梁结构的地震反应分析,所研究的桥梁结构可看作一个系统,采用有限元法时,往往把结构处理为由许多离散单元在各节点处连接起来的一个集合体;而把地震地面运动看成是对系统的输入;系统的输出即是地震反应。这样,地震反应分析就是已知地震输入和结构系统求地震反应的问题。因此,桥梁结构的地震反应分析要解决三个关键问题。

(1) 确定合适的地震输入。
(2) 建立结构系统的数学模型及振动方程。
(3) 选择合适的方法求解地震振动方程得到地震反应。

本章首先介绍地震反应分析方法的演变,以及单自由度体系下的结构地震反应分析,然后阐述地震反应谱的概念,重点是多自由度体系下的结构地震反应分析,最后阐述规则桥梁的简化分析方法和桥梁抗震措施。

4.1 地震反应分析方法的演变

桥梁结构的地震作用分析是以地震场地运动对结构产生的动态响应为分析目标的。因此,桥梁结构的地震响应主要取决于地震的强度和桥梁自身结构的特性。随着对地震作用和结构动力特性的深入研究,地震反应分析方法以及理论的不断发展和完善,人们基于地震运动的随机特性,发展了确定性地震反应分析方法和概率性地震反应分析方法;然而目前基于概率的地震反应分析理论尚不完善,现阶段人们对于桥梁抗震设计和验算仍然普遍采用更加简单合理的确定性分析方法。随着人们对地震动和结构动力特性的深入了解,确定性地震作用分析方法主要可以划分为静力法、反应谱法和动态时程分析法三个发展阶段。

4.1.1 静力法

1. 弹性静力法

最早在 1899 年左右,日本大房森吉提出静力法的概念。静力法是早期采用该法假定结构物的各个部分与地震动具有相同的振动,把结构物在地面运动加速度 $\ddot{\delta}_g$ 作用下产生的惯性力当作一种普通的静力作用于结构上,这样复杂的动力问题就可以按照简单静力问题进行结构的抗震计算。静力法的地震力计算公式为:

$$F = M\ddot{\delta}_g = \frac{W}{g}\ddot{\delta}_g = KW \tag{4-1}$$

式中,$\ddot{\delta}_g$——地面运动加速度峰值;
M——结构的质量;
W——结构的重量;
K——地震系数。

静力法从动力学的角度来看,忽略了结构的动力特性,只有假设上层结构为刚体时,该分析方法才是合理的,因而,使用静力法对结构进行抗震设计具有很大的局限性。对于复杂和大跨径桥梁结构,采用此方法进行抗震设计计算常常失准。不过,弹性静力法概念简单,对于整体刚度较大的结构或构件是适用的,至今在桥台和挡土结构的抗震设计中仍采用静力法。

2. 非线性静力 Pushover 法

20 世纪 60 年代末,国外学者提出了静力弹塑性(Pushover)分析方法,这种方法在近几年得到很大发展和应用。严格来讲,Pushover 分析方法不能算作一种结构地震反应分析的方法,但它提供了一个评估结构地震反应尤其是非线性地震反应的简单而有效的方法,能够追踪结构从屈服直到极限状态的整个非弹性变形过程。该算法把多自由度结构体系用单自由度体系近似,通过相对比较简单的计算过程获得结构最大地震响应。该算法首先假定结构的变形为:

$$\{x\} = x_t\{\varphi\} \tag{4-2}$$

式中,$\{\varphi\}$——多自由度结构体系的变形形状向量;
x_t——结构的顶部位移,是关于时间的函数。

结构地震运动方程如下:

$$[M]\{\ddot{x}\} + [C]\{\dot{x}\} + Q(x) = -[M]\{B\}\ddot{x}_g \tag{4-3}$$

式中,$Q(x)$——非线性恢复力函数。

将式(4-2)代入结构地震运动方程(4-3),得到:

$$[M]\{\varphi\}\{\ddot{x}\} + [C]\{\varphi\}\{\dot{x}\} + Q(x) = -[M]\{B\}\ddot{x}_g \tag{4-4}$$

若令:

$$q = \frac{\{\varphi\}^T[M]\{\varphi\}}{\{\varphi\}^T[M]\{B\}}x_t \tag{4-5}$$

将式(4-5)两侧同乘$\{\varphi\}^T$代入式(4-4)则得如下运动方程:

$$m\ddot{q} + c\dot{q} + f(x) = -m\ddot{x}_g \tag{4-6}$$

式中,

$$m = \{\varphi\}^T[M]\{B\} \tag{4-7}$$

$$c = \{\varphi\}^{\mathrm{T}}[C]\{\varphi\} \frac{\{\varphi\}^{\mathrm{T}}[M]\{B\}}{\{\varphi\}^{\mathrm{T}}[M]\{\varphi\}} \tag{4-8}$$

$$f(x) = \{\varphi\}^{\mathrm{T}} Q(x) \tag{4-9}$$

式(4-5)表明,已知变形形状向量$\{\varphi\}$,就可以从式(4-2)计算得到结构的地震响应。根据 Pushover 法的计算特点,变形形状向量$\{\varphi\}$是确保计算精度的关键因素,且 Pushover 法一般需要与非线性地震反应谱法相结合分析求解,其中应用比较多的是能力谱法。

实际进行的 Pushover 分析过程,是一种纯粹的非线性静力分析过程,因此它与一般的非线性静力分析在计算方法上没有太大不同,主要差别如下。

(1) Pushover 分析需要预先假定一个荷载分布模式,而一般的非线性静力分析外加荷载是确定的。

(2) Pushover 分析需要预先确定与结构性能目标相对应的位移限值,如屈服位移、倒塌破坏极限位移等,而一般的非线性静力分析无此要求。

(3) Pushover 分析最终得到一条 Pushover 曲线,该曲线是表示特征荷载与特征位移之间相互关系的曲线(对桥梁结构分析,通常为墩底剪力与上部结构质量中心处的位移之间的关系曲线),也称能力曲线。分析过程通常还计算总的结构能量耗散及等效弹性刚度,并利用单振型反应谱法计算力效应和位移效应,即所谓的需求分析,而一般的非线性静力分析则无此过程。

(4) Pushover 分析进行需求/能力比计算,以评估结构的抗震性能,而一般的非线性静力分析无此过程。

非线性 Pushover 分析方法,被认为是一种简单而有效的抗震性能评估方法。目前,这种方法在桥梁抗震性能评估方面已有不少应用实例,但还没有被应用于设计分析,对这种方法如何应用于桥梁抗震设计分析,还需要更多的实践经验。

4.1.2 反应谱法

20世纪40—60年代属于反应谱理论阶段。反应谱理论的发展是伴随着强地震动加速度观测记录的增多和对地震地面运动性质的进一步了解,以及对结构动力反应特性的研究而发展起来的,是加州理工学院的一些研究者对地震动加速度记录的特性进行分析后所取得的一个重要成果。

1932年美国研制出第一台强地震记录仪,并于1933年3月长滩地震中取得了第一个强震记录;以后又陆续取得一些强震记录(如1940年取得了典型的 EL Centro 地震记录),从而为反应谱理论在抗震设计中的应用创造了基本条件。1943年,比奥特(Biot)从弹性体系动力学的基本原理出发,基于振型分解的途径为建立结构抗震分析的系统性方法做了推演,从而明确提出了反应谱的概念。1948年,豪斯纳(Housner)精选若干有代表性的强震加速度记录进行处理,采用电模拟计算机技术最早完成了一批反应谱曲线的计算,并将这些结果引入加州的抗震设计规范中,使得反应谱法的完整架构体系得以形成。由于这一理论正确而简单地反映了地震动的特性,并根据强震观测资料提出了可用的数据,因而在国际范围内得到了广泛的认可。到20世纪60年代,这一抗震理论已基本取代了震度法,确定了该理论的主导地位。

反应谱理论以弹性反应谱为基础,将反应谱同结构振型分解法相结合,建筑物总的内力是通过各振型的内力采用振型组合的方法得到的,从而使十分复杂的多自由度体系地震反应的求解变得十分简单。反应谱理论在地震力计算方法上取得了重大的突破,因而在地震工程的发展史上具有非常重要的贡献。

与静力理论相比,反应谱理论能够反映结构物的动力特性,但在计算地震力时,还采用"地震荷载"形式,设计过程仍为静态方法,以强度破坏为准则,为一阶段抗震设计方法。实际地震是一种随机过程,随震源机制、震源距、震中距、地震波传播途径、地质构造、局部场地条件的不同,其对结构物的影响也千差万别。地震时,实际结构还存在非线性二次效应、结构-基础-土的相互作用等许多问题。而反应谱理论无法反映这么多实际的复杂因素,也不能反映结构的地震反应随时间的变化过程。在强震作用下,结构通常都进入塑性范围,反应谱理论虽在考虑塑性变形影响时引入了结构综合影响系数,但结构的延性与结构的力学特性、构造布置、构件的材料特性及延性性质有关,不能确切反映上述各种因素的影响。

虽然反应谱理论考虑了结构的动力特性所产生的共振效应,但由于在设计中仍把地震惯性力看作静力,因而只能称之为准动力理论。通过半个多世纪的研究及应用,反应谱理论得到了日益完善。在此期间,产生了多种针对不同情况下的反应谱理论,如弹塑性反应谱理论,多激励反应谱理论等。由于反应谱理论方便简单,概念清晰,且在一定条件下,计算结果对于设计人员而言是足够精确的。因此反应谱理论已经成为了结构抗震设计中不可缺少的抗震设计手段之一,经常用来与时程分析法的结构进行互相对比校核,并且在各国抗震设计规范中有广泛应用。

现在,反应谱作为地震工程中的一个核心概念,提供了一种方便的手段来概括所有可能的线性单自由度体系对地面运动的某个特定分量的峰值反应。

1. 单振型反应谱法

如果桥梁可以简化成单自由度体系,则可以用单振型反应谱法分析。最大的地震惯性力按下式计算:

$$F = MS_a(T) = Mg \frac{|\ddot{x}_g|_{\max}}{g} \frac{S_a(T)}{|\ddot{x}_g|_{\max}} = GK\beta(T) \tag{4-10}$$

$$K = \frac{|\ddot{x}_g|_{\max}}{g} \quad \beta(T) = \frac{S_a(T)}{|\ddot{x}_g|_{\max}} \tag{4-11}$$

式中,$S_a(T)$——结构的地震最大绝对加速度;

G——结构的重量;

K——地震系数；

$\beta(T)$——动力系数，可直接依据设计反应谱确定。

2. 多振型反应谱法

对于一般桥梁，使用多振型反应谱法进行分析时，应假定阻尼矩阵为比例矩阵，则可以通过振型分解，把多自由度动力平衡方程转为振型坐标系下的单自由度动力平衡方程进行求解。其分析方法如下。

结构的动力平衡方程可表示为：

$$[M]\{\ddot{x}\} + [C]\{\dot{x}\} + [K]\{x\} = -[M]\{B\}\ddot{x}_g \tag{4-12}$$

$$\{x\} = [x_1, x_2, \cdots, x_n]^T \tag{4-13}$$

式中，$\{B\}$——地震影响向量；

$\{x\}$——结构相对位移向量；

$[M]$——结构质量矩阵；

$[C]$——结构经典阻尼矩阵；

$[K]$——结构刚度。

若令：

$$\{x\} = \sum_{j=1}^{n} q_j \{\varphi_j\} \tag{4-14}$$

式中，q_j——振型正则坐标。

把式(4-14)代入方程(4-12)，利用振型的正交性质可得：

$$\ddot{q}_i + 2\omega_i \xi_i \dot{q}_i + \omega_i^2 q_i = -\gamma_i \ddot{x}_g \tag{4-15}$$

$$\gamma_i = \frac{\{\varphi\}_i^T [M]\{B\}}{\{\varphi\}_i^T [M]\{\varphi\}_i} \tag{4-16}$$

式中，γ_i——第 i 阶振型参与系数。

效仿单振型反应谱方法，利用振型组合方法，则可以求出结构的内力及变形等。其中，振型组合方法应用最多的是 SRSS 法、GRP 法和 CQC 法。

3. 振型组合方法

SRSS(square root of the sum of squares)振型组合法、GRP 振型组合法和 CQC(complete quadratic combination)振型组合法公式分别如下。

(1) SRSS 法。

$$R_a = \left(\sum_{i=1}^{N} (R_i)^2 \right)^{0.5} \tag{4-17}$$

(2) GRP 法。

$$R_a = \left(\sum_{i=1}^{N} \sum_{j=1}^{N} \varepsilon_{ij} |R_i R_j| \right)^{0.5} \tag{4-18}$$

当 $\left|\dfrac{\omega_j-\omega_i}{\omega_i}\right| \leqslant 0.1$ 时，$\varepsilon_{ij}=1.0$；当 $\left|\dfrac{\omega_j-\omega_i}{\omega_i}\right| > 0.1$ 时，$\varepsilon_{ij}=2.0$

(3) CQC 法。

$$R_a = \left| \sum_{i=1}^{N}\sum_{j=1}^{N} k\varepsilon_{ij} R_i R_j \right|^{0.5} \tag{4-19}$$

当 $i=j$ 时，$k=1$；当 $i \neq j$ 时，$k=2$

$$\varepsilon_{ij} = \dfrac{8(\xi'_i \xi'_j)^{0.5}(\xi'_i + r\xi'_j) r^{1.5}}{(1-r^2)^2 + 4\xi'_i \xi'_j r(1+r^2) + 4(\xi'^2_i + \xi'^2_j)r^2} \tag{4-20}$$

式中，R——结构的地震作用效应，$r=\omega_j/\omega_i$。

4.1.3 动力法——动态时程分析法

20 世纪 60 年代后，重要的建筑物、大跨度桥梁和其他特殊结构采用多结点、多自由度的结构有限元动力计算图式，把地震强迫振动的激振-加速度时程直接输入，对结构进行地震时程反应分析，这通称为动态时程分析。动态时程分析可以精确地考虑结构-土-深基础相互作用、地震波相位差及不同地震波多分量多点输入等因素建立结构动力计算图式和相应地震振动方程。同时，考虑结构几何和物理非线性以及各种减震、隔震装置非线性性质（如桥梁特制橡胶支座、特种阻尼装置等）的非线性地震反应分析更趋成熟与完善。

大量的桥梁震害表明：造成桥梁破坏的主要原因是地震时桥梁所产生的沿桥轴线的纵向水平振动和横向水平振动。因此桥梁结构地震反应的动态时程分析输入方式主要是地震加速度时程的水平分量，只对大悬臂结构或大跨柔性结构才考虑竖向分量的输入。输入形式一般采用同步单点输入，必要时可考虑不同步（相位差）单点输入，或同步、不同步多点输入，每个输入点的地震加速度时程可以是相同的或不同的。

地震时程分析方法可以分为两类：振型叠加法和直接积分法。使用振型叠加法的前提是结构的动力方程能通过振型正则坐标转换到振型空间里进行求解，即刚度矩阵为常刚度矩阵，阻尼矩阵为比例矩阵，因此振型叠加法只能适用于线性时程分析。而直接积分法（也称为逐步积分法）是对原方程进行直接求解，不需要进行方程的变换，因此直接积分法应用范围最广，可以考虑几何非线性、物理非线性、双重非线性和边界非线性等情形。

(1) 振型叠加法。

振型叠加法是对方程的待求未知数通过振型坐标进行线性组合表示，代入原 n 阶系统动力方程化为互不耦合的 n 个单自由度问题，进行逐个求解后，再通过线性叠加得到动力响应的结果。

先求出结构的固有频率和振型，则位移可表示为振型的线性组合形式：

$$\{x\} = \sum_{i=1}^{n} q_i \{\varphi_i\} = [\varphi]\{q\} \tag{4-21}$$

式中，q_i——振型正则坐标；

φ_i——第 i 阶振型。

代入结构运动方程(4-12)可得：

$$[M][\varphi]\{\ddot{q}\} + [C][\varphi]\{\dot{q}\} + [K][\varphi]\{q\} = -[M]\{B\}\ddot{x}_g \tag{4-22}$$

用 $[\varphi]^T$ 前乘各项，则得：

$$[\overline{M}]\{\ddot{q}\} + [\overline{C}]\{\dot{q}\} + [\overline{K}]\{q\} = -\{s\}\ddot{x}_g \tag{4-23}$$

式中，

$$[\overline{M}] = [\varphi]^T[M][\varphi] \tag{4-24}$$

$$[\overline{C}] = [\varphi]^T[C][\varphi] \tag{4-25}$$

$$[\overline{K}] = [\varphi]^T[K][\varphi] \tag{4-26}$$

$$\{s\} = [\varphi]^T[M]\{B\} \tag{4-27}$$

式(4-8)为 n 个互不耦合的方程。分别对这 n 个方程进行数值求解，得到 $q_i(i=1,2,\cdots,n)$ 代入(4-6)，即可求解出结构的动力响应 $\{x\}$。

(2) 直接积分法。

直接积分法是指对原方程进行直接求解，不需要进行方程的变换。通常直接积分法是基于两个概念，一是在求解域 $0<t<T$ 内的任何时刻 t 都应满足运动方程的要求，代之仅在一定条件下近似地满足运动方程；二是在一定数目的 Δt 区域内，假设位移、速度和加速度的函数形式。其步骤如下。

① 整个时程分析划分为一个个相等或不等的微小时间间隔 Δt（时间离散化）。

② 假定加速度在微小时间间隔 Δt 内按一定规律变化（根据假设加速度规律不同可分为中心差分法、线性加速度方法、常加速度方法、Wilson-θ 法、Newmark-β 法）。

③ 求解 $t+\Delta t$ 时刻结构的地震响应（根据采用精确满足 t 时刻或者 $t+\Delta t$ 时刻的运动方程推导出的递推公式的算法分别是显式算法和隐式算法）。

④ 对一系列时间间隔进行积分，直到完成整个过程。

4.2 单自由度体系的运动方程和线性振动响应

桥梁是一个复杂的空间结构，截面的尺寸比较大，荷载作用下的空间应力分布十分明显，它的变形特性与普通梁理论的基本假定有较大的差异，以实体结构或板壳结构分析桥梁的地震响应能够合理地反映结构的实际受力状况，但是，在桥梁结构的地震响应中，以低阶振型的振动成分为主，高阶振型所占的成分很少，因此，抗震设计时通常采用相对比较简单的模型计算结构的地震响应，其中杆系结构是一种最常用的计算模型。

4.2.1 单自由度振动体系的自由振动

图 4.1 所示弹簧振子是一典型的单自由度系统。设质点的质量为 m,弹簧的刚度为 k,阻尼器的阻尼系数为 c,作用在质点上的激振力 $p(t)$ 是关于时间的函数。设在任一时刻 t,质点离开平衡位置的位移为 x,如果位移较小,弹簧的弹性力可近似为 $-kx$,称它为线性恢复力,阻尼力为 $-c\dot{x}$,称它为黏性阻尼力(viscous damping force)。根据牛顿(Newton)第二定律,可建立振动微分方程:

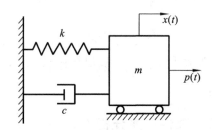

图 4.1　典型单自由度系统

$$m\ddot{x}(t) + c\dot{x}(t) + kx(t) = p(t) \tag{4-28}$$

微分方程(4-28)就是常用的单自由度系统的运动方程。

当质点(或说系统)无扰力作用时,系统所做的振动为自由振动,此时在方程(4-28)中令 $p(t)=0$,便得自由振动方程

$$m\ddot{x}(t) + c\dot{x}(t) + kx(t) = 0 \tag{4-29}$$

令

$$\sqrt{k/m} = \omega, \quad \zeta = \frac{c}{2m\omega} \tag{4-30}$$

则有下列特征方程

$$\ddot{x} + 2\zeta\omega\dot{x} + \omega^2 x = 0 \tag{4-31}$$

上式为二阶齐次线性微分方程,设其解为 $x = Ae^{\lambda t}$,则有下列特征方程

$$\lambda^2 + 2\zeta\omega\lambda + \omega^2 = 0 \tag{4-32}$$

上述方程的解为

$$\lambda_{1,2} = \omega(-\zeta \pm \sqrt{\zeta^2 - 1}) \tag{4-33}$$

因此方程(4-32)解的一般形式为

$$x = Ae^{\lambda_1 t} + Be^{\lambda_2 t} \tag{4-34}$$

式中,A、B——由初位移 x_0、初速度 $\dot{x}_0$ 确定的积分常数。

根据阻尼比 ζ 的大小,式(4-34)具有不同的振动特性,分别讨论如下。

① $\zeta > 1$(过阻尼状态)。

$$x = e^{-\zeta\omega t}\left(x_0 \cos\sqrt{\zeta^2-1}\,\omega t + \frac{\dot{x}_0 + \zeta\omega x_0}{\sqrt{\zeta^2-1}\,\omega}\sin\sqrt{\zeta^2-1}\,\omega t\right) \quad (4\text{-}35)$$

式中,由于 λ_1,λ_2 均为负实数,所以 x 将随 t 的增加而趋近于零,质量 m 不做振动,而是做指数衰减运动。

② $\zeta<1$(欠阻尼状态)。

$$x = e^{-\zeta\omega t}\left(x_0 \cos\sqrt{1-\zeta^2}\,\omega t + \frac{\dot{x}_0 + \zeta\omega x_0}{\sqrt{1-\zeta^2}\,\omega}\sin\sqrt{1-\zeta^2}\,\omega t\right) \quad (4\text{-}36)$$

式(4-36)表示欠阻尼情况下系统的运动,它已不是等幅的简谐振动。由于该式含有因子 $e^{-\zeta\omega t}$,振幅将随时间而衰减,当 $t\to\infty$ 时,$x\to 0$。

③ $\zeta=1$(临界阻尼状态)。

$$x = e^{-\omega t}[x_0 + (\dot{x}_0 + \omega x_0)t] \quad (4\text{-}37)$$

上式表示,运动不呈振动形式,按指数规律随时间 t 的增大而逐渐衰减以至消失。

4.2.2 单自由度体系的弹性地震分析

1. 运动方程及其解

单自由度体系在地面运动作用下的计算模型常用图 4.2 表示,图中 k 为质点的变形刚度,c 为阻尼系数。任一时刻 t,在地面运动 $\ddot{x}_g$ 作用下,结构发生振动,产生相对地面的位移 x、速度 $\dot{x}$ 和加速度 $\ddot{x}$。取质点 m 为隔离体,则该质点上作用有三种力,即惯性力 f_I、阻尼力 f_D、弹性恢复力 f_S。

惯性力是质点的质量 m 与绝对加速度 $(\ddot{x}_g + \ddot{x})$ 的乘积,方向与质点运动加速度方向相反,即

$$f_I(t) = -[m\ddot{x}(t) + m\ddot{x}_g(t)] \quad (4\text{-}38)$$

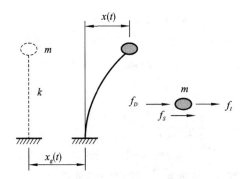

图 4.2 单自由度体系的自由振动计算模型

阻尼是结构振动体系中的重要组成部分,由于阻尼的存在,结构的振动能量将转变成热、声等形式的能量,因此,当外界没有提供新的能量补充时,阻尼减少振动能量,使结构的振幅随着时间逐渐减弱,直至停止。

结构阻尼的机理十分复杂,形式也多种多样,在桥梁结构中阻尼通常包括如下几种形式。

(1) 内部阻尼:材料内部因分子间摩擦产生的阻尼效果,这种阻尼通常近似地用与应变速度成比例的阻尼力来表示。

(2) 外部摩擦阻尼:结构振动时与周围的介质如空气、水等发生摩擦产生的阻尼效果,这种阻尼通常近似地用与速度成比例的阻尼力来表示。

(3) 滑动摩擦阻尼:由于接触面的滑动摩擦所产生的阻尼效果,这种阻尼的大小与摩擦力有关。

(4) 塑性阻尼:伴随材料的屈服,结构的弹塑性履历响应吸收能量所产生的阻尼效果。

(5) 逸散阻尼:结构振动能量向周围介质辐射产生的阻尼效果,比如基础的振动向土层辐射能量。在计算分析中,不同形式的阻尼有不同的计算方法,对于通常的结构,与相对速度成比例的黏性阻尼为最常采用的计算模型,阻尼力与质点运动速度成正比,但方向与质点运动速度相反,即

$$f_D(t) = -c\dot{x}(t) \tag{4-39}$$

式中,c——阻尼系数。

弹性恢复力是使质点从振动位置恢复到平衡位置的力,由结构弹性变形产生。根据胡克定律,该力的大小与质点偏离平衡位置的位移成正比,但方向相反,即:

$$f_S(t) = -kx(t) \tag{4-40}$$

式中,k——体系刚度,即使质点产生单位位移,需在质点上施加的力。

根据达朗贝尔原理,质点在上述三种力作用下处于平衡,即

$$f_I + f_D + f_S = 0 \tag{4-41}$$

将式(4-38)、式(4-39)、式(4-40)代入式(4-41)得

$$m\ddot{x}(t) + c\dot{x}(t) + kx(t) = -m\ddot{x}_g(t) \tag{4-42}$$

式(4-42)即为单自由度体系的运动方程,是常系数二阶非齐次线性微分方程。为便于方程的求解,将式(4-42)两边同除以 m,并且令 $\sqrt{k/m}=\omega$、$\zeta=c/(2\omega m)$,则运动方程为

$$\ddot{x} + 2\zeta\omega\dot{x} + \omega^2 x = -\ddot{x}_g \tag{4-43}$$

式中,ω——无阻尼自振圆频率,简称自振频率;

ζ——阻尼比。

根据线性常微分方程理论,常系数二阶非齐次线性微分方程的解由两部分组成,即:方程的通解=齐次解+特解。

对于受地震作用的单自由度运动体系,上式的意义在于体系地震反应=自由振

动+强迫振动。

在没有外界激励的情况下,结构体系自由振动的位移时程为

$$x(t) = e^{-\zeta\omega t}\left(x(0)\cos\omega' t + \frac{\dot{x}(0) + \zeta\omega x(0)}{\omega}\sin\omega' t\right) \quad (4-44)$$

地震时地面运动一般为不规则的往复运动,结构体系在地面运动强迫振动的位移时程为

$$x(t) = -\frac{1}{\omega}\int_0^t \ddot{x}(\tau)e^{-\zeta\omega(t-\tau)}\sin\omega'(t-\tau)d\tau \quad (4-45)$$

式(4-45)称为杜哈米(Duhamel)积分,是单自由度体系运动方程的特解。

体系的自由振动由体系初位移和初速度引起,体系的强迫振动由地面运动引起。若体系无初位移和初速度,则体系地震反应中的自由振动项为零。即使体系有初位移或初速度,由于体系有阻尼,体系的自由振动项也会很快衰减,一般可不考虑。因此,可仅取体系强迫振动项,即由式(4-45)计算单自由度体系的地震位移反应。

2. 单自由度体系的弹性地震分析

对式(4-45)求导,可以得到质点相对于地面的速度:

$$\dot{x}(t) = \frac{dx}{dt} = -\int_0^t \ddot{x}_g(\tau)e^{-\zeta\omega(t-\tau)}\cos\omega'(t-\tau)d\tau + \frac{\zeta\omega}{\omega'}\int_0^t \ddot{x}_g(\tau)e^{-\zeta\omega(t-\tau)}\sin\omega'(t-\tau)d\tau \quad (4-46)$$

质点的绝对加速度($\ddot{x}_g+\ddot{x}$)依据式(4-43)的质点运动方程求出:

$$\ddot{x} + \ddot{x}_g = -2\zeta\omega\dot{x} - \omega x \quad (4-47)$$

对式(4-45)~式(4-47)稍作整理,质点的地震响应还可以写成

$$\begin{cases} x(t) = -\dfrac{1}{\omega'}\int_0^t \ddot{x}_g(\tau)e^{-\zeta\omega(t-\tau)}\sin\omega'(t-\tau)d\tau \\ \dot{x}(t) = -\int_0^t \ddot{x}_g(\tau)e^{-\zeta\omega(t-\tau)}\left[\cos\omega'(t-\tau) - \dfrac{\zeta}{\sqrt{1-\zeta^2}}\sin\omega'(t-\tau)\right]d\tau \\ \ddot{x} + \ddot{x}_g = \omega'\int_0^t \ddot{x}_g(\tau)e^{-\zeta\omega(t-\tau)}\left[\left(1-\dfrac{\zeta^2}{1-\zeta^2}\right)\sin\omega'(t-\tau) + \dfrac{2\zeta}{\sqrt{1-\zeta^2}}\cos\omega'(t-\tau)\right]d\tau \end{cases} \quad (4-48)$$

上述各式表示的是单自由度系统的线性地震响应。

4.3 地震反应谱

地震反应谱概念和反应谱方法,主要是由美国的一些学者于 20 世纪 40 年代提出来的。在我国,反应谱概念和反应谱方法则是由刘恢先最先介绍和应用的。现

在,地震反应谱不仅是抗震结构工程学中最重要的概念之一,而且也是整个地震工程学中最重要的概念之一。至于反应谱方法,已成了现今结构抗震设计计算的基本方法,尽管 20 世纪 70 年代以来时程分析法得到了普遍的应用。

4.3.1 定义与计算

为了解释反应谱的概念,这里以一质点的地震响应实例进行说明。

对于周期为 0.5 s、阻尼比为 0.05 的单自由度质点,如受到图 4.3(a)所示的地震波(EL Centro,1940,NS)作用时,它的地震响应可以按式(4-47)计算得到,相对位移、速度和加速度地震响应如图 4.3(b)~图 4.3(d)所示。由于地震运动在时间轴上为不规则变化的波形,因此,引起的质点地震响应也是在时间轴上发生不规则的变化。

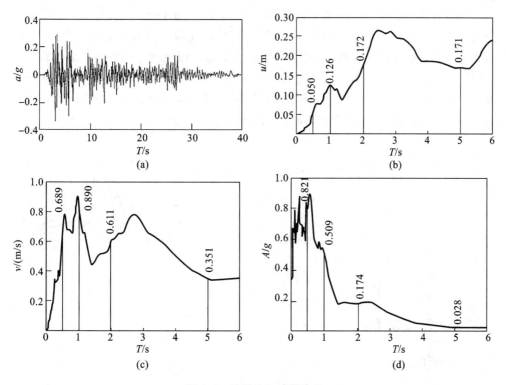

图 4.3 地震波和地震响应
(a) 加速度时程;(b) 相对位移地震响应;(c) 相对速度地震响应;(d) 相对加速度地震响应

结构抗震设计结果由地震响应最大值控制,因此对设计而言,确定 d_{max}、v_{max} 和 a_{max} 十分重要。这里,用 S_d、S_v 和 S_a 表示最大相对位移、最大相对速度以及最大绝对加速度,这些量按式(4-49)计算得到。

$$\begin{cases} S_d = -\dfrac{1}{\omega'}\int_0^t \ddot{x}_g(\tau) e^{-\zeta\omega(t-\tau)} \sin\omega'(t-\tau) \mathrm{d}\tau \\ S_v = -\int_0^t \ddot{x}_g(\tau) e^{-\zeta\omega(t-\tau)}\left[\cos\omega'(t-\tau) - \dfrac{\zeta}{\sqrt{1-\zeta^2}}\sin\omega'(t-\tau)\right] \mathrm{d}\tau \\ S_a = \omega'\int_0^t \ddot{x}_g(\tau) e^{-\zeta\omega(t-\tau)}\left[\left(1-\dfrac{\zeta^2}{1-\zeta^2}\right)\sin\omega'(t-\tau) + \dfrac{2\zeta}{\sqrt{1-\zeta^2}}\cos\omega'(t-\tau)\right] \mathrm{d}\tau \end{cases}$$

(4-49)

对于特定的地震波，$\ddot{x}_g$、S_d、S_v、S_a 为阻尼比 ζ 和结构周期 $T(T=2\pi/\omega)$ 的函数，改变 ζ 和 T 可以得到一系列曲线 $S_d(\zeta,T)$、$S_v(\zeta,T)$、$S_a(\zeta,T)$，这些曲线称为相对位移反应谱、相对速度反应谱和绝对加速度反应谱，或简称位移反应谱、速度反应谱和加速度反应谱。

反应谱曲线可以用图 4.4 的形式计算得到。受相同地震荷载作用的系列单自由度体系，假定阻尼比为 1，质点之间固有周期不同，由小到大排列分别为 T_1、T_2、T_3……这些质点是受到相同的地震荷载作用，按 Duhamel 积分法计算各质点的地震响应。由于质点之间的固有周期不同，因此得到的地震响应时程曲线也各不相同，长周期质点的震动比较缓慢，而短周期质点的震动比较激烈。把各质点的时程响应最大值 S_d（或 S_v、S_a）按固有周期的大小顺序连接，可以得到如图 4.4 右侧所示的曲线，这一曲线即为反应谱曲线。如果改变阻尼比且按上述相同的方法计算，可以得到另一条反应谱曲线，如此类推，重复计算可以得到一组曲线。

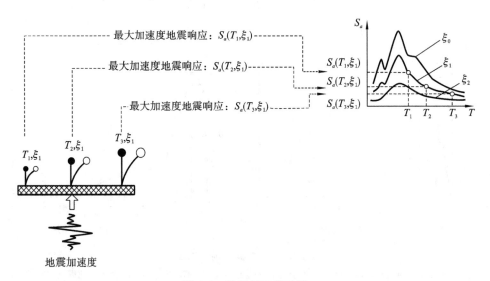

图 4.4 地震反应谱计算

比较位移、速度和加速度反应谱计算式，不难得到它们之间的近似关系。当阻尼比很小时，忽略阻尼比变化对结构地震响应的影响，式(4-49)可以近似地按式(4-

50)计算：

$$\begin{cases} S_d = -\dfrac{1}{\omega} \left| \int_0^t \ddot{x}_g(\tau) e^{-\zeta\omega(t-\tau)} \sin\omega(t-\tau) \mathrm{d}\tau \right|_{\max} \\ S_v = \left| \int_0^t \ddot{x}_g(\tau) e^{-\zeta\omega(t-\tau)} \cos\omega(t-\tau) \mathrm{d}\tau \right|_{\max} \\ S_a = \omega \left| \int_0^t \ddot{x}_g(\tau) e^{-\zeta\omega(t-\tau)} \sin\omega(t-\tau) \mathrm{d}\tau \right|_{\max} \end{cases} \qquad (4\text{-}50)$$

由于反应谱只取其最大值，式(4-50)中的正弦和余弦没有区别，因此可以得到如下的近似关系：

$$\left. \begin{aligned} S_d &\approx \dfrac{1}{\omega} S_v = \dfrac{T}{2\pi} S_v \\ S_a &\approx \omega S_v = \dfrac{2\pi}{T} S_v \end{aligned} \right\} \qquad (4\text{-}51)$$

反应谱反映了周期不同的结构在地震荷载作用下的最大响应，在结构抗震设计中十分有用，它描述了地震运动对结构响应大小的影响。特别是对于单自由度线性结构，它受到的最大地震荷载 $F_{\max}$ 可以从加速度反应谱曲线直接计算得到，即：

$$F_{\max} = m \left| \ddot{x}_g + \ddot{x} \right|_{\max} = \dfrac{S_a(\zeta, T)}{g} W \qquad (4\text{-}52)$$

式中，g——重力加速度；

W——质点的重量。

下面以 EL Centro NS 地震波为例讨论反应谱曲线的特点。图 4.5 为 EL Centro NS 地震波的加速度反应谱，如图所示，反应谱曲线随着阻尼比的大小而变化，阻尼比增大时对应的地震响应减小，加速度反应谱在 1.0 s 前受到阻尼比变化的影响比较大。

另外，加速度反应谱曲线随着周期的增加而减小，这一规律具有普遍适用性，结构抗震设计常利用加速度反应谱的这一特征来实现减轻地震荷载的目的。

在地震波反应谱计算时，一般假定阻尼比统一为 0.05，如果实际结构的阻尼比不是 0.05，需要对反应谱曲线进行修正，即引入一个考虑阻尼影响的修正系数推算反应谱。以加速度反应谱为例，阻尼影响修正系数一般定义为：

$$C_D(\zeta, T) = \dfrac{S_a(\zeta, T)}{S_a[0.05, T]} \qquad (4\text{-}53)$$

Kawashima 根据 206 条波的计算统计结果，得到如下的阻尼影响修正系数：

$$C_D(\zeta, T) = \left(\dfrac{1.5}{40\zeta + 1} + 0.5 \right) \times \left[\dfrac{S_a(0.05, T)}{a_{\max}} \right]^{\left(\frac{1}{300\zeta + 6} - 0.8\zeta \right)} \qquad (4\text{-}54)$$

特别是当阻尼比小于 0.02 时，式(4-54)可以简化为：

$$C_D(\zeta, T) = \left(\dfrac{1.5}{1 + 40\zeta} + 0.5 \right) \qquad (4\text{-}55)$$

引入阻尼修正系数以后，对具有不同阻尼特性的结构，它的地震响应可以近似地从特定阻尼的反应谱曲线计算得到，简化了计算过程。

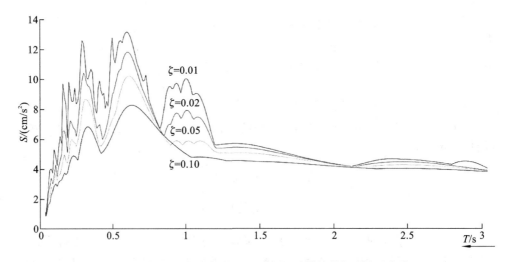

图 4.5 不同阻尼比下 EL Centro NS 地震波的加速度反应谱

此外,速度反应谱曲线除了反映最大速度响应外,同时也是表示地震运动对结构施加最大能量的标志,这是因为质点的最大应变能为:

$$U_{max} = \frac{1}{2}kx_{max}^2 \tag{4-56}$$

将 $\omega^2 = k/m$ 代入式(4-56),可得:

$$U_{max} = \frac{1}{2}mS_v^2 \tag{4-57}$$

式(4-57)表示,对于质量为 m 的质点,如果速度反应谱越大,则对应的地震应变能也越大,在地震中结构比较容易破坏,即地震破坏力比较大。根据这一关系,考虑到结构的周期一般在 $0\sim0.125$ s 之间,Housner 提出用速度反应谱积分计算结果来衡量地震波破坏力的建议,即:

$$I_h = \int_{0.1}^{2.5} S_v(\zeta, T) dT \tag{4-58}$$

总之,I_h 值大的地震,它的破坏力就强。

另外,位移反应谱反映了地震时的结构变形状况和由此引起的弹性恢复力大小,当质点发生最大位移 x_{max} 时,线性结构的最大恢复力为 kx_{max}。

4.3.2 设计加速度反应谱

单自由度体系水平地震作用可以由地震加速度反应谱直接计算:

$$F = mS_a(T) \tag{4-59}$$

但是对于不同的地震动记录,地震加速度反应谱也不同。当进行结构抗震设计时，由于无法确知今后发生地震的地震动时程，因而无法确定相应的地震加速度反应谱。可见将地震加速度反应谱直接用于结构的抗震设计有一定的困难，所以需要专门研究可供结构抗震设计使用的反应谱，即设计加速度反应谱。

将式(4-59)改写为：

$$F = mg \frac{|\ddot{x}_g|_{\max}}{g} \cdot \frac{S_a(\zeta,T)}{|\ddot{x}_g|_{\max}} = \frac{G}{g} g k \beta(\zeta,T) \tag{4-60}$$

式中，G——体系的重量；

k——地震系数；

$\beta(\zeta,T)$——动力系数。

1. 地震系数

地震系数的定义为：

$$k = \frac{|\ddot{x}_g|_{\max}}{g} \tag{4-61}$$

通过地震系数可将地震动振幅对地震反应谱的影响分离出来。一般地面运动加速度峰值越大，地震烈度越大，即地震系数与地震烈度之间有一定的对应关系。根据统计分析，烈度每增加一度，地震系数大致增加一倍。地震系数与基本烈度的对应关系见表 4-1。

表 4-1 地震系数 k 与基本烈度的对应关系

基 本 烈 度	6	7	8	9
地震系数 k	0.05	0.10(0.15)	0.20(0.30)	0.40

注：括号中的数值分别用于设计基本地震加速度为 0.15 g 和 0.30 g 的地区。

2. 动力系数

动力系数的定义为：

$$\beta(\zeta,T) = \frac{S_a(\zeta,T)}{|\ddot{x}_g|_{\max}} \tag{4-62}$$

即体系最大加速度反应与地面最大加速度之比，意义为体系加速度放大系数。

$\beta(\zeta,T)$ 实质为规则化的地震反应谱。地震动记录 $|\ddot{x}_g|_{\max}$ 不同时，$S_a(\zeta,T)$ 不具有可比性，但 $\beta(\zeta,T)$ 却具有可比性。

为使动力系数能用于结构抗震设计，通常采取以下措施：

(1) 取确定的阻尼比 $\zeta=0.05$；

(2) 按场地、震中距将地震动记录分类；

(3) 计算每一类地震动记录动力系数的平均值，即

$$\bar{\beta}(T) = \frac{\sum_{i=1}^{n} \beta_i(T)\big|_{\zeta=0.05}}{n} \tag{4-63}$$

上述措施同时考虑了阻尼比对地震反应谱的影响、地震动频谱的主要影响因素以及类别相同的不同地震动记录地震反应谱的变异性,由此得到的 $\bar{\beta}(T)$ 经平滑拟合后如图 4.6 所示。

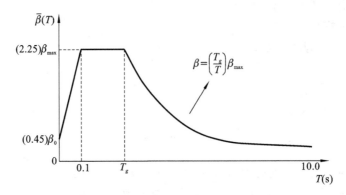

图 4.6 动力系数谱曲线

图中:T_g——特征周期,与场地条件与地震动强度分组有关,按照表 4-2、表 4-3 确定;

T——结构自振周期。

表 4-2 水平向设计加速度反应谱特征周期 T_g

区划图上特征周期	场地类别				
	I_0	I_1	II	III	IV
0.35	0.20	0.25	0.35	0.45	0.65
0.40	0.25	0.30	0.40	0.55	0.75
0.45	0.30	0.35	0.45	0.65	0.90

表 4-3 竖向设计加速度反应谱特征周期 T_g

区划图上特征周期	场地类别				
	I_0	I_1	II	III	IV
0.35	0.15	0.20	0.25	0.30	0.55

续表

区划图上特征周期	场地类别				
	I_0	I_1	II	III	IV
0.40	0.20	0.30	0.30	0.35	0.60
0.45	0.25	0.30	0.40	0.50	0.75

3. 水平设计加速度反应谱

一个场地记录到的地震动与多种因素(如场地条件、震中距离、震源深度、震级、震源机制和传播途径等)有关。由于诸多随机因素的影响,由不同记录得到的加速度反应谱具有很大的离散性。一次地震记录得到的反应谱曲线有许多峰点和谷点,不同地震记录又有不同的峰点和谷点,这是由于特定的地面运动中局部共振所致。从工程抗震设计角度出发,将不同地震动记录的反应谱曲线加以统计平均、平滑拟合,基于安全、经济因素的修正,应忽略这些峰点和谷点,得到供设计使用的规范反应谱曲线。也就是说,设计反应谱并不是某次特定地震的地面运动描述,而是基于对大量地震动表现的综合认识所做出的对结构地震力的一种规定。

令:

$$S(T) = gk\bar{\beta}(T) = A\bar{\beta}(T) \tag{4-64}$$

$S(T)$ 称为水平设计加速度反应谱,由于 $S(T)$ 与 $\bar{\beta}(T)$ 仅相差一个系数,因此 $S(T)$ 的形状与 $\bar{\beta}(T)$ 相同,如图 4.7 所示。

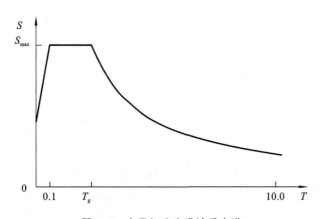

图 4.7 水平加速度设计反应谱

《公路桥梁抗震设计规范》(JTG/T 2231-01—2020)采用的反应谱是通过对 823 条水平强震记录统计分析得到的,并将有效周期成分延长至 10 s,其对应阻尼比 $\zeta = 0.05$ 的水平设计加速度反应谱 S 由式(4-65)确定:

$$S(T) = \begin{cases} S_{max}(0.6T/T_0 + 0.4) & T \leqslant T_0 \\ S_{max} & T_0 < T \leqslant T_g \\ S_{max}(T_g/T) & T_g < T \leqslant 10\text{ s} \end{cases} \quad (4\text{-}65)$$

式中，S_{max}——水平设计加速度反应谱最大值，由式(4-66)确定。

$$S_{max} = 2.5 C_i C_s C_d A \quad (4\text{-}66)$$

式中，A——水平向设计基本地震动加速度峰值，按表4-4取值。

C_i——抗震重要性系数，按照表4-5取值；

C_s——场地系数，按照表4-6、表4-7取值。

C_d——阻尼调整系数，当结构的阻尼比 $\zeta = 0.05$ 时，阻尼调整系数 C_d 取为 1.0，当结构的阻尼比按照有关规定取值不为 0.05 时，按照式(4-67)计算阻尼调整系数 C_d。

$$C_d = 1 + \frac{0.05 - \zeta}{0.08 + 1.6\zeta} \geqslant 0.55 \quad (4\text{-}67)$$

表4-4　抗震设防烈度和水平向设计基本地震动加速度峰值 A

基本烈度	6	7	8	9
A	0.05 g	0.10(0.15) g	0.20(0.30) g	0.40 g

表4-5　各类桥梁的抗震重要性系数 C_i

桥梁类别	E1 地震作用	E2 地震作用
A 类	1.0	1.7
B 类	0.43(0.5)	1.3(1.7)
C 类	0.34	1.0
D 类	0.23	—

注：高速公路和一级公路上的 B 类大桥、特大桥，其抗震重要性系数取 B 类括号内的值。

表4-6　公路桥梁水平向场地系数 C_s

场地类型	抗震设防烈度					
	Ⅵ	Ⅶ		Ⅷ		Ⅸ
	0.05 g	0.1 g	0.15 g	0.2 g	0.3 g	0.4 g
I_0	0.72	0.74	0.75	0.76	0.85	0.9

续表

场地类型	抗震设防烈度					
	Ⅵ	Ⅶ		Ⅷ	Ⅸ	
	0.05 g	0.1 g	0.15 g	0.2 g	0.3 g	0.4 g
I₁	0.80	0.82	0.83	0.85	0.95	1.00
Ⅱ	1.00	1.00	1.00	1.00	1.00	1.00
Ⅲ	1.30	1.25	1.15	1.00	1.00	1.00
Ⅳ	1.25	1.20	1.10	1.00	0.95	0.90

表 4-7　公路桥梁竖向场地系数 C_s

场地类型	抗震设防烈度					
	Ⅵ	Ⅶ		Ⅷ	Ⅸ	
	0.05 g	0.1 g	0.15 g	0.2 g	0.3 g	0.4 g
I₀	0.6	0.6	0.6	0.6	0.6	0.6
I₁	0.6	0.6	0.6	0.6	0.7	0.7
Ⅱ	0.6	0.6	0.6	0.6	0.7	0.8
Ⅲ	0.7	0.7	0.7	0.8	0.8	0.8
Ⅳ	0.8	0.8	0.8	0.9	0.9	0.8

《城市桥梁抗震设计规范》(CJJ 166—2011)采用了与《建筑抗震设计规范》(GB 50011—2010)相同的反应谱形式,有效周期划分至 6 s,分别在 $T_g \sim 5T_g$ 区段和 $5T_g \sim 6$ s 区段采用不同的下降段,其水平向设计加速度反应谱 S(图 4.8)可由下式确定。

$$S = \begin{cases} 0.45 S_{\max} & T = 0 \text{ s} \\ \eta_2 S_{\max} & 0.1 \text{ s} < T \leqslant T_g \\ \eta_2 S_{\max}(T_g/T)^\gamma & T_g < T \leqslant 5T_g \\ [\eta_2 0.2^\gamma - \eta_1(T - 5T_g)] S_{\max} & 5T_g < T \leqslant 6 \text{ s} \end{cases} \quad (4\text{-}68)$$

式中,T_g——特征周期,根据场地类别和地震动参数区划的特征周期分区按表 4-8 采用,计算 8、9 度 E2 地震作用时,特征周期宜增加 0.05 s;

η_2——结构的阻尼调整系数,阻尼比为 0.05 时取 1.0,阻尼比不等于 0.05 时按式(4-69)计算;

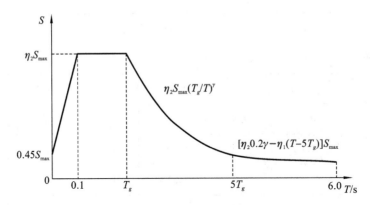

图 4.8 水平向设计加速度反应谱

γ——$T_g \sim 5T_g$ 区段曲线衰减指数,阻尼比为 0.05 时取 0.9,阻尼比不等于 0.05 时按式(4-70)计算;

η_1——$5T_g \sim 6$ s 区段直线下降段下降斜率调整系数,阻尼比为 0.05 时取 0.02, 阻尼比不等于 0.05 时按式(4-71)计算;

T——结构自振周期;

S_{max}——水平设计加速度反应谱最大值,按式(4-72)计算:

$$\eta_2 = 1 + \frac{0.05 - \zeta}{0.06 + 1.7\zeta} \tag{4-69}$$

$$\gamma = 0.9 + \frac{0.05 - \zeta}{0.5 + 5\zeta} \tag{4-70}$$

$$\eta_1 = 0.02 + (0.05 - \zeta)/8 \tag{4-71}$$

$$S_{max} = 2.25A \tag{4-72}$$

式中,ζ——结构实际阻尼比;

A——E1 或 E2 地震作用下水平向设计基本地震动加速度峰值。

表 4-8 特征周期值 (单位:s)

分 区	场地类别			
	Ⅰ	Ⅱ	Ⅲ	Ⅳ
1 区	0.25	0.35	0.45	0.65
2 区	0.30	0.40	0.55	0.75
3 区	0.35	0.45	0.65	0.90

4. 竖向设计加速度反应谱

《公路桥梁抗震设计规范》(JTG/T 2231-01—2020)规定竖向设计反应谱采用与水平设计反应谱相同图形、相同公式,仅场地系数、特征周期采用不同的规定。表 4-6、表 4-7 的数值是根据一项专题研究的结果归纳的,表达了场地条件对竖向和水平向反应谱最大值之比的影响。

《城市桥梁抗震设计规范》(CJJ 166—2011)采用竖向地震动加速度反应谱由水平向设计加速度反应谱乘以竖向/水平向谱比函数 R 得到。其中,基岩场地 R 取 0.65,一般土层场地根据下式取值:

$$R = \begin{cases} 1.0 & T < 0.1 \text{ s} \\ 1.0 - 2.5(T - 0.1) & 0.1 \text{ s} \leqslant T < 0.3 \text{ s} \\ 0.5 & T \geqslant 0.3 \text{ s} \end{cases} \tag{4-73}$$

式中,T——结构自振周期。

4.4 多自由度体系的弹性地震反应分析

4.4.1 多自由度体系的振动方程

实际结构可以按单自由度体系进行计算的实例十分有限,绝大多数结构需要按多自由度体系计算。因此,多自由度体系的结构振动分析在桥梁抗震设计中是十分重要的内容。

在单向水平地面运动作用下,多自由度体系的变形如图 4.9 所示。设体系各质点的相对水平位移为 $x_i(i=1,2,\cdots,n)$,作用在质点 i 上的力如下。

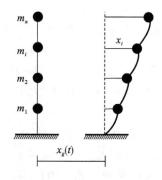

图 4.9 多自由度体系的变形

惯性力
$$f_{I_i} = -m_i(\ddot{x}_g + \ddot{x}_i) \tag{4-74}$$

阻尼力
$$f_{D_i} = -(c_{i1}\dot{x}_1 + c_{i2}\dot{x}_2 + \cdots + c_{in}\dot{x}_n) = -\sum_{r=1}^{n} c_{ir}\dot{x}_r \tag{4-75}$$

弹性恢复力
$$f_{S_i} = -(k_{i1}x_1 + k_{i2}x_2 + \cdots + k_{in}x_n) = -\sum_{r=1}^{n} k_{ir}x_r \tag{4-76}$$

式中，c_{ir}——第 r 质点产生单位速度，其余质点速度为零，在 i 质点上产生的阻尼力；

k_{ir}——第 r 质点产生单位位移，其余质点不动，在 i 质点上产生的弹性反力。

根据达朗贝尔原理，第 i 质点动力平衡方程为

$$m_i(\ddot{x}_g + \ddot{x}_i) = -\sum_{r=1}^{n} c_{ir}\dot{x}_r - \sum_{r=1}^{n} k_{ir}x_r \tag{4-77}$$

推广到 n 个质点，就可以得到多自由度弹性体系在地震作用下的运动方程：

$$m_i\ddot{x}_i + \sum_{r=1}^{n} c_{ir}\dot{x}_r + \sum_{r=1}^{n} k_{ir}x_r = -m_i\ddot{x}_g \quad (i=1,2,\cdots,n) \tag{4-78}$$

可以将式(4-77)写成矩阵的形式，即

$$\boldsymbol{M}\ddot{x} + \boldsymbol{C}\dot{x} + \boldsymbol{K}x = -\boldsymbol{M}\boldsymbol{I}\ddot{x}_g \tag{4-79}$$

4.4.2 多自由度体系的结构动力特性计算

同单自由度体系一样，多自由度体系的无阻尼自由振动方程为：

$$\boldsymbol{M}\ddot{x} + \boldsymbol{K}x = 0 \tag{4-80}$$

对于自由度为 n 的多自由度体系，设它的无阻尼自由振动解为：

$$x = \varphi \sin\omega t \tag{4-81}$$

将式(4-81)代入自由振动方程(4-80)，得到：

$$(\boldsymbol{K} - \omega^2 \boldsymbol{M})\varphi = 0 \tag{4-82}$$

式(4-82)为线性齐次方程组，非零解的条件为系数矩阵的行列式为零，即：

$$\det(\boldsymbol{K} - \omega^2 \boldsymbol{M}) = 0 \tag{4-83}$$

式(4-82)是 ω^2 的 n 次实系数方程，在数学上是一个广义特征值问题，称 ω^2 为特征值，对应的 ω 称为结构的自振频率，相应的非零解 φ 为特征向量，它表示结构的振型。

对于正定、对称的刚度矩阵 $\boldsymbol{K}$，从式(4-82)、式(4-83)可以得到 n 个非负的自振频率和对应的振型。如把自振频率按大小顺序 $\omega_1 \leqslant \omega_2 \leqslant \cdots \leqslant \omega_n$ 排列，称其中的第 i 个频率 ω_i 和对应的 φ_i 为第 i 阶自振频率和它的振型。由于方程(4-82)的系数矩阵行列式为零，因此与 ω_i 对应的振型 φ_i 可以有无穷多个解，但是，任意两个解之间向量各元素的比值是一定的，不是独立的解。

如把式(4-83)的广义特征值问题在表达形式上作适当的变化,改写成:

$$(\boldsymbol{A} - \lambda \boldsymbol{I})\varphi = 0 \tag{4-84}$$

则对应的特征值问题称为标准特征值计算:

$$\det(\boldsymbol{A} - \lambda \boldsymbol{I}) = 0 \tag{4-85}$$

式中,$\boldsymbol{A}$——$n \times n$ 阶的对称矩阵;

$\boldsymbol{I}$——单位矩阵;

λ——特征值。

特征值计算是求式(4-83)或式(4-84)根的问题,直接从上述方程组求根计算的方法虽然在理论上是可能的,但是对于自由度比较多的结构,不但计算量大,而且精度也相当差,再加上一般结构的振动响应中高阶振型的影响十分小,计算时常常可以忽略,因此,在实际问题中也没有必要算出全部特征值。

结构的特征值和特征向量具有一系列性质,其中,最主要的特性是振型对质量和刚度矩阵具有正交的性质,即各振型之间满足如下的关系:

$$\varphi_i^{\mathrm{T}} \boldsymbol{M} \varphi_j = \delta_m \tag{4-86}$$

$$\varphi_i^{\mathrm{T}} \boldsymbol{K} \varphi_j = \delta_k \tag{4-87}$$

当 $i = j$ 时,$\delta_m \neq 0, \delta_k \neq 0$;否则,当 $i \neq j$ 时,$\delta_m = \delta_k = 0$。

由于振型的幅值是任意的,不同幅值的振型都能满足式(4-82),为了统一表示,一般对振型的幅值进行规格化。振型规格化的方法可以是多种多样的,但是习惯上采用几种比较固定的规格化方法,比如取振型向量中最大元素的值为1,其他元素的值按同一比例进行缩减调整。振型对质量矩阵进行规格化的方法也是比较常用的形式,即按下列关系式调整振型的幅值:

$$\varphi_i^{\mathrm{T}} \boldsymbol{M} \varphi_j = 1 \tag{4-88}$$

如对全部振型均按式(4-87)作规格化处理,$\boldsymbol{\Phi} = [\varphi_1 \varphi_2 \cdots \varphi_m] (m \leqslant n)$ 是由振型组成的振型矩阵,将满足:

$$\boldsymbol{\Phi}^{\mathrm{T}} \boldsymbol{M} \boldsymbol{\Phi} = \boldsymbol{I} \tag{4-89}$$

$$\boldsymbol{\Phi}^{\mathrm{T}} \boldsymbol{K} \boldsymbol{\Phi} = \boldsymbol{\Omega}^2 \tag{4-90}$$

式中,$\boldsymbol{\Omega}^2$——对角矩阵,对角上的元素为 $\omega_1^2, \omega_2^2, \cdots, \omega_m^2$。

n 个自由度的振动体共有 n 个特征向量,而且各特征向量互相独立,因此,任意 n 维的结构位移向量 x 可以用特征向量的组合来表示,即

$$x = \varphi_1 q_1 + \varphi_2 q_2 + \cdots + \varphi_n q_n = \boldsymbol{\Phi} q \tag{4-91}$$

4.4.3 多自由度结构的线性地震响应计算方法

1. 振型分解法

多自由度弹性体系在水平地震作用下的运动方程为一组相互耦联的微分方程,

根据结构动力学基本原理,利用振型的正交性,将原来耦联的多自由度微分方程组分解为若干彼此独立的单自由度微分方程,由单自由度体系结果分别得出各个独立方程的解,然后再将各个独立解进行组合叠加,得出总的体系反应。

根据式(4-91),结构的振动响应近似地用振型矩阵 $\boldsymbol{\Phi}$ 和 $q(t)=[q_1(t)q_2(t)\cdots q_m(t)]^T$ 广义坐标向量来表示:

$$x = \boldsymbol{\Phi} q \tag{4-92}$$

式(4-89)可以理解为体系的位移是由各振型分别乘以相应的组合系数叠加而成的,因此振型分解法可以看作是将实际位移按振型加以分解。

将式(4-89)代入式(4-79),并在等式两边同乘振型矩阵 $\boldsymbol{\Phi}$ 的转置矩阵,得到如下的方程:

$$\boldsymbol{\Phi}^T \boldsymbol{M} \boldsymbol{\Phi} \ddot{q} + \boldsymbol{\Phi}^T \boldsymbol{C} \boldsymbol{\Phi} \dot{q} + \boldsymbol{\Phi}^T \boldsymbol{K} \boldsymbol{\Phi} q = -\boldsymbol{\Phi}^T \boldsymbol{M} \{I\} \ddot{x}_g \tag{4-93}$$

如果振型是对质量矩阵和刚度矩阵做规则化处理,根据式(4-89)和式(4-90)有

$$\ddot{q} + \boldsymbol{\Phi}^T \boldsymbol{C} \boldsymbol{\Phi} \dot{q} + \boldsymbol{\Omega}^2 q = -\boldsymbol{\Phi}^T \boldsymbol{M} \{I\} \ddot{x}_g \tag{4-94}$$

一般情况下,阻尼矩阵 $\boldsymbol{C}$ 不满足正交条件,为了应用振型分解法,通常采用 Rayleigh 阻尼假定,即假定阻尼矩阵为质量矩阵和刚度矩阵的组合:

$$\boldsymbol{C} = a\boldsymbol{M} + b\boldsymbol{K} \tag{4-95}$$

式中,a,b——比例系数。

把式(4-95)代入式(4-94),并利用振型对质量矩阵和刚度矩阵正交的性质,得到互不耦合的振型振动方程:

$$\ddot{q}_i + 2\zeta_i\omega_i\dot{q}_i + \omega_i^2 q_i = -\gamma_i \ddot{x}_g \quad (i=1,2,\cdots,m) \tag{4-96}$$

式中,ζ_i——i 振型的振型阻尼;

γ_i——i 振型的振型参与系数。

$$\zeta_i = \frac{1}{2}\left(\frac{a}{\omega_i} + b\omega_i\right) \tag{4-97}$$

$$\gamma_i = \frac{\varphi_i^T \boldsymbol{M} I}{\varphi_i^T \boldsymbol{M} \varphi_i} \tag{4-98}$$

称式(4-95)为 Rayleigh 阻尼。Rayleigh 阻尼中的系数 a 和 b 由两个特定固有频率 ω_i 和 ω_j 对应的振型阻尼比 ζ_i,ζ_j,从式(4-97)计算得到:

$$\begin{cases} a = \dfrac{2\omega_i\omega_j(\zeta_i\omega_j - \zeta_j\omega_i)}{\omega_i^2 - \omega_j^2} \\ b = \dfrac{2(\zeta_j\omega_j - \zeta_i\omega_i)}{\omega_i^2 - \omega_j^2} \end{cases} \tag{4-99}$$

因此,如果能够确定振型的阻尼比 ζ_i,ζ_j,则 Rayleigh 阻尼中系数 a 和 b 可以算出。为了提高结构动力响应的计算精度,通常选定两个振型参与系数相对比较大的主要振型阻尼比作为参考振型。

当桥梁结构形式相对比较简单时,地震响应中低阶卓越振型所占的比例比较大,只要保证低阶振型的阻尼比与实际阻尼比相差不大,按 Rayleigh 阻尼理论计算

基本上能够得到比较好的精度,故具有正交性的 Rayleigh 阻尼在桥梁抗震设计中得到广泛的应用。

但是,对于比较复杂的桥梁,一方面由于结构的振型形状比较复杂,振动响应并不是由某个或某两个卓越振型来控制,用 Rayleigh 阻尼不能合理地模拟结构的阻尼特性;另一方面,如何计算主要振型的阻尼比也是有待于进一步研究的课题。因此,在桥梁抗震设计中有关阻尼的考虑方法远比质量矩阵和刚度矩阵计算复杂得多。另外,由于振型阻尼比是包含了结构各部分阻尼效果的综合参数,当结构内部材料阻尼的分布很不均衡时,阻尼特性具有非正交的特性,不满足 Rayleigh 阻尼理论的假定,在这种情况下用 Rayleigh 阻尼理论计算有比较大的近似性。

由于引入了 Rayleigh 阻尼理论,阻尼矩阵满足正交条件,振型之间为非耦合振动,地震响应计算分析如同多个单自由度振动问题一样,可以应用 Duhamel 分法、Newmark-β 法、Wilson 法等方法计算。如采用 Hamel 积分法计算振型的地震响应,任意阶的振型振动可以从式(4-100)计算得到:

$$q_i = -\frac{\gamma_i}{\omega_i'}\int_0^t \ddot{x}_g(\tau) e^{-\zeta_i\omega_i(t-\tau)} \sin\omega_i'(t-\tau) d\tau \tag{4-100}$$

2. 反应谱法计算结构地震最大响应

上述的振型分解法虽然可以分析结构在地震过程中的时程响应,但需计算每个时间增量步的响应,对数十秒长的地震波需要进行数千次计算,计算量十分大。

在结构抗震设计中,地震响应最大值起到控制作用,因此,为了减少计算工作量,计算地震响应最大值的反应谱法是经常采用的方法。

令 $\delta_i = -\frac{1}{\omega_i'}\int_0^t \ddot{x}_g(\tau) e^{-\zeta_i\omega_i(t-\tau)} \sin\omega_i'(t-\tau) d\tau$,式(4-100)可写成:

$$q_i = \gamma_i \delta_i \tag{4-101}$$

式中,δ_i——按单自由度体系计算的质点相对位移。

将式(4-101)带入振型叠加公式(4-92),可以得到用 δ_i 表示的体系相对位移:

$$x_i = \boldsymbol{\Phi}^T \gamma_i \boldsymbol{\delta}_i \tag{4-102}$$

按反应谱法计算理论,单自由度体系的最大地震响应可以根据阻尼比和固有周期从反应谱曲线直接得到。因此,i 振型的位移最大响应为:

$$|x_i|_{\max} = \boldsymbol{\Phi}_i^T \gamma_i S_d(T_i, \zeta_i) \quad (i = 1, 2, \cdots, m) \tag{4-103}$$

式中,S_d——相对位移反应谱。

由于不同振型的最大响应一般不会同时达到,因此结构响应的上限为各振型最大响应的绝对值之和,即:

$$|x|_{\max} \leq \sum_{i=1}^m |x_i|_{\max} \tag{4-104}$$

实际上,结构最大位移响应根据平方和开方法(square root of the sum of the squares,SRSS 法)近似计算得到:

$$|x|_{\max} = \sqrt{\sum_{i=1}^{m} |x_i|_{\max}^2} \qquad (4\text{-}105)$$

SRSS 法在许多桥梁地震响应计算中得到了比较广泛的应用，但是对于几何形状特殊、振型不连续的桥梁不能按 SRSS 法计算地震响应。当结构的自振频率非常接近时，用 SRSS 法计算得到的结果误差比较大，这时采用完全平方组合法（complete quadratic combination，CQC 法）比较合理。与 SRSS 法相比，CQC 法增加了考虑不同振型之间相互影响的相关系数，即：

$$|x|_{\max} = \sqrt{\sum_{i=1}^{m}\sum_{j=1}^{m} \rho_{ij} x_{i\max} x_{j\max}} \qquad (4\text{-}106)$$

式中，ρ_{ij}——振型相关系数，根据平稳随机振动理论得到：

$$\rho_{ij} = \frac{8\sqrt{\zeta_i \zeta_j \omega_i \omega_j}(\zeta_i \omega_i + \zeta_j \omega_j)\omega_i \omega_j}{(\omega_i^2 + \omega_j^2)^2 + 4\zeta_i \zeta_j \omega_i \omega_j (\omega_i^2 + \omega_j^2) + 4(\zeta_i^2 + \zeta_j^2)\omega_i^2 \omega_j^2} \qquad (4\text{-}107)$$

如果两个自振频率相差大，振型相关系数就会减小，特别是当

$$\frac{\omega_i}{\omega_j} < \frac{0.2}{\zeta_i + 0.2} \qquad (4\text{-}108)$$

时，可以认为振型相关系数近似为零，式（4-106）与 SRSS 法相同。

在多自由度体系中，如果第一振型的响应明显卓越，结构的最大地震响应也可以近似地从第一振型计算得到，即：

$$|x|_{\max} \approx |x_1|_{\max} = \boldsymbol{\Phi}_1^T \gamma_1 S_d(T_1, \zeta_1) \qquad (4\text{-}109)$$

当桥墩结构承受的上部结构质量比桥墩自身质量大很多时，在水平地震荷载作用下桥墩地震响应以第一阶振型为主，计算时可把墩身的质量换算到上部结构中去，近似地按单自由度结构进行计算分析。

4.5 桥梁地震作用计算

4.5.1 桥梁结构考虑地震作用的原则

我国《公路桥梁抗震设计规范》（JTG/T 2231-01—2020）规定公路桥梁的地震作用，应按下列原则考虑。

（1）一般情况下，公路桥梁可只考虑水平向地震作用，直线桥可分别考虑顺桥向 X 和横桥向 Y 的地震作用。

（2）满足下列条件之一时，应同时考虑水平向和竖向地震作用。在抗震设防烈度为Ⅷ度地区，拱式结构、长悬臂结构、大跨度结构以及其他一些特殊复杂结构对竖向地震作用可能较为敏感，需要考虑竖向地震作用。

①A 类桥梁。
②抗震设防烈度为Ⅸ度地区的桥梁。
③抗震设防烈度为Ⅷ度地区且竖向地震作用引起的地震效应很显著的桥梁。

(3) 采用反应谱法或功率谱法同时考虑三个正交方向(水平向 X、Y 和竖向 Z)的地震作用时,可分别单独计算 X 向地震作用在 i 计算方向产生的最大效应 E_{iX}、Y 向地震作用在 i 计算方向产生的最大效应 E_{iY} 与 Z 向地震作用在 i 计算方向产生的最大效应 E_{iZ}。在 i 计算方向,总的设计最大地震作用效应 E_i 按下式求取:

$$E_i = \sqrt{E_{iX}^2 + E_{iY}^2 + E_{iZ}^2} \tag{4-110}$$

(4) 当采用时程分析法时,应同时输入两个或三个方向分量的一组地震动时程计算地震作用效应。

4.5.2 常规桥梁地震作用计算

1. 基于我国规范的常规桥梁定义

《公路桥梁抗震设计规范》(JTG/T 2231-01—2020)从桥梁抗震设计角度把单跨跨径不超过 150 m 的梁桥、圬工或混凝土拱桥定义为常规桥梁。根据在地震作用下动力响应特性的复杂程度,常规桥梁分为规则桥梁和非规则桥梁两类。

《公路桥梁抗震设计规范》(JTG/T 2231-01—2020)规定规则桥梁和非规则桥梁可按表 4-9 选用。

表 4-9 桥梁抗震分析采用的计算方法

地震作用	桥梁分类					
	B 类		C 类		D 类	
	规则	非规则	规则	非规则	规则	非规则
E1	SM/MM	MM/TH	SM/MM	MM/TH	SM/MM	MM
E2	SM/MM	MM/TH	SM/MM	MM/TH	—	—

注:TH 表示线性或非线性时程计算方法;
　　SM 表示单振型反应谱或功率谱方法;
　　MM 表示多振型反应谱或功率谱方法。

2. 规则桥梁的地震反应简化计算

1) 规则桥梁的定义

规则桥梁的地震反应一般以第一阶振型为主,要满足规则桥梁的定义,实际桥梁结构应在跨数、几何形状、质量分布、刚度分布以及桥址的地质条件等方面服从一定的限制条件。具体讲,要求实际桥梁的跨数不应太多,跨径不宜太大(避免轴压力过高),在桥梁纵向和横向上的质量分布、刚度分布以及几何形状都不应有突变,相邻桥墩的刚度差异不应太大,桥墩长细比应处于一定的范围内,桥址的地质、地形没有突变,而且桥址场地不会有发生液化和地基失效的危险等;对弯桥和斜桥,要求其最大圆心角和斜交角应处于一定范围内;安装有隔震支座和阻尼器的桥梁则不属于规则桥梁。由于拱桥的地震反应相对比较复杂,其动力反应一般不由第一阶振型控制,因此拱桥属于非规则桥梁。

为了便于实际操作,《公路桥梁抗震设计规范》(JTG/T 2231-01—2020)以及《城市桥梁抗震设计规范》(CJJ 166—2011)对判定一座桥梁是否属于规则桥梁给出具体的参数要求。其中,《城市桥梁抗震设计规范》(CJJ 166—2011)考虑滑板支座在城市桥梁中应用非常广泛,并且滑板支座在水平方向上的荷载—位移关系也符合理想弹塑性本构关系,因此将该类桥梁也划归至规则桥梁的范围。表 4-10 所示即为我国《公路桥梁抗震设计规范》(JTG/T 2231-01—2020)中对规则桥梁给出的参数要求。表 4-10 限定范围内的梁桥属于规则桥梁,不在此表限定范围内的梁桥属于非规则桥梁。对于墩高超过 40 m、墩身第一阶振型有效质量低于 60%,且结构进入塑性的高墩桥梁应作专项研究。

表 4-10 规则桥梁的定义

参数	参数值				
单跨最大跨径	≤90 m				
墩高	≤30 m				
单墩高度与直径或宽度比	大于 2.5 且小于 10				
跨数	2	3	4	5	6
曲线桥梁圆心角 φ 及半径 R	单跨 $\varphi<30°$ 且一联累计 $\varphi<90°$,同时曲梁半径 $R \geqslant 20b$(b 为桥宽)				
跨与跨间最大跨径比	≤3	≤2	≤2	≤1.5	≤1.5
轴压比	<0.3				
跨与跨间桥墩最大刚度比	—	≤4	≤4	≤3	≤2

续表

参　数	参　数　值
支座类型	普通板式橡胶支座、盆式支座(铰接约束)和墩梁固接等。使用滑板支座，容许普通板式橡胶支座与梁底或墩顶滑动，减隔震支座等属于非规则桥梁
下部结构类型	桥墩为单柱墩、双柱框架墩、多柱排架墩
地基条件	不易冲刷、液化和侧向滑移的场地，远离断层

2) 规则桥梁地震作用计算

《公路桥梁抗震设计规范》(JTG/T 2231-01—2020)和《城市桥梁抗震设计规范》(CJJ 166—2011)采用相同规定。

(1) 对桥面不连续简支梁桥，其顺桥向和横桥向水平地震力可采用下列简化方法计算，其计算简图如图 4.10 所示。

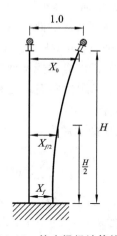

图 4.10　简支梁桥计算简图

① 顺桥向和横桥向水平地震力可按下式计算：

$$\begin{cases} E_{ktp} = SM_t \\ M_t = M_{sp} + \eta_{cp}M_{cp} + \eta_p M_p \\ \eta_{cp} = X_0^2 \\ \eta_p = 0.16(X_0^2 + X_f^2 + 2X_{f/2}^2 + X_f X_{f/2} + X_0 X_{f/2}) \end{cases} \quad (4\text{-}111)$$

式中，E_{ktp}——顺桥向作用于固定支座顶面或横桥向作用于上部结构质心处的水平力(kN)；

S——根据结构基本周期，按本章式(4-65)计算出的反应谱值；

M_t——换算质点质量(t);

M_{sp}——桥梁上部结构的质量(t),相应于墩顶固定支座的一孔梁的质量;

M_{cp}——盖梁的质量(t);

M_p——墩身质量(t),对于扩大基础,为基础顶面以上墩身的质量;

η_{cp}——盖梁质量换算系数;

η_p——墩身质量换算系数;

X_0——考虑地基变形时,顺桥向作用于支座顶面或横桥向作用于上部结构质心处的单位水平力在墩身计算高度 H 处引起的水平位移与单位力作用处的水平位移之比值;

X_f、$X_{f/2}$——分别为考虑地基变形时,顺桥向作用于支座顶面上和横桥向作用于上部结构质心处的单位水平力在一般冲刷线或基础顶面、墩身计算高度 $H/2$ 处引起的水平位移与单位力作用处的水平位移之比值。

②一般可按下式计算各简支梁桥的基本周期:

$$T_1 = 2\pi\sqrt{M_t\delta} \tag{4-112}$$

式中,T_1——简支梁桥顺桥向或横桥向的基本周期(s);

δ——在顺桥向作用于支座顶面或横桥向作用于上部结构质心处的单位水平力在力作用处引起的水平位移(m/kN),顺桥和横桥方向应分别计算,计算时可按现行相关行业标准的有关规定计算地基变形作用效应。

(2)连续梁桥一联中一个墩采用顺桥向固定支座,其余均为顺桥向活动支座,其顺桥向地震反应可按下列公式计算。

①顺桥向作用于固定支座顶面的地震力:

$$E_{ktp} = SM_t - \sum_{i=1}^{N}\mu_i R_i \tag{4-113}$$

$$M_t = M_{sp} + M_{cp} + \eta_p M_p$$

式中,S——根据结构基本周期,按本章式(4-65)计算出的反应谱值;

M_t——固定墩支座顶面处的换算质点质量(t);

M_{sp}——一联桥梁上部结构的质量(t);

M_{cp}——固定墩盖梁的质量(t);

M_p——固定墩墩身质量(t);

R_i——第 i 个活动支座的恒载反力(kN);

μ_i——第 i 个活动支座的摩擦系数,一般取 0.02。

②顺桥向作用于活动支座顶面的地震力:

$$E_{kti} = \mu_i R_i \tag{4-114}$$

式中,R_i——第 i 个活动支座的恒载反力(kN);

μ_i——第 i 个活动支座的摩擦系数,一般取 0.02。

③连续梁桥顺桥向的基本周期：

$$T_1 = 2\pi \sqrt{M_t \delta} \tag{4-115}$$

式中，T_1——连续梁桥顺桥向的基本周期(s)；

δ——在顺桥向作用于支座顶面或横桥向作用于上部结构质心处的单位水平力在力作用处引起的水平位移(m/kN)，计算时可按现行行业标准的有关规定计算地基变形作用效应。

(3) 采用板式橡胶支座的连续梁桥和桥面连续简支梁桥以及连续刚构桥，在顺桥向 E1 和 E2 地震作用下的地震反应，可按以下简化方法计算。

①建立结构计算模型，模型中应考虑上部结构、支座、桥墩及基础等刚度的影响，计算均布荷载 p_0 沿一联梁体轴线作用下结构的位移 $v_s(x)$，计算简图如图 4.11 所示。

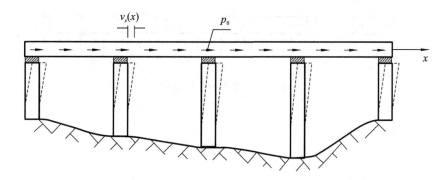

图 4.11 连续梁桥顺桥向计算模型

②计算桥梁的顺桥向刚度 K_l：

$$K_l = \frac{p_0 L}{v_{s,\max}} \tag{4-116}$$

式中，p_0——均布荷载(kN/m)；

L——一联桥梁总长(m)；

$v_{s,\max}$——p_0 作用下的最大水平位移(m)；

K_l——桥梁的顺桥向等效刚度(kN/m)。

③计算结构基本周期 T_1：

$$T_1 = 2\pi \sqrt{\frac{M_t}{K_l}} \tag{4-117}$$

式中，M_t——一联桥梁总质量，应包含梁体质量，以及墩身质量换算系数 η_p、盖梁质量换算系数 η_{cp} 等效的各墩身质量和盖梁质量之和(t)。

④计算地震等效均布荷载 p_e：

$$p_e = \frac{SM_t}{L} \tag{4-118}$$

式中，p_e——地震等效静力荷载(kN/m)。

⑤按静力法计算均布荷载 p_e 作用下的结构内力、位移反应。

(4) 连续刚构桥以及全桥墩梁间横桥向位移为固定约束的连续梁桥和桥面连续简支梁桥，在横桥向 E1 和 E2 地震作用下的地震反应，可按下列方法计算。

①建立结构计算模型，在模型中应考虑上部结构、支座、桥墩及基础等刚度的影响，并应考虑相邻结构的影响，一般情况下，计算模型应取左右各一联桥梁结构(边界联)作为边界条件。

②计算均布荷载 p_0 沿计算模型(包含边界联长度)垂直梁体轴线作用下，计算联横桥向的最大结构位移 $v_s(x)$，计算简图如图 4.12 所示：

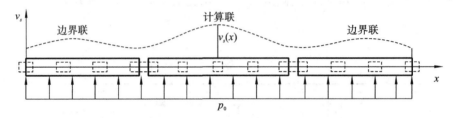

图 4.12 横桥向计算模型

③计算桥梁的横桥向等效刚度 K_l：

$$K_l = \frac{p_0 L}{v_{s,\max}} \tag{4-119}$$

式中，p_0——均布荷载(kN/m)；

L——计算模型总长(包含左右边界联的长度)(m)；

$v_{s,\max}$——p_0 作用下计算联横向的最大水平位移(m)；

K_l——横桥向等效刚度(kN/m)。

④计算结构基本周期 T_1：

$$T_1 = 2\pi \sqrt{\frac{M_t}{K_l}} \tag{4-120}$$

⑤计算地震等效均布荷载 p_e：

$$p_e = \frac{SM_t}{L} \tag{4-121}$$

⑥按静力法计算均布荷载 p_e 作用下的结构内力、位移反应。

(5) 桥台的水平地震作用计算。

①《公路桥梁抗震设计规范》(JTG/T 2231-01—2020)规定。梁桥桥台的地震作用与土体在地震时的压力有关，这是一个结构与地基和基础与填土之间的相互作用问题。公路桥台一般具有截面大而高度低的特点，对于轻型桥台因缺少动力特性的观测和试验研究资料，因此采用静力法计算：

$$E_{hau} = C_i C_s A G_{au}/g \tag{4-122}$$

式中，E_{hau}——作用于台身质心处的水平地震作用(kN)；

C_i、C_s——分别为抗震重要性系数、场地系数，分别按表 4-5、表 4-6 和表 4-7 取值；

A——水平向设计基本地震动加速度峰值，按表 4-4 取值；

G_{au}——基础顶面以上台身的重力(kN)。

对于修建在基岩上的桥台，其水平地震作用可按式(4-122)计算值的 80% 采用。验算设有固定支座的梁桥桥台时，还应计入由上部结构所产生的水平地震力，其值按式(4-122)计算，但 G_{au} 取一孔梁的重力。

②《城市桥梁抗震设计规范》(CJJ 166—2011)规定。桥台台身的水平地震力可按下式计算：

$$E_{hau} = M_{au}A \quad (4\text{-}123)$$

式中，A——水平向设计基本地震动加速度峰值，按表 4-4 取值；

E_{hau}——作用于台身重心处的水平地震作用(kN)；

M_{au}——基础顶面以上台身的质量(kN)。

关于桥台的水平地震作用计算还要考虑如下修正：修建在基岩上的桥台，水平地震作用按式(4-123)计算值的 80% 采用；验算设有固定支座的梁桥桥台时，还应计入由上部结构所产生的水平地震力，其值按式(4-123)计算，但 M_{au} 应加上一孔(简支梁)或一联(连续梁)梁的质量。

(6) 地震主动土压力和地震动水压力。

①《公路桥梁抗震设计规范》(JTG/T 2231-01—2020)规定：采用延性抗震设计的桥梁，E1 地震作用抗震设计阶段，应考虑地震时动水压力和主动土压力的影响。当桥梁在 E2 地震作用下桥墩进入塑性后，一般可不考虑地震时动水压力和主动土压力的影响；当桥梁在 E2 地震作用下桥墩未进入塑性时，宜考虑地震时动水压力和主动土压力的影响。

当桥台后填土为黏性填土时，地震时作用于桥台台背的土压力计算如下。

地震土压力计算示意图如图 4.13 所示。

Ⅰ. 地震主动土压力按式(4-124)计算。

$$E_{ea} = \left(\frac{1}{2}\gamma H^2 + qH\frac{\cos\alpha}{\cos(\alpha-\beta)}\right)K_a - 2cHK_{ca} \quad (4\text{-}124)$$

式中，γ——黏性填土重度(kN/m³)；

H——桥台高(m)；

q——滑裂楔体上的均布荷载(kN/m)；

α——桥台背面与竖直方向之间的夹角(°)；

β——填土表面与水平面的夹角(°)；

c——黏性填土的黏聚力系数；

K_a——地震主动土压力系数；

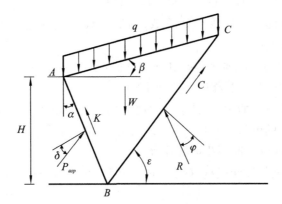

图 4.13 地震土压力计算示意图

$$K_a = \frac{\cos^2(\varphi-\alpha-\theta)}{\cos\theta\cos^2\alpha\cos(\alpha+\delta+\theta)\left[1+\sqrt{\frac{\sin(\varphi+\delta)\sin(\varphi-\beta-\theta)}{\cos(\alpha-\beta)\cos(\alpha+\delta+\theta)}}\right]^2} \quad (4-125)$$

φ——填土的内摩擦角(°);

δ——填土与桥台台背面的摩擦角(°);

θ——地震角,按表 4-11 取值;

表 4-11 地震角取值表

抗震设防烈度		Ⅶ度	Ⅷ度	Ⅸ度
地震角 θ /(°)	水上	1.5	3.0	6.0
	水下	2.5	5.0	10.0

K_{ca}——系数,按式(4-126)计算。

$$K_{ca} = \frac{1-\sin\varphi}{\cos\varphi} \quad (4-126)$$

Ⅱ.地震被动土压力按式(4-127)计算。

$$E_{ep} = \left(\frac{1}{2}\gamma H^2 + qH\frac{\cos\alpha}{\cos(\alpha-\beta)}\right)K_{psp} + 2cHK_{cp} \quad (4-127)$$

式中,K_{psp}——地震被动土压力系数,由式(4-128)计算;

$$K_{psp} = \frac{\cos^2(\varphi+\alpha-\theta)}{\cos\theta\cos^2\alpha\cos(\delta-\alpha+\theta)\left[1+\sqrt{\frac{\sin(\varphi+\delta)\sin(\varphi+\beta-\theta)}{\cos(\alpha-\beta)\cos(\delta-\alpha+\theta)}}\right]^2} \quad (4-128)$$

K_{cp}——系数,由式(4-129)计算;

$$K_{cp} = \frac{\sin(\varphi-\theta)+\cos\theta}{\cos\theta\cos\varphi} \tag{4-129}$$

Ⅲ. 地震土压力作用的位置。

在 $q=0$ 时,地震土压力作用位置可取在距桥台底 $H/3$ 处;$q\neq 0$ 时,H 要再加上 q 折算的填土高度。

桥台后填土无黏性时,地震作用于桥台台背的主动土压力可按下列简化公式计算。

Ⅰ. 当判定桥台地表以下没有液化土层或软土层时,作用于桥台台背的主动土压力可按式(4-130)计算:

$$E_{ea} = \frac{1}{2}\gamma H^2 K_A \left(1+\frac{3C_i A}{g}\tan\varphi\right) \tag{4-130}$$

式中,E_{ea}——地震时作用于台背每延米长度上的主动土压力(kN/m),其作用点位于距台底 $0.4H$ 处;

C_i——抗震重要性系数;

γ——台背土的重度(kN/m³);

φ——台背土的内摩擦角(°);

H——台身高度(m);

K_A——无地震时作用于台背的主动土压力系数

$$K_A = \frac{\cos^2\varphi}{(1+\sin\varphi)^2} \tag{4-131}$$

Ⅱ. 当判定桥台地表以下 10 m 内有液化土层或软土层时,桥台基础应穿过液化土层或软土层;当液化土层或软土层超过 10 m 时,桥台基础的埋深应达到或超过地表以下 10 m 处。作用于桥台台背的主动土压力可按式(4-132)计算:

$$E_{ea} = \frac{1}{2}\gamma H^2 (K_A + 2C_i A/g) \tag{4-132}$$

式中符号意义同式(4-130)。

抗震设防烈度为Ⅸ度地区的液化区,桥台宜采用桩基。作用于台背的主动土压力可按式(4-132)计算。

对浸入水中的桥墩,在常水位以下部分,水深小于或等于 5 m 时,抗震设计中可不考虑地震动水压力的影响。对浸入水中的桥墩,在常水位以下部分,水深大于 5 m 时,地震动水压力对桥梁竖向的作用可不考虑,对桥梁水平方向的作用,应按附加质量法考虑。即在计算模型中,用附加在水下部分桥墩上的质量来表达动水压力作用效应,对浸入水中的桥墩水平方向总有效质量应按下列质量之和计算。

a. 桥墩的实际质量(不考虑浮力)。

b. 桥墩内部可能包围的水的质量(对空心墩)。

c. 浸入水中桥墩的附加质量,单位长度水的附加质量,可按下列各式估算。

Ⅰ. 对半径为 R(m)的圆形截面桥墩:

$$m_a = \rho \pi R^2 \tag{4-133}$$

式中，m_a——桥墩单位长度水的附加质量(kg/m)；

ρ——水的质量密度(kg/m³)。

Ⅱ. 对轴长为 $2a_x$(m) 和 $2a_y$(m) 的椭圆形截面桥墩[图 4.14(a)]：

$$m_a = \rho \pi (a_y^2 \cos^2\theta + a_x^2 \sin^2\theta) \tag{4-134}$$

式中，θ——水平向地震动输入方向与椭圆形截面 x 轴(长轴或短轴)的夹角。

Ⅲ. 对边长为 $2a_x$(m) 和 $2a_y$(m) 且水平向地震动输入沿 x 轴方向的矩形截面桥墩[图 4.14(b)]：

$$m_a = k\rho \pi a_y^2 \tag{4-135}$$

式中，k——矩形截面附加质量系数，可按表 4-12 用线性插值法求取。

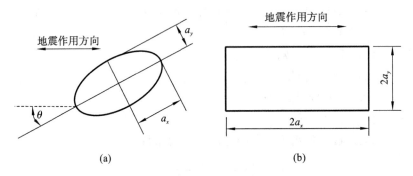

图 4.14 椭圆形及矩形桥墩截面尺寸定义

(a) 椭圆形桥墩截面；(b) 矩形桥墩截面

表 4-12 矩形截面桥墩附加质量系数

a_y/a_x	0.1	0.2	0.5	1.0	2.0	5.0	10.0	20.0
k	2.23	1.98	1.70	1.51	1.36	1.21	1.14	1.00

②《城市桥梁抗震设计规范》(CJJ 166—2011)规定。

地震时作用于桥台台背的主动土压力可按式(4-136)、式(4-137)计算：

$$E_{ea} = \frac{1}{2}\gamma_s H^2 K_A \left(1 + \frac{3A}{g}\tan\varphi_A\right) \tag{4-136}$$

$$K_A = \frac{\cos^2\varphi_A}{(1 + \sin\varphi_A)^2} \tag{4-137}$$

式中，E_{ea}——地震时作用于台背每延米长度上的主动土压力(kN/m)，其作用点位于距台底 $0.4H$ 处；

γ——台背土的重度(kN/m³)；

φ_A——台背土的内摩擦角(°)；

H——台身高度(m)；

K_A——非地震时作用于台背的主动土压力系数；

A——E1 或 E2 地震作用下水平向设计基本地震动加速度峰值。

当判定桥台地表以下 10 m 内有液化土层或软土层时，桥台基础应穿过液化土层或软土层；当液化土层或软土层超过 10 m 时，桥台基础应埋深至地表以下 10 m 处。其作用于桥台台背的主动土压力应按式(4-138)计算：

$$E_{ea} = \frac{1}{2}\gamma_s H^2(K_A + 2A/g) \tag{4-138}$$

抗震设防烈度为Ⅸ度地区的液化区，桥台宜采用桩基。作用于台背的主动土压力可按式(4-138)计算。

地震时作用于桥墩上的地震动水压力应分别按下列各式进行计算。

Ⅰ. $\frac{b}{h} \leqslant 2.0$ 时：

$$E_W = 0.15\left(1 - \frac{b}{4h}\right)A\xi_h\gamma_w b^2 h/g \tag{4-139}$$

Ⅱ. $2.0 < \frac{b}{h} \leqslant 3.1$ 时：

$$E_W = 0.075A\xi_h\gamma_w b^2 h/g \tag{4-140}$$

Ⅲ. $\frac{b}{h} > 3.1$ 时：

$$E_W = 0.24A\gamma_w b^2 h/g \tag{4-141}$$

各式中：E_W——地震时在 $h/2$ 处作用于桥墩的总动水压力(kN)；

ξ_h——截面形状系数，矩形墩和方形墩，取 $\xi_h=1$；圆形墩取 $\xi_h=0.8$；圆端形墩，顺桥向 ξ_h 取 $0.9 \sim 1.0$，横桥向取 $\xi_h=0.8$；

γ_w——水的重力密度(kN/m³)；

h——从一般冲刷线算起的水深(m)；

b——与地震作用方向垂直的桥墩宽度(m)，可取 $h/2$ 处的截面宽度，对于矩形墩，取长边边长；对于圆形墩，取直径。

4.6 桥梁的抗震措施

由于工程场地可能遭受的地震的不确定性，以及人们对桥梁结构地震破坏机理的认识尚不完备，因此桥梁抗震实际上还不能完全依靠定量的计算方法。实际上，历次大地震的震害表明，一些从震害经验中总结出来或经过基本力学概念启示得到的一些构造措施被证明可以有效地减轻桥梁的震害。如主梁与主梁或主梁与墩之间适当的连接措施可以防止落梁。但这些构造措施不应影响桥梁的正常使用功能，不应防碍减隔震、耗能装置发挥作用。

如构造措施的使用对桥梁地震响应定量计算结果影响较大，则可能导致计算结果失效,这种情况下,抗震分析时应考虑抗震措施的影响。桥梁结构地震反应越强烈,就越容易发生落梁等严重破坏现象,构造措施就越重要,因此处于高烈度区的桥梁结构需特别重视构造措施的使用。

《公路桥梁抗震设计规范》作出以下规定。

(1) 各类桥梁抗震措施等级的选择,按表4-13确定。

表4-13 桥梁抗震措施等级

桥梁类别	抗震设防烈度					
	Ⅵ	Ⅶ		Ⅷ	Ⅸ	
	0.05 g	0.1 g	0.15 g	0.2 g	0.3 g	0.4 g
A 类	二级	三级	四级	四级	更高,专门研究	
B 类	二级	三级	三级	四级	四级	四级
C 类	一级	二级	二级	三级	三级	四级
D 类	一级	二级	二级	三级	三级	四级

(2) 桥梁抗震措施的使用不宜导致桥梁主要构件的地震反应发生较大改变,否则,在进行抗震分析时,应考虑抗震措施的影响。抗震措施应根据其受到的地震作用进行设计。

(3) 过渡墩及桥台处的支座垫石顺桥向宜与墩、台最外边缘平齐。

4.6.1 一级抗震措施

(1) 简支梁桥和连续梁桥上部结构梁端至墩、台帽或盖梁边缘应有一定的距离(图4.15)。其最小值 a(cm)应按式(4-142)计算,且不应小于60 cm。

$$a \geqslant 50 + 0.1L + 0.8H + 0.5L_k \tag{4-142}$$

式中,L——一联上部结构总长度(m);

H——支承一联上部结构桥墩的平均高度(m),桥台的高度取值为0;

L_k——一联上部结构的最大单孔跨径(m)。

(2) 当满足式(4-143)的条件时,斜桥梁(板)端至墩、台帽或盖梁边缘的最小距离 a(cm)(图4.16)应按式(4-144)和式(4-142)计算,取大值。当不满足式(4-143)的条件时,斜桥梁(板)端至墩、台帽或盖梁边缘的最小距离 a(cm)应按式(4-142)计算。对于连续斜梁桥,当梁端设置有横向限位装置和纵向防落梁装置时,可以不受式(4-144)约束。

$$\frac{\sin 2\theta}{2} \geqslant \frac{b}{L_\theta} \tag{4-143}$$

$$a \geqslant 50L_\theta(\sin\theta - \sin(\theta - \alpha_E)) \tag{4-144}$$

式中,L_θ——一联上部结构总长度(m);

b——上部结构总宽度(m);

θ——斜交角(°);

α_E——极限脱落转角(°),一般取5°。

因结构上的特性,窄长的斜桥有可能发生由上部结构的转动引起的落梁,因此要考虑转动的影响来设置墩梁搭接长度。就斜桥来说,也包括简支梁桥、连续梁桥。在斜桥以重心为转动中心仅以临界脱落转动角转动时,考虑上部结构端部的中心点从梁搭接处脱落的情况来求解,可得式(4-144)。临界脱落转动角一般定为5°。上部结构两端的支座线不平行,两端的斜角不同时,应该假定围绕桥轴线中心点的转动,使用小的斜交角来求墩梁搭接长度。

(3) 当满足式(4-145)的条件时,曲线桥梁端至墩、台帽或盖梁边缘的最小距离a(cm)(图4.17)应按式(4-146)和式(4-142)计算,取大值。当不满足式(4-145)的条件时,曲线桥梁端至墩、台帽或盖梁边缘的最小距离a(cm)应按式(4-142)计算。对于曲线桥梁,当梁端设置有横向限位装置和纵向防落梁装置时,可以不受式(4-146)约束。

$$\frac{115}{\varphi} \times \frac{1-\cos\varphi}{1+\cos\varphi} > \frac{b}{L} \tag{4-145}$$

$$a \geqslant \delta_E \frac{\sin\varphi}{\cos(\varphi/2)} + 30 \tag{4-146}$$

$$\delta_E = 0.5\varphi + 70 \tag{4-147}$$

式中,δ_E——上部结构端部向外侧的移动量(cm);

L——一联上部结构中心线弧线长度(m);

φ——曲线梁的中心角(°)。

因结构上的特性,窄长的曲线桥可能发生由上部结构的转动和向曲线外侧方向的移动而引起的落梁,因此要考虑这些影响来设定墩梁搭接长度。

4.6.2 二级抗震措施

采用二级抗震措施的桥梁,除应符合一级规定外,尚应符合以下规定。

(1) 简支梁桥和桥面连续的桥梁,桥墩越高,在地震作用下落梁风险越大,规定其墩高不超过40 m。对墩高超过40 m的桥梁,宜采用连续刚构或其他对抗震有利的结构形式。

(2) 拱桥基础宜置于地质条件一致、两岸地形相似的坚硬土层或岩石上。实腹式拱桥宜减小拱上填料厚度,并采用轻质填料,填料必须逐层夯实。

(3) 桥台胸墙应适当加强,并在梁与桥台胸墙之间加装橡胶垫或其他弹性衬垫,以缓和冲击作用和限制梁体位移。同时,加装的橡胶垫或其他弹性衬垫不应限制梁体在正常使用时的自由伸缩。其构造示意如图4.18所示。

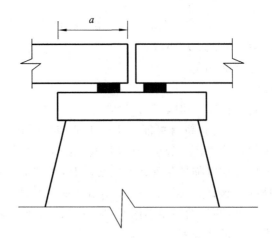

图 4.15 梁端至墩、台帽或盖梁边缘的最小距离 a

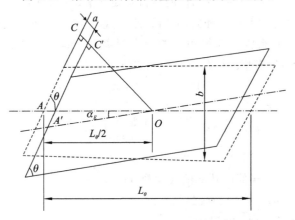

图 4.16 斜交桥最小边缘距离

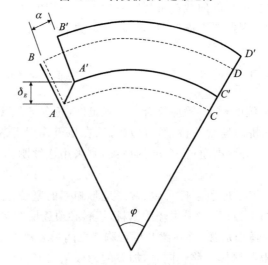

图 4.17 曲线桥最小边缘距离

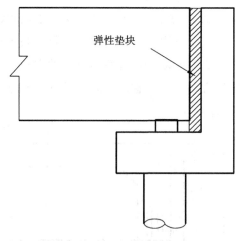

图 4.18　梁与桥台之间的缓冲设施

(4) 在软弱黏性土层、液化土层和不稳定的河岸处建桥时,对于大、中桥,可适当增加桥长,合理布置桥孔,使墩、台避开地震时可能发生滑动的岸坡或地形突变的不稳定地段。否则,应采取措施增强基础抗侧移的刚度和加大基础埋置深度;对于小桥,可在两桥台基础之间设置支撑梁或采用浆砌片(块)石满铺河床。

(5) 柱式排架墩宜设置桩顶系梁;未设置盖梁,且高度大于 7 m 的排架桩墩应设置墩顶系梁。墩高在 10 m 至 20 m 之间时,宜至少设置一道柱间系梁;墩高在 20 m 至 30 m 之间时,宜设置两道柱间系梁;墩高在 30 m 以上时,宜适当增加柱间系梁的设置数量。

设置柱间系梁,可以有效降低桥梁在横桥向地震作用下的墩身弯矩,对结构抗弯是有利的,同时可以改善桩基受力。但设置柱间系梁会增大墩底剪力,对桥墩抗剪不利,此外,还会增大支座剪力,对支座的抗剪是不利的。因此,柱间系梁的设计应综合考虑其对结构的有利和不利影响,结合静力分析和抗震分析结果,通过调整设置数量、设置位置以及设置刚度,充分利用柱间系梁的有利影响,并对其不利影响控制在可接受的范围内。

(6) 梁式桥应在横桥向和纵桥向设置防止上部结构落梁的挡块或抗震锚栓。

4.6.3　三级抗震措施

采用三级抗震措施的桥梁,除应符合二级规定外,尚应符合以下规定。

(1) 拱桥的主拱圈宜采用抗扭刚度较大、整体性较好的断面形式,如箱形拱、板拱等。当采用钢筋混凝土肋拱时,必须加强横向联系。

(2) 应采用合理的限位装置,防止结构相邻构件产生过大的相对位移。使用横向和纵向限位装置可以实现桥梁结构的内力反应和位移反应之间的协调。一般来讲,限位装置的间隙小,内力反应增大,而位移反应减小;相反,若限位装置的间隙大,则内力反应减小,但位移反应增大。横向和纵向限位装置的使用应使内力反应和位移反应二者之间达到某种平衡;另外,桥轴方向的限位装置移动能力应与支承部分的相适应。限位装置的设置不得有碍于防落梁构造功能的发挥。限位装置可使用与图 4.19 类似的结构。

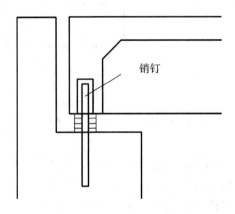

图 4.19　锚杆或销钉式限位装置

(3) 连续梁桥宜采取使上部构造所产生的水平地震荷载能由各个墩、台共同承担的措施,以免固定支座墩受力过大。

(4) 连续曲梁的边墩和上部结构之间宜采用锚栓连接或其他可靠的方式连接,防止边墩与梁脱离。

(5) 石砌或混凝土墩(台)的墩(台)帽与墩(台)身连接处、墩(台)身与基础连接处、截面突变处、施工接缝处均应采取提高抗剪能力的措施。

(6) 桥台宜采用整体性强的结构形式。

(7) 石砌或混凝土墩、台和拱圈的最低砂浆强度等级,应按现行《公路圬工桥涵设计规范》的要求提高一级采用。

(8) 桥梁下部为钢筋混凝土结构时,其混凝土强度等级不应低于 C30。

(9) 基础宜置于基岩或坚硬土层上。基础底面宜采用平面形式。当基础置于岩层上方时,方可采用阶梯形式。

(10) 桥面不连续的简支梁(板)桥,宜采用挡块、螺栓连接和钢夹板连接等防止纵横向落梁的措施(图 4.20)。连续梁桥和桥面连续简支梁(板)桥,应采取防止横向生较大位移的措施。

4.6.4 四级抗震措施

采用四级抗震措施的桥梁,除应符合三级规定外,尚应符合以下规定。

(1) 梁桥各片梁间必须加强横向连接,以提高上部结构的整体性。当采用桁架体系时,必须加强横向稳定性。

(2) 混凝土或钢筋混凝土无铰拱,宜在拱脚的上、下缘配置或增加适当的钢筋,并按锚固长度的要求伸入墩(台)拱座内。

(3) 拱桥墩、台上的拱座,混凝土强度等级不应低于C30,并应配置适量钢筋。

(4) 桥台台背和锥坡的填料不宜采用砂类土,填土应逐层夯实,并注意采取排水措施。

(5) 梁桥活动支座应采取限制其竖向位移的措施。

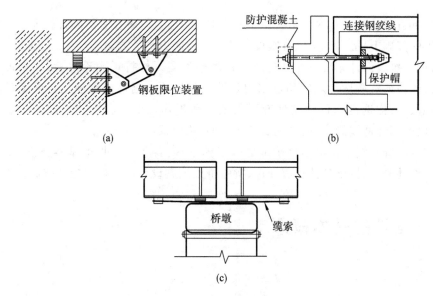

图 4.20 常用限位装置
(a) 钢板连接式;(b) 预应力钢绞线连接式;(c) 缆索连接式

第 5 章 桥梁延性抗震设计

震害调查显示，在强烈的地震动作用下，按规范进行抗震设计的结构在很多情况下并不具备抵抗强震的足够强度，但是有些结构却没有倒塌，甚至没有发生严重破坏。这些结构能够在地震中幸存，是因为结构的初始强度能够基本维持，没有因非弹性变形的加剧而过度下降。在 20 世纪 60 年代，纽马克（Newmark）等学者在结构非线性地震反应研究基础上，提出用"延性"的概念来概括结构物超过弹性阶段后的抗震能力。他们认为在抗震设计中，除了强度与刚度之外，还必须重视加强结构延性。

20 世纪 70 年代初，R·帕克和 T·鲍雷等新西兰学者在总结震害教训和试验研究成果的基础上，提出了延性抗震设计理论以及能力设计方法。

目前，抗震设计方法正在从传统的强度理论向延性抗震理论过渡，许多地震多发国家的桥梁抗震设计规范均已采用延性抗震理论。延性抗震理论与强度理论相比，是通过结构选定部位的塑性变形来抵抗地震作用的。利用选定部位的塑性变形，不仅能消耗地震能量，而且延长结构周期，从而减小地震反应。

本章系统介绍了桥梁延性抗震的基本理论，内容包括延性的基本概念、桥梁延性抗震设计方法、桥梁延性抗震计算、特殊桥梁抗震设计以及桥梁延性抗震实例。

5.1 延性的基本概念

5.1.1 延性的定义

延性概念内涵丰富，按照延性主体的差异，延性可分为材料延性、结构延性、构件延性、截面延性、节点延性及其他延性等。现在普遍认为结构构件的延性是指在初始强度没有明显降低的情况下其塑性变形的能力。对于结构构件的延性来说，从其本质上看，延性体现了结构构件在外荷载作用下可以保证结构承载能力（即强度和刚度）不会因为结构的塑性变形而急剧下降的非线性变形能力。此能力包含两方面：

（1）指结构在其强度没有明显退化的前提下能承受较大塑性变形的能力；
（2）利用结构构件的滞回特性来耗散地震能的能力。

对材料而言,延性材料是指在发生较大的非弹性变形时强度仍没有明显下降的材料,与之相对应的脆性材料,则指出现非弹性变形或在非弹性变形极小的情况下即破坏的材料;对结构和结构构件而言,如果结构或结构构件在发生较大的非弹性变形时,其抗力仍没有明显的下降,则这类结构或结构构件称为延性结构或延性构件。

一般对于某个结构体系而言,其整个结构所具有的或所表现的延性被称为整体延性,而结构中各个组成构件其自身的延性则称作局部延性,并且在整个结构体系中,结构的整体延性和其细部构件的局部延性之间的关系相当密切,延性构件的局部延性影响着整个工程结构的整体延性水平,然而结构的整体延性性能并不是由各组成构件的局部延性简单地叠加组合得到的。在实际结构中,或许个别构件自身的延性性能很高,但是如果结构的设计不合理,那么此结构整体的延性性能很可能就会非常低,而结构整体和其局部构件间的延性性能方面的关联性就是整体延性和局部延性两者之间的制约关系。并且不同类型的延性,其延性性能指标不相同。

根据结构构件所承受的外部荷载的作用性质不同,延性的概念又可分为静力延性和滞回延性两种。其中,静力延性的概念则对应于结构构件在静力荷载作用下的延性定义,而滞回延性的概念则对应着结构构件在动力荷载或反复荷载的作用下的延性定义。结构构件的滞回延性概念对强地震区有着非同寻常的重要性。按照T·鲍雷和普利斯特利的定义,结构或构件在地震动作用下的延性,是指结构或构件具有的这样一种特性:

(1) 在经受几次反复的塑性变形循环后,结构或构件的强度和刚度始终都没有明显下降。T·鲍雷和普利斯特利定义中所指的弹塑性变形循环的幅值,一般不超过设计容许的最大变形值,弹塑性变形循环的周数,则要求至少为 5 次;

(2) 在这个定义中强度的下降量,规定为不超过初始强度的 20%(国内一般规定为不超过初始强度的 15%)。

T·鲍雷和普利斯特利的这个定义,清楚地反映了对抗震的延性结构和延性构件的基本要求,这个定义明确指出了对抗震延性结构及延性构件的基本要求,依照上述定义而设计出的延性结构,在罕遇地震作用下可以避免发生倒塌等严重破坏而得以幸存。

5.1.2 延性抗震的意义

地震造成结构损坏甚至倒塌的原因在于地震激起的惯性力超越了结构的强度。所以从理论上讲,为了保证结构不发生破坏,结构的抗力设计值应当严格大于预期可能发生的最大地震动激起的最大弹性地震力。此种方法为通过依靠强度的设计来抵抗地震作用。然而对于大量普通的桥梁结构,采用这样的设计方法将会造成巨大的材料浪费。桥梁在正常使用年限内,遭遇大震的概念相对来说较低,大地震作用对于桥梁结构来说是一种罕遇性的特殊荷载,如果使结构弹性地抵抗此种罕遇荷载作用,不经济同时也不现实。所以普通桥梁必须考虑结构的延性,而单纯依靠强度抵抗大震作用的设计方式不可取。

地震运动是一种外加的强迫运动,要使问题更接近实际,则应该从变形的角度来研究结构的抗震问题。从变形来看,结构在地震作用下损坏,原因在于地震荷载作用激起的变形超越了结构实际所能承担的弹性极限变形。同理,地震激起的反复弹塑性变形循环若超过了结构滞回延性,则会造成结构倒塌。因此,在设计当中,若能保证结构在大地震激起的反复弹塑性变形循环下即使损坏严重,但免于倒塌,则实现了结构抗震设防最低的目标。该理念即为延性抗震设计基本理念。

从能量的角度也可以进行阐述,在水平地震作用下,多自由度体系的运动平衡方程可以写成:

$$[M]\{\ddot{u}\} + [C]\{\dot{u}\} + \{R(u)\} = -[M]\{I\}\ddot{\delta}_g \tag{5-1}$$

式中,$[M]$——体系的质量矩阵;$[C]$——体系的阻尼矩阵;

$\{u\}$——体系的动力向量位移;$\{R(u)\}$——体系的恢复向量;

$\{I\}$——矩阵影响向量;$\ddot{\delta}_g$——地震动加速度。

对式(5-1)两边同时左乘$\{\dot{u}\}^T$,并对振动时程积分,可得:

$$E_K(t) + E_D(t) + E_H(t) + E_E(t) = E_I(t) \tag{5-2}$$

式中,

$$E_D = \int_0^t \{\dot{u}\}^T [C]\{\dot{u}\} dt \tag{5-3}$$

$$E_K = \int_0^t \{\dot{u}\}^T [M]\{\dot{u}\} dt \tag{5-4}$$

分别为体系的阻尼耗能和体系的动能;

$$E_E + E_H = \int_0^t \{\dot{u}\}^T \{R(u)\} dt \tag{5-5}$$

上式左端式,第一项为体系的弹性应变能;第二项为体系的滞回耗能。当体系处于弹性阶段时,$E_H = 0$,E_I为地震动输入结构中的总能量。

$$E_I = -\int_0^t \{\dot{u}\}^T [M]\{I\}\ddot{\delta}_g dt \tag{5-6}$$

在20世纪50年代末,Housner最早提出了上述能量概念。随后,Thomides和Berg提出了结构能容和结构能耗的概念:结构的弹性应变能和动能合称结构能容,结构的滞回耗能和阻尼耗能合称结构能耗。在结构倒塌破坏前,结构的能量关系是守恒的;因此,如果结构能容大于地震输入结构的总能量,即结构能将地震动输入的能量全部转化为弹性应变能和动能,则不管结构有没有耗能能力,结构始终都不会发生损坏;如果结构能及时耗散掉地震输入结构的能量,那么即使结构发生损坏,也能免于倒塌破坏。

从能量的角度看,结构延性抗震设计的基本原理,是允许部分滞回延性较好的结构构件在预期的地震作用下发生反复的弹塑性变形循环,并通过这些构件在地震作用下发生反复的变形循环,耗散掉地震输入结构的能量,从而保证结构免于倒塌破坏。

5.1.3 结构类型延性定义

通过延性概念来设计抗震结构时,必须明白所选择的位移延性水平将会直接影响结构的地震破坏程度。结构延性的发挥意味着结构在设计地震动作用下将会经历若干次反复的弹塑性变形循环,同时结构将出现一定程度的破坏。通常情况下,结构经历的非弹性变形越大,则其破坏程度越高。因此,在对结构进行延性抗震设计时,应当在位移延性水平和强度间取得一个适当的均衡。

通常将不同延性结构分为完全弹性结构、有限延性结构和完全延性结构。

1. 完全弹性结构

在预期的小概率地震作用下,结构的任何构件都没有明显的破坏,结构总体也处于预期的弹性范围内。

2. 有限延性结构

结构在预期发生的小概率地震作用下可形成塑性机构,塑性铰可能发生在不易检测和发现的部位,同时连接件和上部结构未出现任何非弹性变形。从结构反应特征角度来看,地震激起的延性需求低于完全延性结构。在以下两种情况下将可能导致结构反应出现此情况:结构的抗力效应高于完全延性结构计算出来的设计地震力组合效应;结构本身具有的位移延性在地震动下未得到发挥。

3. 完全延性结构

在预期的小概率地震作用下,结构中可形成塑性机构,塑性铰出现在易于检修和发现的部位,同时连接件和上部结构未发生任何非弹性变形。从反应特征上来看,此类结构的延性水平完全得到发挥。

结构构件所采用的延性类型决定了结构构件所能采用的位移延性比的最大值,并且 T·鲍雷等学者建立了结构位移延性系数和设计地震作用之间的大致关系。根据实验研究和理论分析的成果,再考虑到桥梁结构抗震的安全性和经济性以及实际施工的难易性,给出了结构设计位移延性比容许值,见表 5-1。

表 5-1　结构设计位移延性比容许值

延性类型	设计位移延性比的容许值	
	一般性桥梁	其余桥梁
完全延性结构	5	3
有限延性结构	3	1.5
完全弹性结构	1.5	1

5.1.4 延性指标

在利用延性概念对结构进行抗震设计时,首先必须得确定用来衡量延性的量化设计指标。目前而言,最常用的两个量化设计指标分别为曲率延性系数和位移延性系数,或者也称为曲率延性比和位移延性比(也称延伸率)。曲率延性系数用来反映延性构件临界截面的相对延性,而位移延性系数用来反映延性构件局部及整体的相对延性。

1. 曲率延性系数

在通常工程实际中所应用的钢筋混凝土结构,其构件的非弹性变形能力是通过构件塑性铰区截面的塑性转动来实现的。通常运用截面的曲率延性系数来表达塑性铰区截面的这种塑性转动能力。在实际过程中,经常把构件截面屈服后的曲率与构件屈服曲率之比定义为构件的曲率延性系数。最大曲率延性系数表示为 μ_φ,定义如式(5-7):

$$\mu_\varphi = \frac{\varphi_u}{\varphi_y} \tag{5-7}$$

式中,φ_u——构件塑性铰区截面的极限曲率;

φ_y——构件塑性铰区截面的屈服曲率。

1) 塑性铰区截面的屈服曲率

对于钢筋混凝土的结构构件来说,其塑性铰区截面的屈服曲率迄今没有统一的定义形式,现将两种目前较为常用的定义方式及其适用性列举如下:

(1) 把截面最外层受拉钢筋初始屈服时所对应的曲率定义为屈服曲率,此屈服曲率的定义适用于会出现"受拉铰"即弯曲塑性铰的适筋构件,例如钢筋混凝土延性桥墩等;

(2) 把混凝土截面受压区最外层纤维的应变值初次到达峰值应变时所对应的曲率定义为屈服曲率,此屈服曲率的定义适用于在结构构件上能够形成"受压铰"的超筋构件或者是高轴压比的结构构件,例如建筑结构中的框架柱等。

2) 塑性铰区截面的极限曲率

对于钢筋混凝土延性构件来说,其塑性铰区域的截面极限曲率目前仍没有确切的定义,通常认为一旦钢筋混凝土延性构件的状态满足下述条件中的任何一个,即认为此结构构件达到了极限曲率的状态。

(1) 结构核心混凝土最外侧的压应变值达到其极限压应变。
(2) 结构临界截面抗弯能力下降至其最大弯矩的 85% 时。
(3) 受拉纵筋的折减极限拉应变达到其极限拉应变值时。
(4) 受压纵筋的压应变达到屈曲压应变值时。

对于上述四个条件,一般情况下由前两个条件来控制延性构件临界截面的极限曲率值。

2. 位移延性系数

位移延性系数,通常用作描述结构中局部构件和整个结构的延性性能。对于钢筋混凝土结构,其延性构件的位移延性比与其结构体系的布置有关,所以不存在统一的定义。参照曲率延性系数的定义,将结构构件的极限位移与其屈服位移之比定义为结构构件的位移延性系数。其用符号 μ_Δ 表示,定义如式(5-8):

$$\mu_\Delta = \frac{\Delta_u}{\Delta_y} \tag{5-8}$$

式中,Δ_u——延性构件的极限位移;

Δ_y——延性构件的屈服位移。

钢筋混凝土延性结构的屈服位移和极限位移的定义,与临界截面的屈服曲率和极限曲率的定义相似。

5.1.5 曲率延性系数与位移延性系数的关系

曲率延性比和位移延性比作为描述延性的两大指标,两者关系密切。其中曲率延性比一般是用作描述结构构件临界截面延性性能大小的量化指标,位移延性比则是用作描述结构中局部构件和整个结构的延性性能水平的量化指标。一般对于一些简单的结构或构件而言,其曲率延性比 μ_φ 与位移延性比 μ_Δ 之间的对应关系可以通过曲率和位移之间的对应关系推求出。

简化的单柱墩曲率分析如图 5.1 所示。

对于图 5.1(a)所示的单柱式桥墩,其墩顶的位移大小和桥墩墩身截面的曲率分布两者之间有着如下关系:

$$\Delta = \iint \varphi(x) \mathrm{d}x \mathrm{d}x \tag{5-9}$$

当桥墩底截面发生屈服时,即可认为截面曲率沿桥墩高度方向呈线性分布[图

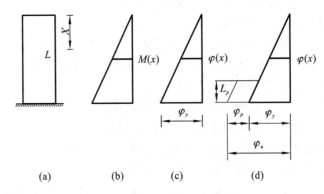

图 5.1 简化的单柱墩曲率分析
(a) 墩柱结构简图；(b) 墩身弯矩图；(c) 屈服状态曲率分布；(d) 极限状态曲率分布

5.1(c)], 其关系式为：

$$\varphi(x) = \frac{x}{L}\varphi_y \tag{5-10}$$

通过对式(5-9)、式(5-10)进行积分计算可得到桥墩柱顶端的屈服位移 Δ_y：

$$\Delta_y = \frac{1}{3}\varphi_y L^2 \tag{5-11}$$

式中，φ_y——屈服曲率。

当桥梁墩柱底截面达到其极限状态时，实际截面曲率沿墩柱高度方向的分布曲线是极不规则的。为了方便和简化计算，R·帕克等人提出了"等效塑性铰长度"的概念，即假设在桥墩墩底附近一定长度 L_p 的范围内，截面塑性曲率[图 5.1(d)]等于其墩底截面最大塑性曲率值 φ_p，该长度范围被定义为等效塑性铰区域，其长度被记作塑性铰长度 L_p。一般，依据由等效塑性铰长度求出的墩顶塑性位移与由式(5-9)代入实际的曲率分布 $\varphi(x)$ 计算出的位移结果相等的关系来确定等效塑性铰长度。则桥墩的塑性转角在墩底截面达到其极限状态时可以由式(5-12)表示：

$$\theta_p = L_p(\varphi_u - \varphi_y) \tag{5-12}$$

式中，φ_u——极限曲率。

假定在达到极限状态时，桥墩是以等效塑性铰铰区的中心点作为塑性转动中心的，那么在墩顶的塑性位移 Δ_p，可表示成式(5-13)所示：

$$\Delta_p = \theta_p(L - 0.5L_p) = L_p(\varphi_u - \varphi_y)(L - 0.5L_p) \tag{5-13}$$

此时，墩顶位移为屈服位移 Δ_y 和塑性位移 Δ_p 之和，即：

$$\Delta_u = \Delta_y + \Delta_p = \frac{\varphi_y L^2}{3} + (\varphi_u - \varphi_y)L_p(L - 0.5L_p) \tag{5-14}$$

则可得到墩顶的位移延性比 μ_Δ 和其临界截面的曲率延性比 μ_φ 两者之间的关系如式(5-15)：

$$\mu_\Delta = \frac{\Delta_u}{\Delta_y} = 1 + \frac{\Delta_p}{\Delta_y} = 1 + 3(\mu_\varphi - 1)\frac{L_p}{L}\left(1 - 0.5\frac{L_p}{L}\right) \qquad (5\text{-}15)$$

但是由于实际的曲率分布函数是难以确定的,故按理论积分计算出的等效塑性铰的长度 L_p 难以与试验测得的结果相吻合,所以,在实际应用中大多都以试验所获得的经验公式去做近似计算。一般而言,等效塑性铰的长度 L_p 与塑性变形的历史和混凝土的极限压应变两者有关,但是不同试验其结果离散情况较严重,表 5-2 则为目前设计中常用的经验公式。

表 5-2 常用等效塑性铰长度公式

公 式	来 源	注 释
$L_p = 0.5h + 0.05L$	新西兰规范	L 为墩高,h 为正截面高
$L_p = 0.08L + 0.022 d_s f_y$	Paulay 等	d_s 为纵筋直径,f_y 为屈服强度
$L_p = (0.4 \sim 0.6)h$	Eurocode 8	
$L_p = 0.08L + 9d_{bl}$	AASHTO	d_{bl} 为纵筋直径
$L_p = (0.2 \sim 0.5)h_0$	沈聚敏等	h_0 为截面有效高度

5.1.6 延性与变形的关系

从延性的定义中可以看出,延性性能与变形情况之间有着紧密的联系,然而两者并不完全相同,可能会出现某个结构变形能力非常强而延性性能却非常弱的情形;相反也可能是,某个结构的延性性能比较强,但其变形能力却比较弱。

无论是材料还是结构或结构的构件,它们的延性、位移延性比及变形能力三者之间都存在着一定的关系,它们之间既有所差别,又联系密切;延性、位移延性比和变形能力三者都是与变形相关联的量。延性、位移延性比及变形能力三者之间的比较见表 5-3。

表 5-3 延性、位移延性比及变形能力间的对比

指 标	定 义	区 别
延性	反映结构、构件或材料的塑性变形的能力	体现其塑性变形能力的评价指标之一
位移延性比	屈服后的位移与其屈服位移的比值	
变形能力	结构构件达到极限破坏状态所表现出的最大变形能力	体现结构的最大变形

5.2 桥梁延性抗震设计方法

5.2.1 延性设计中的材料性能

1. 约束混凝土

在桥梁延性抗震设计中,结构的延性通常是由延性桥墩的位移延性提供的,而延性桥墩的位移延性主要来自塑性区截面的塑性转动能力。在许多情况下,无约束混凝土的极限压应变不足以保证桥墩塑性铰区具有设计预期的塑性转动能力。数量足够、配置合理的横向箍筋和纵向钢筋一起,对核心混凝土起到约束作用,并能够有效地限制混凝土的横向膨胀,维持核心混凝土的完整,提高核心混凝土的极限压应力,阻止纵向受压钢筋可能出现的屈曲。更重要的是,核心混凝土受压区在破坏之前,能够维持较无约束混凝土高得多的压应变。

2. 约束混凝土的应力-应变关系

在采用约束混凝土概念进行设计时,必须了解约束混凝土的受压应力-应变关系。迄今已经提出了很多不同的箍筋约束混凝土的应力-应变关系,其中曼德(Mander)模型(图5.2)得到了越来越多的应用。

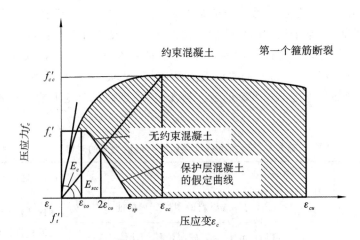

图 5.2 Mander 等建议的约束混凝土的应力-应变关系

其形式如式(5-16)～式(5-19):

$$f_c = \frac{f'_{cc} x r}{r - 1 + x^r} \tag{5-16}$$

$$x = \frac{\varepsilon_c}{\varepsilon_{cc}} \tag{5-17}$$

$$\varepsilon_{cc} = \varepsilon_{co} \left[1 + 5 \left(\frac{f'_{cc}}{f'_{co}} - 1 \right) \right] \tag{5-18}$$

$$r = \frac{E_c}{E_c - E_{sec}} \tag{5-19}$$

式中，f'_{cc}——约束混凝土的峰值应力；

ε_{cc}——峰值应力对应的应变；

f'_{co}、ε_{co}——无约束混凝土的峰值应力及其对应的应变；

E_c、E_{sec}——混凝土初始弹性模量和峰值应力点对应的割线弹性模量。

除了 Mander 等建议的模型之外，日本学者 Hoshikuma 等人（1997 年）的研究成果也值得注意。因为在日本，钢筋混凝土桥墩典型的体积配箍率为 0.3%～0.5%，与国内的情况比较接近。

以上讨论的约束混凝土，只是针对普通混凝土。对受约束的高强混凝土，Diniz 和 Frangopol 以及 Razvi 和 Saatcioglu 近年来先后提出了相应的应力-应变关系模型，具体情况可参考相关文献。约束混凝土应力-应变本构模型的部分研究成果见表 5-4。

表 5-4　约束混凝土应力-应变本构模型的部分研究成果

模型建议者	表达式			适用截面
	上升段	下降段	残余应力	
Kent 和 Park（1971 年）	$f_c = K f_{co} \left[\frac{2\varepsilon_c}{0.002K} - \left(\frac{\varepsilon_c}{0.002K} \right)^2 \right]$	$f_c = K f_{co} [1 - Z_m (\varepsilon_c - 0.002K)]$	$20\% K f_{co}$	方形
Sheikh 和 Uzumeri（1982 年）	$f_c = K f_{co} \left[\frac{2\varepsilon_c}{\varepsilon_{s1}} - \left(\frac{\varepsilon_c}{\varepsilon_{s1}} \right)^2 \right]$	$f_c = f_{cc} [1 - Z(\varepsilon_c - \varepsilon_{cc})]$	$30\% f_{co}$	方形
Mander 等（1988 年）	$f_c = \frac{f_{cc} x r}{r - 1 + x^r}$	$f_c = \frac{f_{cc} x r}{r - 1 + x^r}$	无	形式不限

续表

模型建议者	表达式			适用截面
	上升段	下降段	残余应力	
Saatcioglu 和 Razvi (1992年)	$f_c = f_{cc}\left[\dfrac{2\varepsilon_c}{\varepsilon_{cc}} - \left(\dfrac{\varepsilon_c}{\varepsilon_{cc}}\right)^2\right]^{1/(1+2K)}$	$f_c = f_{cc} - \dfrac{0.15 f_{cc}}{\varepsilon_{85} - \varepsilon_{cc}}(\varepsilon_c - \varepsilon_{cc})$	$20\% f_{cc}$	形式不限
Hoshikuma 等(1997年)	$f_c = E_c \varepsilon_c \left[1 - \dfrac{1}{n}\left(\dfrac{\varepsilon_c}{\varepsilon_{cc}}\right)^{n-1}\right]$	$f_c = f_{cc} - E_{des}(\varepsilon_c - \varepsilon_{cc})$	无	形式不限

对于设计者来说,在约束混凝土的应力-应变关系中,最重要的设计参数是抗压强度、峰值应变以及极限压应变(用于延性计算)。以下根据 Mander 等的研究成果,介绍约束混凝土的抗压强度、峰值应变以及极限压应变的计算公式。

(1) 约束混凝土的抗压强度。约束混凝土的抗压强度,与横向箍筋屈服时所能达到的有效约束应力 f'_l 值有关。对于圆形截面,有效约束应力 f'_l 可表示为:

$$f'_l = K_e f_l \tag{5-20}$$

对于矩形截面,在 x 和 y 方向的有效约束应力 f'_{lx}、f'_{ly} 分别为:

$$f'_{lx} = K_e \rho_x f_{yh} \tag{5-21}$$

$$f'_{ly} = K_e \rho_y f_{yh} \tag{5-22}$$

式中,K_e——有效约束系数,其数值取决于核心混凝土的最小有效约束面积与周边箍筋中心线包围的面积之比,圆柱截面 K_e 取 0.95,矩形截面 K_e 取 0.75,矩形薄壁截面 K_e 取 0.6;

f_l——当螺旋形或圆形箍筋中的应力达到其屈服应力 f_{yh} 时,在混凝土中产生的最大有效横向压应力;

ρ_x、ρ_y——x 和 y 方向的含箍率,且 $\rho_x = \dfrac{A_{sh}}{s_k b_h}$,$\rho_y = \dfrac{A_{sh}}{s_k a_h}$,$A_{sh}$ 为计算方向的箍筋面积,s_k 为箍筋竖向间距,b_h、a_h 分别为与 x 方向和 y 方向垂直的核心截面尺寸(按周边箍筋中心线所在位置计算);

f_{yh}——箍筋屈服强度设计值(MPa)。

对于圆形截面或在正交的 x、y 两个方向上有相等有效约束应力的矩形截面,受约束的混凝土的抗压强度 f'_{cc} 与无约束混凝土的抗压强度 f'_c 有关,并存在以下关系:

$$f'_{cc} = f'_c \left(-1.254 + 2.254\sqrt{1 + \dfrac{7.94 f'_l}{f'_c}} - \dfrac{2 f'_l}{f'_c}\right) \tag{5-23}$$

式中，f_c' 与混凝土立方体标准试件强度 R 的换算关系为 $f_c'=0.85R$。

对于有效约束应力在正交的 x、y 两个方向上互不相等的矩形截面，约束混凝土的抗压强度 f_{cc}'，可以由图 5.3 得到。

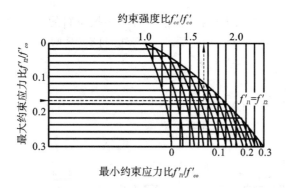

图 5.3 矩形截面约束混凝土抗压强度的计算图式

（2）约束混凝土的峰值应变。根据 Mander 等的研究，与约束混凝土的峰值应力对应的应变可以由式(5-24)计算：

$$\varepsilon_{cc} = 0.002\left[1 + 5\left(\frac{f_{cc}'}{f_c'} - 1\right)\right] \tag{5-24}$$

（3）约束混凝土的极限压应变。对于设计来说，由式(5-24)得到的峰值应变值并不代表约束混凝土最大可用的应变值，因为实际压应变达到它的数倍时仍能维持高的压应力(图 5.3)。Mander 等的研究表明，当横向约束箍筋断裂时才是可用的应变极限，它可用横向箍筋刚刚断裂时箍筋的应变能与混凝土由于约束作用额外吸收的能量相等的条件予以估计，后者为图 5.2 中阴影线部分所围的面积。极限压应变可由式(5-25)得到：

$$\varepsilon_{cu} = 0.004 + \frac{1.4\rho_s f_{yh} \varepsilon_{sm}}{f_{cc}'} \tag{5-25}$$

式中，ε_{sm}——箍筋的极限拉应变；

ρ_s——约束箍筋的体积配箍率，对于圆形截面，$\rho_s = A_{sp}/D_h s_k$，A_{sp} 为箍筋面积，D_h 为箍筋直径；对于矩形截面，$\rho_s = \rho_x + \rho_y$。

由式(5-25)计算得到的 ε_{cu} 是一个较为保守的值，通常的取值范围为 $0.012 \sim 0.05$，为无约束混凝土极限应变设计值(0.003)的 $4 \sim 16$ 倍。

（4）反复荷载对约束混凝土应力-应变关系的影响。关于反复荷载下无约束混凝土和约束混凝土的试验已经表明，反复荷载下混凝土的受压应力-应变骨架曲线与单调加载下的受压应力-应变全曲线基本相同。因此，当计算地震动下经历反复变形循环的混凝土构件的抗弯强度时，并不要求修正应力-应变曲线。

3. 截面的 P-M-φ 分析

截面的轴力-弯矩-曲率分析是确定构件临界截面曲率延性能力的基本分析工具。

钢筋混凝土延性构件的塑性弯曲能力可以根据材料的特性,通过截面的轴力-弯矩-曲率(P-M-φ)分析来得到,截面的轴力-弯矩-曲率(P-M-φ)关系曲线,可采用条带法(图 5.4)计算,其基本假定如下:

(1) 平截面假定;
(2) 剪切应变的影响忽略不计;
(3) 钢筋和混凝土之间无滑移现象。

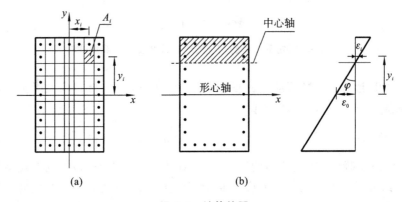

图 5.4 计算简图

截面的等效屈服曲率 φ_y 和等效屈服弯矩 M_y 可通过把实际的轴力-弯矩-曲率曲线等效为理想弹塑性轴力-弯矩-曲率曲线来求得(图 5.5),等效方法可根据图中两个阴影面积相等求得,计算中应考虑最不利轴力组合。

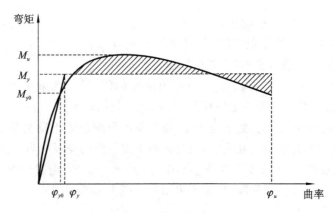

图 5.5 弯矩-曲率曲线

5.2.2 能力设计方法

从 20 世纪 70 年代后期起,延性概念在结构抗震设计中不断得到重视。为了最大限度地避免地震动的不确定性,保证结构在大震下能以延性的形式反应,新西兰学者 T·鲍雷等提出了结构延性抗震设计中的一个重要原理——力设计原理(philosophy of capacity design)。基于能力设计原理的设计方法(能力设计方法),在新西兰最先得到了广泛的应用;其他国家也先后在各自的结构抗震设计规范中,采纳了能力设计原理的一些基本概念。

1. 能力设计原理基本概念

能力设计原理的基本概念,可以通过一个简单的链接来阐明。N 个强度为 P_{ib} 的脆性链子与一个强度为 P_d 的延性链子构成的链接,其中,延性链子具有相当大的塑性变形能力。如果所有的脆性链子都被设计成具有与延性链子相同的强度,则一旦拉力 P 超过两者的强度,即使考虑到所有链子强度变异的可能性,整个链子发生脆性断裂的概率还是相当高,尽管延性链子的塑性变形能力相当大;相反,如果在设计脆性链子时,所有链子的强度都取得比延性链子可能发挥的最大强度还要高,则脆性链子就会受到延性链子的保护,整个链接在断裂时将表现出延性行为——因为当拉力不断增大时,延性链子的屈服强度总是最先达到,并发生非弹性变形直至断裂。在这个过程中,延性链子起的作用如同保险丝,整个链接的最大强度由延性链子所能发挥的最大强度决定,脆性链子受到的拉力因始终低于其设计强度而不会遭受破坏(图 5.6)。

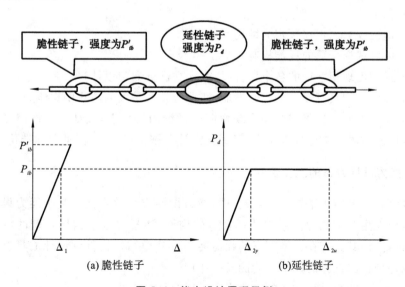

图 5.6 能力设计原理示例

这个简单的例子实际上反映了两种不同的设计思路：等安全度设计和不等安全度设计。常规的静力强度设计方法属于前者，即所有构件的设计都是基于统一的强度安全系数，没有考虑在不同性质的构件之间形成适当的强度安全等级差异；能力设计方法则属于后者，即通过延性构件和能力保护构件之间的强度安全等级差异，确保结构不会发生脆性的破坏模式。

2. 能力设计方法的主要特点

能力设计方法是把结构体系中抵抗地震侧向力的主要构件设计成延性构件，确保其在发生大变形情况下的塑性耗能能力。对所有其他的结构构件，则使其具备的设计强度超过抗侧力构件潜在塑性铰区截面所能达到的最大强度，以此来避免各种外部作用可能对其造成的破坏。

能力设计方法的特点如下。

(1) 在设计时明确地定出结构中潜在的塑性铰的位置，对塑性铰区进行详细的构造设计，以确保塑性铰区截面能够提供设计预期的塑性转动能力，而这主要依靠约束混凝土来实现。

(2) 在含有塑性铰的构件中，诸如剪切破坏、失稳等破坏，依靠适当的强度安全差异来加以阻止，即在塑性铰区截面发挥其最大抗弯强度前，确保与这些脆性破坏模式对应的强度不被超过。

(3) 对于脆性构件或不希望出现塑性变形的构件，确保其强度安全等级高于包含塑性铰的构件，这样，不论可能出现的地震动强度有多大，这些构件都因其"能力"高于包含塑性铰的构件而始终处于弹性状态。

与常规的静力强度设计方法相比，采用能力设计方法设计的抗震结构具有如下明显的优势：

(1) 塑性铰只出现在预定的结构部位；

(2) 可以选择合适的耗能机制；

(3) 预期出现塑性铰的各个构件，均可独立进行专门设计；

(4) 确保结构具有预知的延性性能，使结构具有最大的防止倒塌能力；

(5) 非弹性变形局限在预期出现弯曲塑性铰的构件上，大部分构件因受到能力保护，其反应被限制在弹性范围内，可简化设计和施工过程，并降低总体造价。

3. 能力设计方法的主要步骤

在新西兰《混凝土结构设计规范》中，能力设计方法被定义为基于能力设计的抗震结构，应在主要抗侧力体系中选择合适的构件，通过对这些构件合理的设计和细部构造设计，使其具有在大变形下的耗能能力。其他结构构件则设计成具有足够的强度，以保证预先选择的耗能机制能发挥作用。

根据定义，能力设计方法的主要步骤可以总结如下：

(1) 在概念设计阶段,选择合理的结构布局;
(2) 确定地震中预期出现的弯曲塑性铰的合理位置,并保证结构能形成一个适当的塑性耗能机制;
(3) 对潜在塑性铰区域,建立截面弯矩—转角之间的对应关系。这个过程可以通过计算分析或估算进行。而后利用这些关系确定结构的位移延性和塑性铰区截面的预期抗弯强度;
(4) 对选定的塑性耗能构件,进行抗弯设计;
(5) 估算塑性铰区截面在发生设计预期的最大延性范围内的变形时,其可能达到的最大抗弯强度(弯曲超强强度),以此来考虑各种设计因素的变异性;
(6) 按塑性铰区截面的弯曲超强强度,进行塑性耗能构件的抗剪设计以及能力保护构件的强度设计;
(7) 对塑性铰区域进行细致的构造设计,以确保潜在塑性铰区截面的延性能力。

在很多情况下,上述的能力设计过程并不需要复杂精细的动力分析技巧,而只要在粗略的估算条件下,即可确保结构具有预知的和满意的延性性能。这是因为按能力设计方法设计的结构,不会形成不希望的塑性铰机构或非线性变形模式。结合相应的延性构造措施,能力设计依靠合理选择的塑性铰机构,使结构达到优化的能量耗散。这样设计的结构将特别能适应未来的大地震所可能激起的延性需求。

5.2.3 塑性耗能机制的选择

塑性铰区是桥梁结构延性抗震设计的关键部位,首先要确定可能的、合理的、预期的塑性铰的位置。对于一般的采用延性理论进行抗震设计的桥梁结构而言,所谓塑性耗能机制的选择,对通常的延性抗震桥梁而言,是指对结构构件中预期出现的塑性铰区域位置的预先选择和确定。在预先确定塑性铰区域的位置时,应遵循能量原则,并尽可能地使其位于易被发现且方便修复的部位,使塑性耗能机制达到最优化,提高其结构延性,以利于抗震。

对高层建筑的框架结构,在塑性耗能机制选择时,一般遵循"强柱弱梁"的设计原则。即在强震作用下,结构发生大的水平位移进入塑性状态时,为使框架具有承受竖向荷载的能力,要求塑性铰首先在梁上形成。若在柱上先形成塑性铰,则将产生较大的层间位移,导致建筑物的永久倾斜甚至引起失稳破坏。

与建筑结构相比,桥梁通常为单层结构,具有"头重脚轻"的特点,地震激起的地震惯性力主要集中在上部结构质量中心处,并由下部结构承受。历次桥梁震害调查资料也表明,上部结构几乎没有因直接的地震惯性力而导致破坏。因此,考虑到地震之后应能够迅速发现并易修复损坏部分,桥梁结构预期的塑性铰不应设在基础中,而应设在桥墩上,把钢筋混凝土桥墩设计成延性的构件,其余构件则设计为能力保护构件。

再考虑塑性耗能机制的选择原则——使形成的塑性铰区易被发现且便于检修及修复,故应该尽量避免使预期的塑性铰出现在基础中。因此,对于柱式桥墩的桥梁结构,其塑性耗能机制的选择最好是使得在强震作用时,预期的塑性铰出现在墩柱上,并应确保塑性铰区有足够的塑性变形能力,以保证结构具有较好的延性性能。在对钢筋混凝土墩柱桥梁进行抗震设计时,通常使预期的塑性铰出现在墩柱上,将墩柱作为延性构件进行抗震设计,并按能力保护原则对墩柱的抗剪强度进行验算,以形成"强柱弱梁、强剪弱弯"结构。图 5.7 则为典型的柱式墩塑性铰分布图,这也是目前柱式墩桥梁结构最普遍的塑性耗能机制。

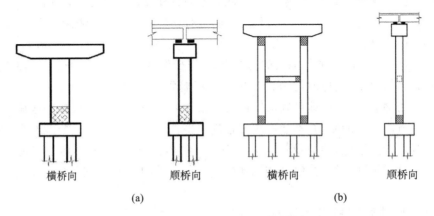

图 5.7 柱式墩塑性铰区分布图
(a) 单柱墩;(b) 双柱墩

5.2.4 能力保护构件设计

钢筋混凝土构件的剪切破坏属于脆性破坏,是一种危险的破坏模式,对于抗震结构来说,墩柱剪切破坏还会大大降低结构的延性能力。因此,为了保证钢筋混凝土墩柱不发生剪切破坏,应采用能力保护设计原则进行延性墩柱的抗剪设计。根据能力保护设计原则,墩柱的剪切强度应大于墩柱可能在地震中承受的最大剪力(对应于墩柱塑性铰处截面可能达到的最大弯矩承载能力)。

1. 延性桥墩的抗震计算

在 E2 地震作用下,当结构未进入塑性工作范围时,桥梁墩柱的剪力设计值、桥梁基础和盖梁的内力设计值可用 E2 地震作用的计算结果。

(1) 桥墩塑性铰区截面的超强弯矩。墩柱的实际极限弯矩要大于其设计承载能力的这种现象,称为墩柱抗弯超强,墩柱塑性铰区域截面超强弯矩应按式(5-26)计算:

$$M_n = \varphi^0 M_u \tag{5-26}$$

式中，M_n——顺桥向和横桥向超强弯矩；

M_u——按截面实配钢筋，采用材料强度标准值，在最不利轴力作用下计算出的截面顺桥向和横桥向极限弯矩；

φ^0——桥墩极限弯矩超强系数，φ^0取1.2。

(2) 当桥梁盖梁、基础、支座和墩柱抗剪作为能力保护构件设计时，其弯矩和剪力设计值应按能力保护原则计算，应取与墩柱塑性铰区域截面超强弯矩所对应的弯矩和剪力值。而对于单柱墩塑性铰区域截面顺桥向和横桥向超强弯矩可按式(5-26)计算，计算M_u时最不利轴力可取为恒载轴力。单柱墩沿顺桥向和横桥向的剪力设计值应取与墩柱塑性铰区域截面超强弯矩所对应的剪力值，根据塑性铰区域截面超强弯矩来计算。

① 对简支梁桥和连续梁桥，单柱墩只可能在底部形成一个塑性铰，此时，塑性铰区域截面顺桥向和横桥向剪力设计值可按式(5-27)计算：

$$V_{c0} = \frac{M_n}{H_n} \tag{5-27}$$

式中，M_n——按式(5-26)计算出的单柱墩墩底塑性铰区域截面超强弯矩(kN·m)；

H_n——墩顶到墩底塑性铰中心距离(m)(图5.8)。

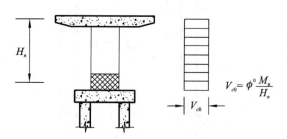

图 5.8　单柱墩的剪力设计值

② 对于连续刚构桥，墩底和墩顶均可能形成塑性铰，此时，塑性铰区域截面顺桥向和横桥向剪力设计值就应按式(5-28)计算：

$$V_{c0} = \frac{M_n^t + M_n^b}{H_n} \tag{5-28}$$

式中，M_n^t——按式(5-26)计算出的单柱墩墩顶塑性铰区域截面超强弯矩(kN·m)；

M_n^b——按式(5-26)计算出的单柱墩墩底塑性铰区域截面超强弯矩(kN·m)；

H_n——墩顶到墩底塑性铰中心距离(m)。

(3) 双柱墩和多柱墩塑性铰区域截面顺桥向超强弯矩和剪力设计值按上式计算，横桥向超强弯矩和剪力设计值可按下列步骤计算：

① 假设墩柱轴力为恒载轴力；

② 按截面实配钢筋，采用材料强度标准值，按式(5-26)计算出各墩柱塑性铰区域

截面超强弯矩;

③计算各墩柱相应于其超强弯矩的剪力值,并按下式计算各墩柱剪力值之和 Q (kN):

$$Q = \sum_{i=1}^{N} Q_i \qquad (5-29)$$

式中,Q_i——各墩柱相应于塑性铰区域截面的超强弯矩的剪力值(kN)。

④将 Q 按正、负方向分别施加于盖梁质心处,计算各墩柱所产生的轴力,如图 5.9 所示;

⑤将合剪力 Q 产生的轴力与恒载轴力组合后,采用组合的轴力进行迭代计算,直到相邻两次计算各墩柱剪力之和相差在 10% 以内;

⑥采用上述组合中的轴力最大压力组合,按步骤②计算各墩柱塑性区域截面超强弯矩;

⑦按第③步计算双柱墩和多柱墩塑性铰区域剪力设计值。

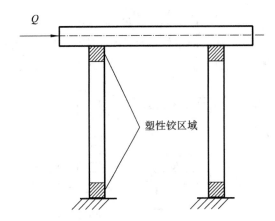

图 5.9 相应于墩柱达到超强弯矩时的轴力计算模式

(4) 在双柱墩和多柱墩桥梁的抗震设计中,钢筋混凝土墩柱作为延性构件产生弹塑性变形耗散地震能量,而盖梁、基础等作为能力保护构件,保持弹性。因此,应采用能力保护设计原则进行盖梁的设计。计算双柱和多柱墩盖梁的弯矩设计值和剪力设计值时,双柱和多柱墩盖梁的弯矩设计值和剪力设计值按双柱墩和多柱墩塑性铰区域截面横桥向计算出的盖梁弯矩和剪力值,并与恒载作用下盖梁的弯矩和剪力组合。

根据能力保护设计原则,盖梁的抗弯强度应大于盖梁可能在地震中承受的最大、最小弯矩(对应于墩柱塑性铰处截面可能达到的正、负弯矩承载能力)。进行盖梁验算时,首先要计算出盖梁可能承受的最大、最小弯矩作为设计弯矩,然后进行验算。

2. 基础设计

由于在地震过程中，基础发生损伤，难以被发现并且维修困难，因此要求采用能力保护设计原则进行基础计算和设计，以保证基础在达到它预期的强度之前，墩柱已超过其弹性反应范围。梁桥基础沿横桥向、顺桥向的弯矩、剪力和轴力设计值应根据墩柱底部可能出现塑性铰处的弯矩承载能力(考虑超强系数 φ^0)、剪力设计值和相应的墩柱轴力来计算，在计算这些设计值时应和自重产生的内力组合。

梁桥基础的弯矩、剪力和轴力设计值应根据墩柱底部可能出现塑性铰处截面的超强弯矩、剪力设计值和墩柱恒载轴力，并考虑承台本身地震惯性力的贡献来计算。对双柱墩、多柱墩横桥向，梁桥基础的弯矩、剪力和轴力应由双柱墩和多柱墩塑性铰区域截面横桥向计算出的各墩柱合剪力 Q 作用在盖梁质心处并与恒载轴力组合后在承台顶产生的弯矩、剪力和轴力来计算。

5.3　桥梁延性抗震计算

5.3.1　强度与变形验算

1. 墩柱强度验算

对于 B 类、C 类桥梁，顺桥向和横桥向 E1 地震作用效应和永久作用效应组合后，应按现行的公路桥涵设计规范相关规定验算桥墩的强度。对于计算长度与矩形截面计算方向的尺寸之比小于 2.5(或墩柱的计算长度与圆形截面直径之比小于 2.5)的矮墩，顺桥向和横桥向 E2 地震作用效应和永久作用效应组合后，应按现行的公路桥涵设计规范相关规定验算桥墩的强度。

地震中大量钢筋混凝土墩柱的剪切破坏表明：在墩柱塑性铰区域由于弯曲延性增加会使混凝土所提供的抗剪强度降低。墩柱塑性铰区域沿顺桥向和横桥向的斜截面抗剪强度应按式(5-30)～式(5-35)验算：

$$V_{c0} \leqslant \varphi(V_c + V_s) \tag{5-30}$$

$$V_c = 0.1 v_c A_e \tag{5-31}$$

$$v_c = \begin{cases} 0, & P_c \leqslant 0 \\ = \lambda \left(1 + \dfrac{P_c}{1.38 A_g}\right) \sqrt{f_{cd}} \leqslant \min \begin{cases} 0.355 \sqrt{f_{cd}} \\ 1.47\lambda \sqrt{f_{cd}} \end{cases} & P_c > 0 \end{cases} \tag{5-32}$$

$$0.03 \leqslant \lambda = \dfrac{\rho_s f_{yh}}{10} + 0.38 - 0.1\mu_\Delta \leqslant 0.3 \tag{5-33}$$

$$\rho_s = \begin{cases} \dfrac{4A_{sp}}{sD}, \text{圆形截面} \\ \dfrac{2A_v}{bs}, \text{矩形截面} \end{cases} \leqslant 2.4/f_{yh} \tag{5-34}$$

$$V_s = \begin{cases} 0.1 \times \dfrac{\pi}{2} \dfrac{A_{sp}f_{yh}D'}{s}, \text{圆形截面} \\ 0.1 \times \dfrac{A_v f_{yh} h_0}{s}, \text{矩形截面} \end{cases} \leqslant 0.08\sqrt{f_{cd}}A_e \tag{5-35}$$

式中，V_{c0}——剪力设计值(kN)；

V_c——塑性铰区混凝土的抗剪能力贡献(kN)；

V_s——横向钢筋的抗剪能力贡献(kN)；

v_c——塑性铰区混凝土抗剪强度(MPa)；

f_{cd}——混凝土抗压强度设计值(MPa)；

A_g——墩柱塑性铰区域截面全面积(cm^2)；

A_e——核心混凝土面积，可取 $A_e = 0.8A_g$(cm^2)；

μ_Δ——桥墩构件位移延性系数，为构件位移需求与构件屈服位移之比，可按相关规范计算，或近似取 6.0；

P_c——墩柱截面最小轴力，对于框架墩横桥向可按横桥向超强弯矩和剪力设计值计算步骤计算(kN)；

A_{sp}——螺旋箍筋面积(cm^2)；

A_v——计算方向上箍筋面积总和(cm^2)；

s——箍筋的间距(cm)；

f_{yh}——箍筋抗拉强度设计值(MPa)；

b——墩柱的宽度(cm)；

D'——螺旋箍筋环的直径(cm)；

h_0——核心混凝土受压边缘至受拉侧钢筋重心的距离(cm)；

φ——抗剪强度折减系数，$\varphi = 0.85$。

对于 D 类桥梁、重力式桥墩和桥台，只考虑 E1 地震作用下的抗震验算，E1 地震作用效应和自重荷载效应组合后，按现行的公路桥涵设计规范有关规定进行强度验算。

2. 墩柱变形验算

在进行桥墩位移验算时，按弹性方法计算出的地震位移应乘以考虑弹塑性效应的地震位移修正系数 R_d，地震位移修正系数 R_d 可按式(5-36)～式(5-38)计算：

$$R_d = \left(1 - \dfrac{1}{\mu_\Delta}\right)\dfrac{T^*}{T} + \dfrac{1}{\mu_\Delta} \geqslant 1.0, \quad \dfrac{T^*}{T} \geqslant 1.0 \tag{5-36}$$

$$R_d = 1.0, \quad \dfrac{T^*}{T} < 1.0 \tag{5-37}$$

$$T^* = 1.25 T_g \tag{5-38}$$

式中，T——计算方向的结构第一阶自振周期；

T_g——反应谱特征周期；

μ_Δ——桥墩构件位移延性系数，可按规范计算，或近似取 6.0。

地震位移修正系数 R_d 的计算要用到桥墩构件位移延性系数 μ_Δ，位移延性系数 μ_Δ 为构件位移需求与构件屈服位移之比，可采用以下方法进行桥梁墩柱位移延性系数的计算。

(1) 对采用等效线弹性简化方法(SM 或 MM)进行 E2 地震作用下抗震分析的桥梁，其双柱墩或多柱墩横桥向的位移延性系数 μ_Δ 可按式(5-39)～式(5-45)计算确定，该过程利用了如下假定：

①塑性转动 p 集中在塑性铰的中心位置；

②弹性曲率沿墩柱轴向为线性分布；

③塑性曲率在等效塑性铰长度 L_p 范围内为常数。

$$\theta_{pd} = \varphi_{pd} \cdot L_p \tag{5-39}$$

$$\varphi_{pd} = (\varphi_{col} - \varphi_y) \tag{5-40}$$

$$\Delta_y = \frac{H^2}{3}\varphi_y \tag{5-41}$$

$$\Delta_{pd} = \theta_{pd}\left(H - \frac{L_p}{2}\right) \tag{5-42}$$

$$\Delta_d = \Delta_y + \Delta_{pd} \tag{5-43}$$

$$\mu_\Delta = \frac{\Delta_d}{\Delta_y} \tag{5-44}$$

$$\mu_\Delta = 1 + 3\left(\frac{\varphi_{col}}{\varphi_{yi}} - 1\right)\frac{L_p}{H}\left(1 - 0.5\frac{L_p}{H}\right) \tag{5-45}$$

式中，φ_{col}——对应墩柱最大位移需求的墩柱曲率(可以结构最大位移需求 D 为目标位移进行推导分析求得，如图 5.10 所示)；

φ_y——墩柱塑性铰区截面等效屈服曲率；

φ_{pd}——墩柱塑性曲率需求；

L_p——墩柱等效塑性铰区长度；

H——墩柱塑性铰截面到反弯点的距离；

μ_Δ——墩柱位移延性系数；

Δ_d——墩柱构件最大位移需求，为墩柱反弯点到塑性铰截面的最大相对水平位移；

Δ_y——墩柱构件反弯点相对墩柱塑性铰截面的水平屈服位移；

Δ_{pd}——墩柱构件塑性位移需求，为墩柱构件反弯点相对墩柱塑性铰截面的最大水平塑性位移。

(2) 对采用弹塑性动力模型和非线性时程方法进行 E2 地震作用下抗震分析的

桥梁,其双柱墩或多柱墩构件横桥向的位移延性系数可根据非线性时程分析结果由式(5-44)直接求出。

(3) 双柱墩或多柱墩顺桥向、单柱墩顺桥向和横桥向的位移延性系数可直接由墩顶最大位移需求按式(5-44)求出。

(4) 在计算墩柱屈服位移及塑性位移需求时,应排除基础柔性及盖梁或上部结构弹性产生的影响,即应减去构件的刚体平移和刚体转动产生的位移。当整体位移主要是由墩柱变形贡献时,可用整体位移延性系数代替构件局部位移延性系数,但当整体位移延性系数计算值小于3.0时,构件局部位移延性系数应取3.0。

(5) 墩顶和墩底都产生塑性铰的墩柱将有两个位移延性需求,此时应以较大者控制。

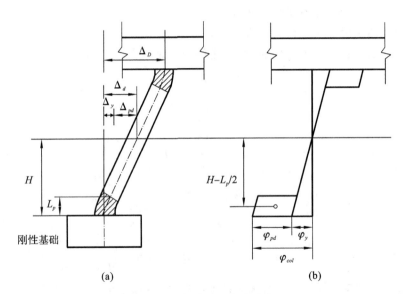

图 5.10 墩柱变形及曲率分布图
(a) 墩柱变形图;(b) 墩柱曲率分布图

对于 B 类、C 类桥梁,E2 地震作用下,可按式(5-46)验算桥墩墩顶的位移,对高宽比小于2.5的矮墩,可不验算桥墩的变形,但应验算抗弯和抗剪强度。采用非线性时程进行地震反应分析的桥梁可按式(5-47)验算塑性转角。

(1) 桥墩潜在塑性铰区域塑性转动能力验算。

E2 地震作用下,应按下列公式验算顺桥向和横桥向桥墩墩顶的位移或桥墩潜在塑性铰区域塑性转动能力:

$$\Delta_d \leqslant \Delta_u \tag{5-46}$$

$$\theta_p \leqslant \theta_u \tag{5-47}$$

式中,Δ_d——E2 地震作用下墩顶的位移(cm);当采用弹性方法计算 E2 地震作用下的墩顶位移时,则应乘以地震位移修正系数 R_d;

Δ_u——桥墩容许位移(cm);

θ_p——E2 地震作用下,潜在塑性铰区域的塑性转角;

θ_u——塑性铰区域的最大容许转角,可按式(5-48)计算。

塑性铰区域的最大容许转角应根据极限破坏状态的曲率能力,按式(5-48)计算:

$$\theta_u = L_p(\varphi_u - \varphi_y)/K_{ds} \tag{5-48}$$

式中,φ_u——极限破坏状态的曲率能力(1/cm),一般情况下,应通过考虑最不利轴力组合的轴力-弯矩-曲率($P\text{-}M\text{-}\varphi$)中曲线确定,为混凝土应变达到极限压应变 ε_{cu},或约束钢筋达到折减极限应变 ε_{cu}^R,或纵筋达到折减极限应变 ε_{lu} 时相应的曲率;但对于矩形截面和圆形截面桥墩,可按式(5-51)~式(5-55)计算;

K_{ds}——延性安全系数,可取 2.0。

假设截面的弹性曲率沿墩柱轴向为线性分布、塑性曲率在塑性铰范围内均匀分布且塑性转动集中在塑性铰的中心位置(图 5.11),塑性铰的长度为 L_p,则可得到塑性铰的极限塑性转角。

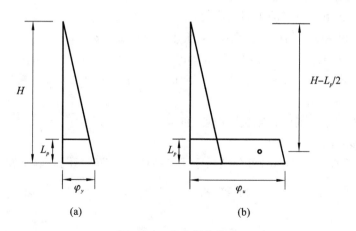

图 5.11 曲率分布模式

(a) 相应于钢筋屈服;(b) 相应于极限曲率

圆形截面和矩形截面屈服曲率和极限曲率计算如下。

①截面屈服曲率。

对于圆形截面和矩形截面,其截面屈服曲率可按下式计算:

$$\text{圆形截面}: \varphi_y D = 2.213\varepsilon_y \tag{5-49}$$

$$\text{矩形截面}: \varphi_y H = 1.957\varepsilon_y \tag{5-50}$$

式中,φ_y——截面屈服曲率(1/m);

ε_y——相应于钢筋屈服时的应变;

D——圆形截面的直径(m);

H——矩形截面计算方向的截面高度(m)。

②截面极限曲率。

a. 圆形截面。

截面极限曲率 φ_u(1/m) 可分别根据式(5-51)、式(5-52)计算,取小值。

$$\varphi_u D = (2.826 \times 10^{-3} + 6.850\varepsilon_{cu}) - (8.575 \times 10^{-3} + 18.638\varepsilon_{cu})\left(\frac{P}{f_{ck}A_g}\right) \tag{5-51}$$

$$\varphi_u D = (1.635 \times 10^{-3} + 1.179\varepsilon_s) - (28.739\varepsilon_s^2 + 0.656\varepsilon_s + 0.010)\left(\frac{P}{f_{ck}A_g}\right) \tag{5-52}$$

$$\varepsilon_{cu} = 0.004 + \frac{1.4\rho_s f_{kh}\varepsilon_{cu}^R}{f'_{cc}} \tag{5-53}$$

式中,P——截面所受到的轴力(kN);

f_{ck}——混凝土抗压强度标准值(kN/m²);

A_g——混凝土截面面积(m²);

ε_s——钢筋极限拉应变,可取 $\varepsilon_s = 0.09$;

ε_{cu}——约束混凝土的极限压应变;

ρ_s——约束钢筋的体积含筋率,对于矩形箍筋 $\rho_s = \rho_x + \rho_y$;

f_{kh}——箍筋抗拉强度标准值(kN/m²);

f'_{cc}——约束混凝土的峰值应力(kN/m²),一般可取 1.25 倍的混凝土抗压强度标准值;

ε_{cu}^R——约束钢筋的折减极限应变,可取 $\varepsilon_{cu}^R = 0.09$。

b. 矩形截面。

截面极限曲率 φ_u(1/m) 可分别根据式(5-54)、式(5-55)计算,取小值。

$$\varphi_u H = (4.999 \times 10^{-3} + 11.825\varepsilon_{cu}) - (7.004 \times 10^{-3} + 44.486\varepsilon_{cu})\left(\frac{P}{f_{ck}A_g}\right) \tag{5-54}$$

$$\varphi_u H = (5.387 \times 10^{-4} + 1.097\varepsilon_s) - (37.722\varepsilon_s^2 + 0.039\varepsilon_s + 0.015)\left(\frac{P}{f_{ck}A_g}\right) \tag{5-55}$$

(2) 墩柱容许位移计算。

单柱墩容许位移可按式(5-56)~式(5-59)计算:

$$\Delta_u = \frac{1}{3}H^2 \times \varphi_y + \left(H - \frac{L_p}{2}\right) \times \theta_u \tag{5-56}$$

$$L_{p1} = 0.08H + 0.022f_y d_s \geqslant 0.044f_y d_s \tag{5-57}$$

$$L_{p2} = \frac{2}{3}b \tag{5-58}$$

$$L_p = \min(L_{p1}; L_{p2}) \tag{5-59}$$

式中,H——悬臂墩的高度或塑性铰截面到反弯点的距离(cm);

φ_y——截面的等效屈服曲率(1/cm),一般情况下,可按图 5.5 的方法计算;但对于矩形截面和圆形截面桥墩,按方法 Ⅰ 计算。
θ_u——塑性铰区域的最大容许转角,可按式(5-48)计算;
L_p——等效塑性铰长度(cm),取式(5-57)和式(5-58)计算结果的较小值;
b——矩形截面的短边尺寸或圆形截面的直径(cm);
f_y——纵向钢筋抗拉强度标准值(MPa);
d_s——纵向钢筋的直径(cm)。

对双柱墩、排架墩,其顺桥向的容许位移可按式(5-56)~式(5-59)计算,横桥向的容许位移可在盖梁处施加水平力 F(图 5.12),进行非线性静力分析,当墩柱的任一塑性铰达到其最大容许转角时,盖梁处的横向水平位移即为容许位移。

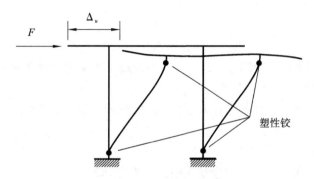

图 5.12 双柱墩的容许位移

5.3.2 支座抗震验算

1. 板式橡胶支座的抗震验算

板式橡胶支座进行抗震验算时,容许压应力不起控制作用。因进行抗震强度验算时,地震荷载不与车辆荷载进行组合,故地震时支座反力比正常情况下支座反力小。当地震水平力较大时,橡胶支座产生较大水平变形,有可能超过容许变形值,因此需要验算支座厚度,以控制水平变形不超过容许值,即容许剪切角正切值不超过1.0。当跨径比较小,地震水平力比较大时,有可能使支座产生滑动,因此还需要验算支座抗滑稳定性。

(1) B 类、C 类桥梁。

对于 B 类、C 类桥梁,在 E2 地震作用下,按下列要求进行板式橡胶支座的抗震验算。

①支座厚度验算。

$$\sum t \geqslant \frac{X_B}{\tan\gamma} = X_B \qquad (5\text{-}60)$$

$$X_B = X_D + X_H + 0.5X_T \qquad (5\text{-}61)$$

式中，$\sum t$——橡胶层的总厚度(m)；

$\tan\gamma$——橡胶片剪切角正切值，取 $\tan\gamma = 1.0$；

X_B——支座水平地震设计力产生的支座水平位移、永久作用效应以及均匀温度作用效应组合后的橡胶支座水平位移；

X_D——支座水平地震设计力产生的支座水平位移(m)；

X_H——永久作用产生的橡胶支座的水平位移(m)；

X_T——均匀温度作用引起的橡胶支座的水平位移(m)。

②支座抗滑稳定性验算。

$$\mu_d R_b \geqslant E_{hzh} \qquad (5\text{-}62)$$

$$E_{hzh} = E_{hze} + E_{hzd} + 0.5E_{hzT} \qquad (5\text{-}63)$$

式中，μ_d——支座的动摩阻系数，橡胶支座与混凝土表面的动摩阻系数采用0.25；与钢板的动摩阻系数采用0.20；

E_{hzh}——支座水平地震设计力、永久作用效应以及均匀温度作用效应组合后橡胶支座所受水平力(kN)；

E_{hze}——支座水平地震设计力(kN)；

E_{hzd}——永久作用产生的橡胶支座的水平力(kN)；

E_{hzT}——均匀温度作用引起的橡胶支座的水平力(kN)。

(2) D类桥梁、重力式桥墩和桥台。

对于D类桥梁、重力式桥墩和桥台只要求进行E1地震作用下的地震验算，但对于支座如只进行E1地震作用下的验算，可能导致在E2地震作用下支座破坏、造成落梁，因此对于支座需要考虑E2地震作用下不破坏。但为了简化计算，在进行D类桥梁、重力式桥墩等的支座抗震验算时，虽然只进行E1地震作用下的地震反应分析，但采用一个支座调整系数 α_d 来考虑E2地震作用效应，通过大量分析，建议取 $\alpha_d = 2.3$。

①支座厚度验算。

$$\sum t \geqslant \frac{X_E}{\tan\gamma} = X_E \qquad (5\text{-}64)$$

$$X_E = \alpha_d X_D + X_H + 0.5X_T \qquad (5\text{-}65)$$

式中，$\sum t$——橡胶层的总厚度(m)；

X_E——考虑地震作用、均匀温度作用和永久作用组合后的橡胶支座位移；

$\tan\gamma$——橡胶片剪切角正切值，取 $\tan\gamma = 1.0$；

X_D——E1地震作用下橡胶支座的水平位移(m)；

X_H——永久作用产生的橡胶支座的水平位移(m)；

X_T——均匀温度作用产生橡胶支座的水平位移(m);

α_d——支座调整系数,一般取 2.3。

② 支座抗滑稳定性验算。

$$\mu_d R_b \geqslant E_{hzh} \tag{5-66}$$

$$E_{hzh} = \alpha_d E_{hze} + E_{hzd} + 0.5 E_{hzT} \tag{5-67}$$

式中,μ_d——支座的动摩阻系数,橡胶支座与混凝土表面的动摩阻系数采用 0.25;与钢板的动摩阻系数采用 0.20;

E_{hzh}——支座水平组合地震力;

R_b——上部结构重力在支座上产生的反力(kN);

E_{hze}——E1 地震作用下橡胶支座的水平地震力(kN);

E_{hzd}——永久作用产生的橡胶支座水平力(kN);

E_{hzT}——均匀温度作用引起的橡胶支座的水平力(kN);

α_d——支座调整系数,一般取 2.3。

2. 盆式支座和球形支座的抗震验算

(1) B 类、C 类桥梁。

① 活动支座:

$$X_B \leqslant X_{\max} \tag{5-68}$$

$$X_B = X_D + X_H + 0.5 X_T \tag{5-69}$$

② 固定支座:

$$E_{hzh} \leqslant E_{\max} \tag{5-70}$$

$$E_{hzh} = E_{hze} + E_{hzd} + 0.5 E_{hzT} \tag{5-71}$$

式中,X_B——E2 地震作用效应、永久作用效应以及均匀温度作用组合后得到的活动支座滑动水平位移(m);

$X_{\max}$——活动支座容许滑动水平位移(m);

E_{hzh}——支座水平地震设计力、永久作用效应以及均匀温度作用组合后得到的固定支座水平力设计值(kN);

$E_{\max}$——固定支座容许承受的水平力(kN)。

(2) D 类桥梁和重力式桥墩。

① 活动支座:

$$X_E \leqslant X_{\max} \tag{5-72}$$

② 固定支座:

$$E_{hzh} \leqslant E_{\max} \tag{5-73}$$

式中,$X_{\max}$——活动支座容许滑动的水平位移(m);

E_{max}——固定支座容许承受的水平力(kN)。

5.3.3 延性构件细节设计

1. 墩柱结构构造措施

1) 箍筋设置

对抗震设防烈度为Ⅶ度及Ⅶ度以上地区的常规桥梁,墩柱潜在塑性铰区域加密箍筋的配置,应符合下列要求。

(1) 加密区的长度不应小于等效塑性铰长度 L_p 或弯曲方向截面尺寸的 1.5 倍或墩柱上弯矩超过最大弯矩 75% 的范围;当墩柱的高度与横截面短边宽度之比小于 2.5 时,箍筋加密区的长度应取墩柱全高。对于桩基直径与桥墩直径相同的桩柱式桥墩,箍筋加密区应延伸至桩位处最大冲刷线以下 3 倍桩径处。

(2) 加密区箍筋沿墩高纵向最大间距不应大于 10 cm 或 $6d_s$ 或 $b/4$;其中,d_s 为墩柱纵向钢筋的直径,b 为墩柱横截面的短边宽度。

(3) 箍筋的直径不应小于 10 mm。

(4) 螺旋式箍筋接头应采用对接,矩形箍筋端部应有 135°弯钩,弯钩伸入核心混凝土内的长度应大于 6 倍箍筋直径,且不小于 10 cm。

(5) 加密区箍筋肢距不宜大于 25 cm;截面宽度内采用拉结筋时,其至少一端采 135°弯钩,弯钩伸入核心混凝土内的长度应大于 6 倍箍筋直径,且不小于 10 cm。

(6) 塑性铰加密区域配置的箍筋应延续到盖梁和承台内,延伸到盖梁和承台的距离应按施工允许的最大距离确定。

横向钢筋在桥梁墩柱中的功能主要有以下三个方面:①用于约束塑性铰区域内混凝土,提高混凝土的抗压强度和延性;②提供抗剪能力;③防止纵向钢筋压曲。在处理横向钢筋的细部构造时需特别注意,由于表层混凝土保护层不受横向钢筋约束,在地震作用下会剥落,这层混凝土不能为横向钢筋提供锚固。因此,所有箍筋都应采用等强度焊接来闭合,或者在端部弯过纵向钢筋到混凝土核心内,角度至少为 135°。

2) 最小配箍率

对抗震设防烈度Ⅶ度、Ⅷ度地区,圆形、矩形墩柱潜在塑性铰区域内加密箍筋的最小配箍率 $\rho_{s,min}$,应按以下各式计算。对抗震设防烈度Ⅸ度及Ⅸ度以上地区,圆形、矩形墩柱潜在塑性铰区域内加密箍筋的最小配箍率 $\rho_{s,min}$ 应比抗震设防烈度Ⅶ度、Ⅷ度地区适当增大,以提高其延性能力。

圆形截面

$$\rho_{s,min} = [0.14\eta_k + 5.84(\eta_k - 0.1)(\rho_t - 0.01) + 0.028]\frac{f_{ck}}{f_{yh}} \geqslant 0.004 \quad (5-74)$$

矩形截面：

$$\rho_{s,\min} = \left[0.1\eta_k + 4.17(\eta_k - 0.1)(\rho_t - 0.01) + 0.02\right]\frac{f_{ck}}{f_{yh}} \geqslant 0.004 \quad (5-75)$$

式中，$\rho_{s,\min}$——对于矩形截面为截面计算方向的配箍率，对于圆形截面为截面螺旋箍筋的体积配箍率；

η_k——轴压比，为结构的最不利组合轴向压力与柱的全截面面积和混凝土轴心抗压强度设计值乘积之比值；

ρ_t——纵向配筋率；

f_{ck}——混凝土抗压强度标准值(MPa)；

f_{yh}——箍筋抗拉强度设计值(MPa)。

各国抗震设计规范对塑性铰区域横向钢筋的最小配箍率都进行了具体规定(表5-5)。我国通过大量的试验和分析，对横向钢筋最小配箍率进行了研究，并提出了式(5-74)和式(5-75)的计算公式。

表 5-5 各国规范对横向构造的规定

规范名称	螺旋箍筋或圆形箍筋	矩形箍筋
美国 AASHTO 抗震设计规范	$\rho_v = 0.45 \dfrac{f'_c}{f_{yh}}\left[\left(\dfrac{A_g}{A_{he}}\right)-1\right]$ 或 $\rho_v = 0.12\dfrac{f'_c}{f_{yh}}$	$\rho_s = 0.3 \dfrac{f'_c}{f_{yh}}\left[\left(\dfrac{A_g}{A_{he}}\right)-1\right]$ 或 $\rho_s = 0.12\dfrac{f'_c}{f_{yh}}$
欧洲抗震设计规范 Eurocode 8	$\omega_{wd} \geqslant 1.4$ $\left[\dfrac{A_g}{A_{he}}\lambda\eta_k + 0.13\dfrac{f_{yh}}{f'_c}(\rho_L - 0.001)\right]$ 或 $\omega_{wd} \geqslant 0.18$	$\omega_{wd} \geqslant \dfrac{A_g}{A_{he}}\lambda\eta_k + 0.13\dfrac{f_{yh}}{f'_c}(\rho_L - 0.001)$ 或 $\omega_{wd} \geqslant 0.12$
《公路工程抗震规范》(JTG B02—2013)	—	顺桥和横桥方向含箍率 $\rho_s = 0.3\%$
《建筑抗震设计规范》(GB 50011—2010)	$\rho_v = \lambda_v \dfrac{f'_c}{f_{yh}}$	$\rho_v = \lambda_v \dfrac{f'_c}{f_{yh}}$

注：A_g、A_{he}——墩柱横截面的面积和核心混凝土面积(按箍筋外围边长计算)；

f'_c——混凝土强度；

f_{yh}——箍筋抗拉强度设计值；

ω_{wd}——力学含箍率；

λ——根据延性性能要求取的系数；

η_k——截面轴压比；

ρ_l——纵筋的配筋率；

ρ_s——对于矩形截面为截面计算方向的含箍率,对于圆形截面为截面螺旋箍筋的体积配箍率;

λ_v——最小配箍特征值。

3)墩柱潜在塑性铰加密区外箍筋的配箍率要求

墩柱潜在塑性铰加密区外箍筋的配箍率应逐渐减小,但箍筋的配箍率不应小于塑性铰区域加密箍筋配箍率的50%,且箍筋直径和配置形式宜与加密区内相同。

4)墩柱的纵向配筋

延性墩柱的纵向钢筋宜对称配筋,纵向钢筋的面积不宜小于$0.006A_g$,且不应超过$0.04A_g$,其中A_g为墩柱截面总面积。

试验表明,沿截面布置若干适当分布的纵筋,纵筋和箍筋形成一整体骨架(图 5.13),当混凝土纵向受压、横向膨胀时,纵向钢筋也会受到混凝土的压力,这时箍筋给予纵向钢筋约束作用。因此,为了确保对核心混凝土的约束作用,墩柱的纵向配筋宜对称配筋。

5)空心截面墩柱的钢筋配置

空心截面墩柱的钢筋配置应符合下列要求。

(1)应配置内外两层纵筋,配筋率限值与普通截面墩柱相同。

(2)应至少配置内外两层闭合环形箍筋或矩形箍筋,并配置多个闭合箍筋或拉结筋(图 5.14)。

(3)箍筋的配置应满足以上箍筋的规定。

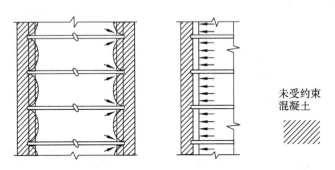

图 5.13 柱中横向和纵向钢筋的约束作用

6)墩柱纵筋的锚固、搭接

墩柱的纵向钢筋应满足以下要求。

(1)墩柱纵向钢筋宜延伸至盖梁顶面和承台底面。

(2)墩柱纵向钢筋的锚固和搭接长度应在现行《公路钢筋混凝土及预应力混凝土桥涵设计规范》(JTG 3362—2018)要求的基础上增加10%为纵向钢筋的直径,不应在塑性铰区域进行纵向钢筋连接。

(3)塑性铰区外纵向钢筋连接时,区段内连接受力钢筋的截面面积占总截面面积的百分数应满足现行《公路钢筋混凝土及预应力混凝土桥涵设计规范》(JTG

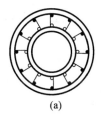
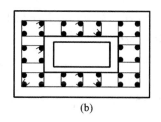

图 5.14 常用空心截面类型

(a) 圆形空心截面；(b) 矩形空心截面

3362—2018)的要求，相邻两根纵向钢筋的连接处至少应错开 60 cm。

(4) 桥墩伸入盖梁和承台的束筋应增加锚固长度，对于由 2 根钢筋组成的束筋应增加 20%的锚固长度，对于由 3 根钢筋组成的束筋应增加 50%的锚固长度，4 根及 4 根以上钢筋组成的束筋不能在延性构件中使用。

7) 单箱或多箱空心墩柱的潜在塑性铰区最小配箍率要求

对抗震设防烈度Ⅶ度、Ⅷ度地区，单箱或多箱空心墩柱的潜在塑性铰区，矩形墩柱在计算方向的内箱尺寸 b 和壁厚 h 之比 b/h 或圆形墩柱内箱直径 D_1 和壁厚 h 之比 D_1/h 不宜大于 8。在地震作用下轴压比小于 0.2 时，最小配箍率 $\rho_{s,\min}$ 可适当降低，但不应低于 0.3%，并应加强构造设计，确保纵向钢筋不发生屈服。

2. 节点构造措施

(1) 节点的主拉应力和主压应力可按下式计算。

$$\frac{\sigma_c}{\sigma_t} = \frac{f_v + f_h}{2} \pm \sqrt{\left(\frac{f_v - f_h}{2}\right)^2 + v_{jh}^2} \tag{5-76}$$

$$v_{jh} = v_{jv} = \frac{V_{jh}}{b_{je}h_b} \times 10^{-3} \tag{5-77}$$

$$V_{jh} = T_c^t + C_c^b \tag{5-78}$$

$$f_v = \frac{P_c^b + P_c^t}{2b_b h_c} \times 10^{-3} \tag{5-79}$$

$$f_h = \frac{P_b}{b_{je}h_b} \times 10^{-3} \tag{5-80}$$

式中，σ_c，σ_t——分别为节点的名义主压应力和名义主拉应力(MPa)；

v_{jh}——节点的水平方向名义剪应力(MPa)；

v_{jv}——节点的竖直方向名义剪应力(MPa)；

V_{jh}——节点的名义剪力(kN)，如图 5.15 所示；

T_c^t——考虑超强系数 φ^0($\varphi^0 = 1.2$)的混凝土墩柱纵筋拉力(kN)，如图 5.15 所示；

C_c^b——考虑超强系数 φ^0($\varphi^0 = 1.2$)的混凝土墩柱受压区压应力合力(kN)，如图

5.15 所示；

f_v, f_h——分别为节点沿竖直方向和水平方向的正应力(MPa)；

b_{je}, h_b——分别为横梁横截面的宽度和高度(m)；

b_b, h_c——分别为上立柱横截面的宽度和高度(m)；

P_c^b, P_c^t——分别为上下立柱的轴力(kN)；

P_b——横梁的轴力(kN)(包括预应力产生的轴力)。

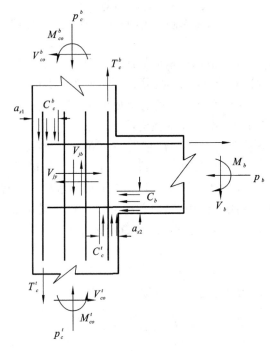

图 5.15 节点受力图

(2) 主拉应力节点的水平和竖向箍筋配置。

如主拉应力 $\sigma_t \leqslant 0.34\sqrt{f_{cd}}$(MPa)，节点的水平和竖向箍筋配置可按式(5-81)计算：

$$\rho_{s,\min} = \rho_x + \rho_y = \frac{0.34\sqrt{f_{cd}}}{f_{yh}} \tag{5-81}$$

式中，f_{cd}——混凝土抗压强度设计值；

f_{yh}——箍筋抗拉强度设计值。

如主拉应力 $\sigma_t > 0.34\sqrt{f_{cd}}$(MPa)，应按以下要求进行节点的水平和竖向箍筋配置：

①节点中的横向配箍率不应小于墩柱构造措施中第1)条、第2)条对塑性铰加密区域配箍率的要求，横向箍筋的配置如图 5.16 所示。

②在距离墩柱侧面 $h_b/2$ 的盖梁范围内配置竖向箍筋,h_b 为盖梁的高度,竖向箍筋如图 5.16 所示,可按式(5-82)计算单侧竖向箍筋面积 A_v:

$$A_v \geqslant 0.174 A_s \tag{5-82}$$

式中,A_s——立柱纵筋面积。

③节点中的竖向箍筋可取 $A_v/2$。

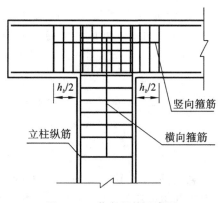

图 5.16 节点配筋示意图

5.4 特殊桥梁抗震设计

5.4.1 特殊桥梁抗震设计现状

目前,国内外现有的绝大多数桥梁工程抗震设计规范只适用于中等跨径的普通桥梁,超过适用范围的大跨度桥梁的抗震设计,则无规范可循。我国公路工程抗震设计规范只适用于主跨不超过 150 m 的梁桥和拱桥;我国铁路工程抗震设计规范虽没有说明跨径范围,但说明"对特殊抗震要求的建筑物和新型结构应进行专门研究设计"。1996 年美国颁布的 AASHTO 规范(第 16 版)的抗震设计篇中也规定,该规范只适用于普通钢筋混凝土梁与箱梁桥,主跨不超过 150 m,不适用于斜拉桥、悬索桥、拱桥以及活动式桥。1993 年的欧洲规范(Eurocode 8)原稿中没有规定主跨范围,可适用于梁桥和斜拉桥,但拱桥和悬索桥除外。日本道路桥梁规范(抗震设计篇)"适用于跨径小于 200 m 的桥梁,对超过 200 m 跨径的桥梁可以参考使用本篇有关规定"。

与中等跨径普通桥梁相比,大跨度桥梁的地震反应比较复杂,相应地,抗震设计也比较复杂。一方面,如高阶振型的影响比较明显,以及需要考虑多点激振和行波效应、各种复杂的非线性因素、桩-土结构相互作用等。而另一方面,又没有可遵循的抗震设计规范,因此,大跨度桥梁的抗震设计目前还比较困难。由于国内大部分设计单位对桥梁抗震缺乏研究,只能请专业研究人员代劳,因此,从某种意义上来说,大跨度桥梁的抗震设计目前还是专业科研人员的"专利",这是很不正常的。由于工程项目建设期短,而专业科研人员又不能参与设计,尤其是对桥梁抗震性能起决定作用的方案设计,只能被动地进行桥梁结构在地震作用下的强度变形验算,不能将先进的抗震设计思想充分应用于抗震设计,影响抗震设计的效果。只有工程师们亲自参与抗震设计,才能将抗震设计融入桥梁设计的各个阶段,达到预期的抗震设计效果。这才是真正的抗震设计。

5.4.2 特殊桥梁一般规定

1. 特殊桥梁的定义

特殊桥梁包括斜拉桥、悬索桥、单跨跨径超过 150 m 的梁桥和拱桥。近年来,我国修建了大量斜拉桥、悬索桥和单跨跨径 150 m 以上的梁桥和拱桥。但由于这些桥梁的复杂性,每座桥可能又有其自身的独特性,很难给出全面完整的抗震设计规定,具体设计时,应在《公路桥梁抗震设计规范》给出的抗震设计要求基础上,考虑桥梁的自身特点,进行专门研究和设计。这也是目前国际上通行的做法。

2. 特殊桥梁地震反应分析

国内外的研究表明,地面运动的空间变化特性,包括行波效应、相干效应以及局部场地效应,对特大跨径桥梁的抗震分析影响较大,而且也非常复杂,对不同类型桥梁的影响也可能完全不同或差异很大,因此,在开展抗震设计专项研究时宜进行多点非一致激励的抗震分析。

(1) 当桥梁在上部结构连续的一联内存在两种或两种以上的场地类别,或不同桥墩、桥台、桥塔场地的高程和覆盖层厚度相差很大,或桥梁一联总长超过 600 m 时,可能导致不同桥墩、桥台、桥塔处的地震动差异较大,宜考虑地震动的空间变化。

考虑地震动空间变化影响时,各桥台和桥墩(或桥塔)输入的反应谱可能不同。采用反应谱法分析考虑非一致激励有困难,可近似采用等效一致激励,在每一个周期点取各桥台、桥墩和桥塔拟输入的反应谱的最大值,得到包络反应谱。

(2) 地震动观测数据表明,6 级以下的地震震源体不同方向的尺度对地震动分布的影响不是很明显,近断裂效应可以不考虑。更大地震的近断裂效应在 30 km 以内十分显著,有必要考虑。

3. 考虑桩-土相互作用的桥梁地震响应

在地震时,上部结构的惯性力通过基础反馈给地基,使地基产生变形。在较硬的土层中这种变形远小于地震波产生的变形,因此,当桥梁建在坚硬的地基上时,往往用刚性地基模型进行抗震分析,这种假设也是基本上符合实际的。但当桥梁建在软弱土层上时,地基的变形会使桥梁上部结构产生移动和摆动,从而导致上部结构的实际运动和按刚性地基模型假设进行抗震分析的计算结果之间有较大的差异。这是由地基和结构的相互作用引起的。

桩基础是建于软弱土层中的桥梁最常用的基础形式。桩-土动力相互作用使结构的动力特性、阻尼和地震反应发生改变,而忽略这种改变的抗震分析可能导致较大的误差,并导致不安全的抗震设计。因此,进行桩基础特殊桥梁的抗震分析时,应考虑桩-土动力相互作用。

4. 特殊桥梁的抗震分析

地震是小概率的偶然事件,发生地震时,桥梁的具体状况存在多种可能性,如基础可能没有冲刷,也可能处于一般冲刷或最大局部冲刷状态;地震时地基可能出现液化,也可能不出现液化;地震作用本身可能是一致激励,也可能是非一致激励,即存在空间变化。而哪种情况对桥梁结构的地震反应最为不利,事先也是未知的,因此抗震分析需考虑各种可能出现的情况,建立相应的计算模型并确定相应的地震作用方式和输入界面,进行多工况抗震分析和抗震验算。是否考虑最大局部冲刷计算工况,以及考虑最大局部冲刷时地震作用效应组合系数如何选取,目前研究工作还不够充分,抗震设计时,可根据工程的具体情况开展专门研究确定。

因此,特殊桥梁的抗震分析应考虑一般冲刷、液化、地震动空间变化等各种可能的影响因素,根据各种可能出现的情况确定分析工况,并进行多工况抗震分析和抗震验算。

5.4.3 特殊桥梁抗震概念设计

1. 上、下部结构的连接构造设计

一个良好的抗震结构体系应能使各部分结构合理地分担地震力,这样,各部分结构都能充分发挥自身的抗震能力,对保证桥梁结构的整体抗震性能比较有利。采用对称的结构形式是有利于各部分结构合理分担地震力的一个措施。

由于特殊桥梁的大部分质量集中在上部结构,因而地震惯性力也主要集中在上部结构。上部结构的地震惯性力一般通过上、下部结构之间的连接构造(支座等)传递给墩柱,再由墩柱传递给基础,进而传递给地基。一般来说,上部结构的设计主要由恒载、活载、温度荷载等控制,而墩柱在地震作用下将会受到较大的剪力和弯矩作用,一般由地震反应控制。因此需要很慎重地设置上、下部结构之间的连接构造。均匀对称地设置上、下部结构的连接构造可以使各下部结构均匀地分担地震力,有利于提高桥梁结构的整体抗震性能。

2. 斜拉桥和悬索桥的塔、梁约束体系

斜拉桥和悬索桥的抗震性能主要取决于结构体系。在地震作用下,塔、梁固结体系的塔柱内力与所有其他体系相比是最大的,建在抗震设防烈度Ⅷ度、Ⅸ度地区的斜拉桥和悬索桥要避免采用。飘浮体系的塔柱内力反应较小,因此在烈度较高的地区应优先考虑,但飘浮体系可能导致过大的位移反应,如梁端位移反应过大,则伸缩缝的设置就比较困难,还可能会引起碰撞。这时,可在塔与梁之间增设适当的减震装置(如阻尼器),形成塔、梁弹性约束体系或阻尼约束体系,以有效降低地震反应。

3. 高烈度地区(Ⅷ度、Ⅸ度)大跨径拱桥设计

(1) 拱桥的主拱圈在强烈地震作用下,不仅在拱平面内受弯,而且还在拱平面外受扭,当地基由于强烈地震产生不均匀沉陷时,主拱圈还会发生斜向扭转和斜向剪切。因此,大跨径拱桥的主拱圈宜采用抗扭刚度较大、整体性较好的断面形式。一般以采用箱形拱、板拱等闭合式断面为宜,不宜采用开口断面。当采用肋拱时,不宜采用石肋或混凝土肋,宜采用钢筋混凝土肋,并加强拱肋之间的横向联系,以提高主拱圈的横向刚度和整体性。

在拱平面内,从拱桥的振动特性看,拱圈与拱上建筑之间振动变形的不协调性将更加突出。为了消除或减少这种振动变形的不协调,宜在拱上立柱或立墙端设铰,允许这些部位有一些转动或变形。

(2) 在强烈地震作用下,为了保证大跨径拱桥不发生侧向失稳破坏,应采取提高拱桥整体性和稳定性的措施。如下承式和中承式拱桥设置风撑,并加强端横梁刚度;上承式拱桥加强拱脚部位的横向联系。

(3) 主要承重结构(塔、墩及拱桥主拱)宜选择有利于提高延性变形能力的结构形式及材料,避免发生脆性破坏。

5.4.4 特殊桥梁的地震反应分析

1. 特殊桥梁的地震反应分析方法

特殊桥梁的结构构造比较复杂,因此地震反应也比较复杂,如高阶振型、多点非一致激励的影响可能较大。在地震中较易遭受破坏的细部结构,其地震反应往往是由高阶振型的贡献起控制作用。在拱桥的地震反应中,多点非一致激励的影响可能相当大。

(1) 反应谱法概念简单、计算方便,可以用较少的计算量获得结构的最大反应值。但是,反应谱法是线弹性分析方法,不能考虑各种非线性因素的影响,当非线性因素及多点非一致激励的影响显著时,反应谱法可能得不到正确的结果,或判断不出结构真正的薄弱部位。

现有研究表明,对于复杂桥梁结构的地震反应分析,应采用动力时程分析法。动力时程分析法可以精细地考虑桩-土相互作用、地震动的空间变化的影响、结构的各种非线性因素(包括几何、材料、边界连接条件)以及分块阻尼等问题。所以,时程分析法一般认为是精细的计算方法,但时程分析法的结果依赖于地震动输入以及抗震分析时阻尼参数的选取,如地震输入选择不好或者阻尼参数选取不恰当,均可能导致计算结果偏小。

因此,时程分析的结果需要与反应谱法相互校核,以保证选取合适的设计地震动时程和阻尼参数。但是反应谱法只能进行线性分析,所以只能在不考虑非线性因素的情况下,通过线性时程分析结果和反应谱法分析结果的对比分析,在保证时程分析结果不小于反应谱法分析结果的80%的条件下选取合适的设计地震动时程和阻尼参数后,再进行非线性时程分析。

(2)结构的动力反应与结构的自振周期和地震动时程输入的频谱成分关系非常密切。特殊桥梁大多是柔性结构,第一阶振型的周期往往较长且贡献非常重要,因此提供的地震加速度时程或反应谱曲线的频谱含量应包括第一阶自振周期在内的长周期成分。

2. 特殊桥梁计算模型

桥梁结构的刚度和质量分布,以及边界连接条件决定了结构本身的动力特性。因此,在大跨径桥梁的地震反应分析中,为了真实地模拟桥梁结构的力学特性,所建立的计算模型需要如实地反映结构的刚度和质量分布,以及边界连接条件。建立特殊桥梁的计算模型时,需要满足以下要求。

(1)特殊桥梁结构主桥一般通过过渡孔与中小跨径引桥相连,因此主桥与引桥是互相影响的;另外,由于大跨径桥梁结构主桥与中小跨径引桥的动力特性差异,会使主、引桥在连接处产生较大的相对位移或支座损坏,从而导致落梁震害。因而,在结构计算分析时,需要建立主桥与相邻引桥孔(联)耦联的计算模型。

(2)特殊桥梁的空间性决定了其动力特性和地震反应的空间性,因而需要建立三维空间计算模型。墩、塔、拱肋及拱上立柱可采用空间梁单元模拟;桥面系应视截面形式选用合理的计算模型;斜拉桥拉索、悬索桥主缆和吊杆、拱桥吊杆和系杆可采用空间桁架单元。

(3)特殊桥梁的几何非线性主要来自三个方面:①(斜拉桥、悬索桥的)缆索垂度效应,一般用等效弹性模量模拟;②梁柱效应,即梁柱单元轴向变形和弯曲变形的耦合作用,一般引入几何刚度矩阵来模拟,只考虑轴力对弯曲刚度的影响;③大位移引起的几何形状变化。但研究表明:大位移引起的几何形状变化对结构地震响应影响较小,一般可忽略。但应考虑恒载作用下几何刚度和拉索垂度效应弹性模量修正等几何非线性影响。

(4) 边界连接条件应根据具体情况进行模拟。反应谱法只能用于线性分析,因此边界条件只能采用主从关系粗略模拟;而时程分析法可以精细地考虑各种非线性因素,因此建立计算模型时可真实地模拟结构的边界条件和墩柱的弹塑性性质,支承连接条件应采用能反映支座力学特性的单元模拟。

(5) E1 地震作用下,墩柱截面抗弯刚度应采用全截面刚度;E2 地震作用下,墩柱截面抗弯刚度可采用开裂刚度,开裂刚度可取 0.8 倍全截面刚度,如边墩已进入塑性工作状态,则应选用适当的弹塑性单元来模拟。

3. 反应谱分析

在特殊桥梁的地震反应中,高阶振型的影响比较显著。因此,采用反应谱法进行地震反应分析时,应充分考虑高阶振型的影响,即所计算的振型阶数应尽可能地多,要包括所有贡献较大的振型,各振型质量参与系数之和不能太低。当考虑地震动空间变化的影响采用反应谱法分析时,偏安全地采用包络反应谱计算,包络反应谱是各墩台水平方向或竖向反应谱曲线的上包络线。

由于反应谱法仅能给出结构各振型反应的最大值,而丢失了与最大值有关且对振型组合又非常重要的信息,如最大值发生的时间及其正负号,使得各振型最大值的组合陷入困境。对此,国内外许多专家学者进行了研究,并提出了种种振型组合方法。其中最简单而又普遍采用的 SRSS(square root of the sum of squares)法,该法对于频率分离较好的平面结构具有很好的精度,但是对频率密集的空间结构,由于忽略了各振型间的耦合项,故时常过高或过低地估计结构的反应。1981 年,E. L. Wilson 等人把地面运动视为一宽带、高斯平稳过程,根据随机过程理论导出了线性多自由度体系的振型组合规则 CQC(complete quadratic combination)法,较好地考虑了频率接近时的振型相关性,克服了 SRSS 法的不足。目前 CQC 法以其严密的理论推导和较好的精度在桥梁结构的反应谱分析中得到越来越多的应用,而且已被世界各国的桥梁抗震设计规范所采用。因此一般采用较为成熟的 CQC 法进行振型组合分析。

4. 时程分析

时程分析的结果依赖于地震动输入,如地震动输入选择不好,则可能导致结果偏小。采用时程分析应满足以下要求。

(1) 时程分析最终结果,当采用 3 组设计地震动时程计算时,应取 3 组计算结果的最大值;当采用 7 组设计地震动时程计算时,可取 7 组结果的平均值。

(2) 对每组地面运动时程进行抗震计算时,应同时输入该组两个或三个方向的地面运动时程分量。

5. 阻尼比

一般情况下阻尼比可按以下规定确定。

(1) 混凝土梁桥、拱桥的阻尼比不宜大于 0.05。
(2) 斜拉桥的阻尼比不宜大于 0.03。
(3) 悬索桥的阻尼比不宜大于 0.02。

6. 桩-土相互作用

特殊桥梁的下部结构通常为桥墩支承在刚性承台上,承台下采用群桩布置。因此,地震荷载作用下桥墩边界应是弹性约束,而不是刚性固结。精确地对桩基边界条件进行模拟要涉及复杂的桩-土相互作用问题。但分析表明,对于桥梁结构本身的分析问题,只要对边界作适当的模拟就能得到较满意的结果。考虑桩基边界条件最常用的处理方法是用承台底六个自由度的弹簧刚度模拟桩-土相互作用(图 5.17),这六个弹簧刚度分别是竖向刚度、顺桥向和横桥向的抗推刚度、绕竖轴的抗转动刚度和绕两个水平轴的抗转动刚度。它们的计算方法与静力计算相同,所不同的仅是土的抗力取值比静力的大,一般取 $m_{动}=(2\sim3)m_{静}$。

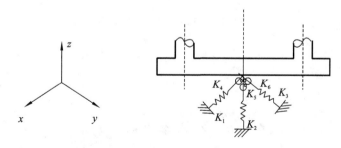

图 5.17 考虑桩-土相互作用边界单元

注:K_1、K_2、K_3 分别为 x、y、z 方向上的拉压弹簧,K_4、K_5、K_6 分别为 x、y、z 方向的转动弹簧。

5.4.5 性能要求与抗震验算

1. 性能要求

(1) 在 E1 地震作用下,结构应基本不发生损伤,保持在弹性范围内;在 E2 地震作用下,悬索桥主缆和吊杆、斜拉桥拉索、拱桥主拱圈和吊杆应基本不发生损伤,悬索桥和斜拉桥的主塔、梁桥的主墩以及桥梁基础和主梁等重要结构受力构件可发生局部轻微损伤,震后不需修复或经简单修复可继续使用。

(2) 在 E2 地震作用下,边墩等桥梁结构中比较容易修复的构件,可按延性构件设计,但宜尽量控制损伤程度,保证震后能够尽快修复。

为了实现上述特殊桥梁抗震性能目标,可采用以下抗震验算方法,首先,将桥塔和桩截面划分为纤维单元(图 5.18),采用实际的钢筋和混凝土应力-应变关系分别模拟钢筋和混凝土单元。其次,采用数值积分法进行截面弯矩-曲率分析(考虑相应的轴力),得到图 5.19 所示的截面弯矩-曲率曲线。图 5.19 中,M_{y0} 为截面最外层钢筋首次屈服时对应的初始屈服弯矩;M_u 为截面极限弯矩;M_y 为截面等效抗弯屈服弯矩,即把实际弯矩-曲率曲线等效为图中所示弹塑性双线性恢复力模型时的等效抗弯屈服弯矩。

图 5.18 截面纤维单元划分图

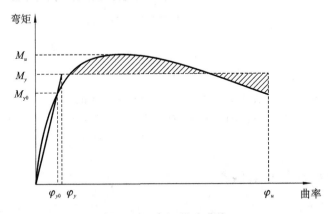

图 5.19 弯矩-曲率曲线

(1) 在 E1 地震作用下,桥塔截面和桩基截面要求其在地震作用下的截面弯矩应小于截面初始屈服弯矩(考虑轴力)M_{y0}。由于 M_{y0} 为截面最外层钢筋首次屈服时对应的初始屈服弯矩,因此当地震反应弯矩小于初始屈服弯矩时,整个截面保持在弹性。研究表明,截面的裂缝宽度不会超过容许值,结构基本无损伤,满足结构在弹性范围工作的性能目标。

(2) 在 E2 地震作用下，桥塔截面和桩基截面要求其在地震作用下的截面弯矩应小于截面等效抗弯屈服弯矩 M_y（考虑轴力）。M_y 是把实际弯矩-曲率曲线等效为图中所示理想弹塑性双线性模型时得到的等效抗弯屈服弯矩。从理想弹塑性双线性模型看，当地震反应小于等效抗弯屈服弯矩 M_y 时，结构整体反应还在弹性范围。实际上，在地震过程中，对应于等效抗弯屈服弯矩 M_y，截面上还是有部分钢筋进入了屈服阶段，研究表明，截面的裂缝宽度可能会超过容许值，但混凝土保护层还是完好的（对应保护层损伤的弯矩为截面极限弯矩 M_u，$M_y < M_u$）。由于地震过程的持续时间比较短，地震后，在结构自重作用下，地震过程中局部开展的裂缝一般可以闭合，满足 E2 地震作用下可发生局部轻微损伤，但基本不影响车辆通行的性能目标要求。

(3) 在 E2 地震作用下，边墩等桥梁结构中比较容易修复的构件和引桥桥墩，可按延性构件设计，满足不倒塌的性能目标要求。因为如果要求其抗震性能目标和主墩、主塔等保持一致，按只允许发生局部轻微损伤进行设计，有些情况下可能导致经济代价太大或施工难以实施。但按延性构件设计时宜尽量控制损伤程度，以降低修复难度和修复时间。如设计上不存在困难，其抗震性能目标宜尽量和主墩、主塔等保持一致，即按只允许发生局部轻微损伤进行设计。

2. 抗震验算

拱桥的拱上立柱、斜拉桥引桥桥墩、悬索桥引桥桥墩和桥梁支座等连接构件按本章 5.3 节有关规定进行抗震验算，并按要求进行抗震构造细节设计。

5.4.6　抗震措施

在地震时，为保护梁体与塔身不发生刚性碰撞，宜在塔梁之间设置专用缓冲装置（如橡胶垫），研究表明，设置弹性缓冲装置可有效降低结构地震响应。

由于特殊桥梁主桥与中小跨径引桥的动力特性差异，会使主、引桥的连接处产生较大的相对位移，从而导致落梁震害。在最近几次大地震中，就出现了几座大跨径桥梁过渡孔落梁的情况。为了防止因相对位移过大而导致落梁震害，需要加宽该处盖梁的宽度，并采取适当的防落梁措施。

特殊桥梁在地震作用下，梁端一般会产生较大的位移。因此选用梁端伸缩缝时，应考虑地震作用下的梁端位移。如果所选用的伸缩缝的伸缩量不够，在地震作用下，主桥和引桥的主梁会发生碰撞，危及桥梁安全。

5.5　双柱墩简支梁桥延性抗震设计实例

本节选取一座双柱墩简支梁桥作为对象，按《公路桥梁抗震设计规范》(JTG/T

2231-01—2020)的相关要求进行延性抗震设计。

5.5.1 工程概况

1. 结构概况

某跨径布置为 3×40 m 的公路一级简支梁桥,其立面图如图 5.20 所示,横断面如图 5.21 所示。

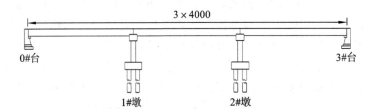

图 5.20 桥梁立面图(单位:cm)

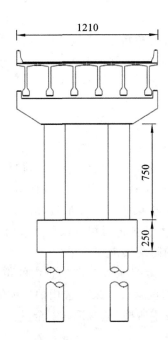

图 5.21 桥梁横断面(单位:cm)

桥梁上部结构采用预应力钢筋混凝土(后张)T 梁,下部结构墩柱形式采用混凝土双柱式桥墩,盖梁为矩形截面,平均高度 3.2 m,支座和垫石总高 0.3 m。立柱中心间距为 7 m,桥墩为矩形实心截面,截面尺寸为 1.8 m(横桥向)×2.0 m(顺桥向),墩高 $H=7.5$ m,混凝土保护层厚度为 $d=6$ cm。承台高度为 2.5 m,桩基采用直径为 1.5 m、长度为 30 m 的钢筋混凝土桩;桥墩的主筋采用 HRB335,直径 $\varphi=25$ mm,共配 62 根主筋;箍筋采用 HRB335,直径为 $\varphi=16$ mm;桥墩箍筋间距为 $s=0.1$ m。

桥梁上部结构采用 C50 混凝土,下部结构采用 C40 混凝土。每跨上部结构总质量为 1 600.5 t(包括二期恒载),盖梁质量为 492 t,两根立柱质量为 145 t,承台质量为 383.8 t。

2. 地震动输入

根据地震动区划图,设计基本地震加速度值为 0.30 g,抗震设防烈度为 8 度。场地类别为三类场地,查得设计加速度反应谱特征周期为 0.45 s。根据《公路桥梁抗震设计规范》(JTG/T 2231-01—2020),该桥是公路一级桥梁,为 B 类,结合设防烈度,选用 I 类抗震设计方法。地震调整系数:E1 地震作用为 0.5,E2 地震作用为 1.7,E1、E2 地震作用下的水平加速度反应谱如下。

$$S(T) = \begin{cases} S_{\max}(0.6T/T_0 + 0.4) & T \leqslant T_0 \\ S_{\max} & T_0 < T \leqslant T_g \\ S_{\max}(T_g/T) & T_g < T \leqslant 10 \text{ s} \end{cases}$$

其中,$S_{\max} = 2.5 C_i C_s C_d A$,$A$ 为地震加速度峰值,其余符号详见相关规范规定。

5.5.2 计算模型

1. 纵桥向

在确定简支梁桥的基本周期和地震作用时,可按单墩模型考虑。对于墩身不高的简支梁桥,在确定地震作用时一般只考虑第一阶振型,而将高阶振型贡献略去不计。因此可以简化为单自由度模型。E2 地震水平加速度反应谱如图 5.22 所示,纵向计算模型如图 5.23 所示。

桥墩的换算质量系数 η,需要计算桥墩关键节点的位移后按下式计算:

$$\eta = 0.16(X_f^2 + 2X_{f/2}^2 + X_f X_{f/2} + X_{f/2} X_0 + X_0^2)$$

在支座顶施加单位力,计算桥墩各关键节点的位移,并进一步计算桥墩的质量换算系数,计算结果见表 5-6,本例中 X_0 近似取 1.00。

表 5-6 纵向单位力作用下桥墩关键节点位移和质量换算系数

墩底/m	墩中点/m	墩顶/m	单位力作用点/m	X_f	$X_{f/2}$	X_0	η
2.67×10^{-6}	1.51×10^{-5}	3.76×10^{-5}	3.82×10^{-5}	0.07	0.41	1.00	0.29

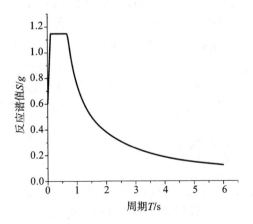

图 5.22 E2 地震水平加速度反应谱

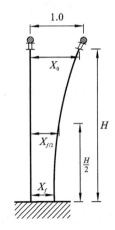

图 5.23 纵向计算模型

单自由度模型的换算质量包括一联主梁和二期恒载总质量,以及固定墩的盖梁、墩身的换算质量:

$$M_t = 3 \times 1600.5 + 492 + 0.29 \times 145 = 5.34 \times 10^3 (\text{t})$$

单自由度模型的换算刚度即为固定支座处桥墩及其基础的刚度组合:

$$K = \frac{1}{\delta} = \frac{1}{3.76 \times 10^{-5}} = 2.66 \times 10^4 (\text{kN/m})$$

2. 横桥向

在横桥向,每个墩都为固定墩,且各墩高相等,主梁横向刚度较大,因此可以简化为单跨桥,建立单自由度模型,其中质量中心位于主梁横断面质心处。本节中,考虑到算例的代表性,采用规范中适用性更广的方法建立横桥向的单自由度计算模型。

横桥向单自由度模型的换算刚度和质量计算需要建立横桥向计算模型,除计算联以外,还分别在左右两侧各加一联边界联,如图5.24所示。

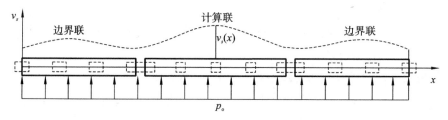

图 5.24 横桥向计算模型

为了计算单自由度模型的换算质量,首先要计算墩身的质量换算系数 η。在主梁质心处施加单位力,计算桥墩中各关键节点的位移,并进一步计算桥墩的质量换算系数,计算结果见表 5-7。

表 5-7 横向单位力作用下桥墩关键节点位移和质量换算系数

墩底/m	墩中点/m	墩顶/m	单位力作用点/m	X_f	$X_{f/2}$	X_0	η
2.12×10^{-6}	7.72×10^{-5}	1.28×10^{-5}	1.28×10^{-5}	0.16	0.64	1.00	0.41

单自由度模型的换算质量,包括计算联、边界联(共计 9 跨)全部主梁和二期恒载总质量,以及全部桥墩(共计 10 个)的盖梁和墩身换算质量:

$$M_t = 9 \times 1600.5 + 10 \times (492 + 0.41 \times 145) = 19919.0(\text{t})$$

以图 5.24 所示模型为基础,在计算联和边界联的全部梁长内施加横桥向单位均布荷载,计算得到计算联的最大横向位移为 3.69×10^{-4} m,所以换算刚度为:

$$K = \frac{p_0 L}{v_{s,\max}} = \frac{1 \times 360}{3.69 \times 10^{-4}} = 9.76 \times 10^5 (\text{kN/m})$$

5.5.3 纵向地震作用下地震反应分析和抗震验算

1. E1 地震作用

(1)地震反应分析。

纵向周期:

$$T = 2\pi \sqrt{\frac{M_t}{K}} = 2\pi \sqrt{\frac{5.34 \times 10^3}{2.66 \times 10^4}} = 2.81(\text{s})$$

反应谱加速度：
$$S_{max} = 2.5C_iC_sC_dA = 2.5 \times 0.5 \times 1 \times 1 \times 0.3 \times 9.8 = 3.675(\text{m/s}^2)$$
$$S = S_{max}(T_g/T) = 3.675 \times \left(\frac{0.45}{2.81}\right) = 0.589(\text{m/s}^2)$$

纵桥向水平地震力：
$$E_{ktp} = SM_t = 0.589 \times 5.34 \times 10^3 = 3415.26(\text{kN})$$

(2) 墩柱强度验算。

纵桥向固定墩墩底截面为最不利受力截面，墩底组合轴力为：
$$N_Z = N_D + N_E = \frac{(1600.5 + 492 + 145) \times 9.8}{2} + 0 = 10963.75(\text{kN})$$

墩底组合弯矩为：
$$M_Z = M_D + M_E = 0 + \frac{3415.26 \times (7.5 + 3.2 + 0.3)}{2} = 18783.93(\text{kN} \cdot \text{m})$$

计算墩底截面，其中材料强度采用标准值，计算得墩底截面纵向抗弯能力为 19672 kN·m，满足强度要求。

2. E2 地震作用

(1) 地震反应分析。

假设在纵向 E2 地震作用下桥墩处于弹性工作状态，不进行刚度折减，计算弹性状态下的地震反应，纵向周期仍为 2.81 s，则反应谱加速度为：
$$S_{max} = 2.5C_iC_sC_dA = 2.5 \times 1.7 \times 1 \times 1 \times 0.3 \times 9.8 = 12.50(\text{m/s}^2)$$
$$S = S_{max}(T_g/T) = 12.50 \times \left(\frac{0.45}{2.81}\right) = 2.001(\text{m/s}^2)$$

纵桥向水平地震力：
$$E_{ktp} = SM_t = 2.001 \times 5.34 \times 10^3 = 10685.34(\text{kN})$$

纵桥向固定墩墩底截面为最不利受力截面，墩底组合轴力为：
$$N_Z = N_D + N_E = \frac{(1600.5 + 492 + 145) \times 9.8}{2} + 0 = 10963.75(\text{kN})$$

墩底组合弯矩为：
$$M_Z = M_D + M_E = 0 + \frac{10963.75 \times (7.5 + 3.2 + 0.3)}{2} = 60300.625(\text{kN} \cdot \text{m})$$

计算墩底截面，其中材料强度采用标准值，计算得墩底截面等效屈服弯矩为 23700 kN·m，显然，墩底截面将发生屈服，需按延性构件刚度折减计算。

计算墩底截面在恒载作用下的等效屈服弯矩 M_y 和等效屈服曲率 φ_y，则截面等效抗弯刚度为：
$$E_c \times I_{eff} = \frac{M_y}{\varphi_y} = 1.42 \times 10^7 (\text{kN} \cdot \text{m}^2)$$

折减之后的纵向换算刚度为：

$$K_e = 1.25 \times 10^4 (\text{kN/m})$$

则纵桥向刚度折减后周期为：

$$T = 2\pi\sqrt{\frac{M_t}{K}} = 2\pi\sqrt{\frac{5.34 \times 10^3}{1.25 \times 10^4}} = 4.1(\text{s})$$

则反应谱加速度：

$$S = S_{\max}(T_g/T) = 8.33 \times \left(\frac{0.45}{4.1}\right) = 0.91(\text{m/s}^2)$$

纵桥向水平地震力：

$$E_{ktp} = SM_t = 0.91 \times 5.34 \times 10^3 = 4859(\text{kN})$$

桥墩为延性构件，E2 阶段需要验算桥墩位移，按弹性方法计算出的地震位移应乘以地震位移修正系数 R_d。

$$\frac{T^*}{T} = \frac{1.25 \times 0.45}{4.1} = 0.14 \leqslant 1.0, 故 R_d = 1.0$$

E2 地震作用下墩顶位移需求（为方便计算，此处未扣除基础柔性对墩顶位移需求的贡献结果是偏安全的）：

$$\Delta_d = \frac{E_{E2}}{K} \times R_d = \frac{4859}{1.25 \times 10^4} \approx 0.389(\text{m}) = 38.9(\text{cm})$$

（2）墩柱位移能力验算。

计算求得的墩底截面等效屈服曲率、极限曲率分别为：

$$\varphi_y = 1.66 \times 10^{-5} (\text{cm}^{-1})$$

$$\varphi_u = 5.47 \times 10^{-4} (\text{cm}^{-1})$$

等效塑性铰长度为：

$$L_{p1} = 0.08H + 0.022 f_y d_s = 0.08 \times 1100 + 0.022 \times 335 \times 3.2 = 111.58(\text{cm})$$

取安全系数 $K = 2.0$，则塑性铰区最大容许转角为：

$$\theta_u = L_p(\varphi_u - \varphi_y)/K_{ds} = 7.73 \times 10^{-2} (\text{rad})$$

由于基础的柔性，墩顶相对于墩底的位移需求小于墩顶位移需求，可见桥墩的位移能力满足要求。

（3）墩柱塑性铰区抗剪强度验算。

塑性铰区域截面超强弯矩应按下式计算：

$$M_{p0} = \varphi^0 M_u = 1.2 \times 23700 = 28440(\text{kN} \cdot \text{m})$$

延性墩柱的底部区域为潜在塑性铰区域，沿顺桥向剪力设计值 V_{c0} 为：

$$V_{c0} = \frac{M_{p0}}{H_n} = \frac{28440}{7.5 + 3.2 + 0.3} = 2585.5(\text{kN})$$

单个桥墩墩柱塑性铰区域沿顺桥向的斜截面抗剪强度应按下列公式验算：

$$\rho_s = \frac{2A_v}{bs} = \frac{2 \times (4+\sqrt{2}) \times 1.13}{180 \times 10} = 0.0068$$

$$\lambda = \frac{\rho_s f_{yh}}{10} + 0.38 - 0.1\mu_\Delta = 0.32 > 0.3, 取 \lambda = 0.3$$

$$v_c = \lambda \left(1 + \frac{P_c}{1.38 \times A_g}\right) \sqrt{f_{cd}} = 0.3 \times \left(1 + \frac{10961.3}{1.38 \times 36000}\right) \times \sqrt{18.4}$$

$$= 1.57 > \min \begin{cases} 0.355 \sqrt{f_{cd}} = 1.52 \\ 1.47\lambda \sqrt{f_{cd}} = 1.89 \end{cases}$$

取 $v_c = 1.52$

$$V_{c0} = \varphi \left(0.1 v_c A_e + 0.1 \frac{A_v f_{yh} h_0}{s}\right)$$

$$= 0.85 \times \left(0.1 \times 1.52 \times 28800 + 0.1 \times \frac{6.12 \times 280 \times 190}{10}\right)$$

$$= 6488.4 (\text{kN})$$

可见，墩柱塑性铰区抗剪强度验算满足要求。

(4) 基础验算。

对于低桩承台基础，弯矩、剪力和轴力的设计值应根据墩柱底部可能出现塑性铰处截面的超强弯矩及其对应剪力、墩柱恒载轴力，并考虑承台的贡献来计算。作用在承台的水平地震力可用静力法按下式计算：

$$F_{bp} = C_i C_s A_g G_{bp}/g = \frac{1.7 \times 1 \times 0.2 \times 9.8 \times 383.8 \times 9.8}{9.8} = 1278.8 (\text{kN})$$

纵向单墩柱墩底塑性铰区域截面超强弯矩应按下式计算：

$$M_n = \varphi^0 M_u = 1.2 \times 23700 = 28440 (\text{kN} \cdot \text{m})$$

承台底部组合轴力、剪力和弯矩分别为：

$$N_Z = (1600.5 + 492 + 145 + 383.8) \times 9.8 = 25688.7 (\text{kN})$$

$$Q_Z = 2585.5 \times 2 + 1278.8 = 6449.8 (\text{kN})$$

$$M_Z = 2 \times 1.2 \times 23700 + 2 \times 2585.5 \times 2.5 + 1278.8 \times 1.25 = 71406 (\text{kN} \cdot \text{m})$$

按桩基础规范计算得到单桩最大弯矩为 225.0 kN·m，出现在桩顶，最大单桩轴力为 328 kN，最小单桩轴力为 −538 kN。

考虑最不利组合，以最小单桩轴力验算桩身抗弯强度，求得该轴力下截面抗弯能力为 1035.7 kN·m，满足验算要求。以最大单桩轴力验算单桩承载力，根据《公路桥梁抗震设计规范》(JTG/T 2231-01—2020)，地震状态下单桩竖向承载力调整系数取 2.0，因此单桩承载力为 5000 kN，满足验算要求。

(5) 支座验算。

固定墩支座应按能力保护构件设计，全部支座纵向水平地震力为：

$$E_{hze} = 2585.5 \times 2 = 5171 (\text{kN})$$

最终，支座水平力还应与水久作用、温度等作用进行组合，进而指导支座选型，此处略。

5.5.4 横向地震作用下地震反应分析和抗震验算

对于双柱墩,在恒载作用下,仅考虑其轴力作用,忽略盖梁预应力及主梁恒载等产生的柱端弯矩作用。

1. E1 地震作用

(1) 地震反应分析。

横向周期:

$$T = 2\pi \sqrt{\frac{M_t}{K}} = 2\pi \sqrt{\frac{19919}{1.28 \times 10^5}} = 2.48(\text{s})$$

反应谱加速度:

$$S = S_{\max}(T_g/T) = 2.45 \times \left(\frac{0.45}{2.48}\right) = 0.45(\text{m/s}^2)$$

地震等效静力荷载:

$$p_e = \frac{SM_t}{L} = \frac{0.45 \times 19919}{9 \times 40} = 24.90(\text{kN/m})$$

代入图 5.24 所示模型,计算得到的最大支座水平力:

$$E_{kti} = 2325(\text{kN})$$

将地震力作用于主梁质心处,可以计算框架结构的单柱地震内力,其中地震轴力、墩顶截面弯矩和墩底截面弯矩分别为 4235 kN、7125 kN·m 和 7983 kN·m。

(2) 墩身强度验算。

在恒载作用下,墩柱的墩顶截面和墩底截面横桥向弯矩分别为 3385 kN·m、1792 kN·m。为简化起见,在地震作用与恒载进行组合时,柱端的弯矩组合偏于安全地采用绝对值组合。

受拉侧墩柱墩顶截面的组合轴力和组合弯矩分别为:

$$N_z = \frac{(1600.5 + 492) \times 9.8}{2} - 4235 = 6018.25(\text{kN})$$

$$M_z = 3385 + 7125 = 10510(\text{kN} \cdot \text{m})$$

受拉侧墩柱墩底截面的组合轴力和组合弯矩分别为:

$$N_z = \frac{(1600.5 + 492 + 145) \times 9.8}{2} - 4235 = 6728.75(\text{kN})$$

$$M_z = 1792 + 7983 = 9775(\text{kN} \cdot \text{m})$$

受压侧墩柱墩顶截面的组合轴力和组合弯矩分别为:

$$N_z = \frac{(1600.5 + 492) \times 9.8}{2} + 4235 = 14488(\text{kN})$$

$$M_z = 7125 + 3385 = 10510(\text{kN} \cdot \text{m})$$

受压侧墩柱墩底截面的组合轴力和组合弯矩分别为:

$$N_z = \frac{(1600.5+492+145)\times 9.8}{2} + 4235 = 15198.75 (\text{kN})$$

$$M_z = 7983 + 1792 = 9775 (\text{kN} \cdot \text{m})$$

计算墩身抗弯能力,其中材料强度取设计值,验算结果见表5-8。

表 5-8 E1 地震作用下桥墩强度验算结果

墩柱	验算截面	组合轴力 /kN	组合弯矩 /kN·m	等效屈服弯矩 /kN·m	验算结果
受拉	墩顶	6018	10510	13420	满足
	墩底	6728	9775	14750	满足
受压	墩顶	14488	10510	18890	满足
	墩底	15198	9775	18910	满足

2. E2 地震作用

(1)地震反应分析。

假设在横向 E2 地震作用下桥墩处于弹性工作状态,不进行刚度折减,计算弹性状态下的地震反应,纵向周期仍为 1.64 s,则反应谱加速度为:

$$S_{\max} = 2.5 C_i C_s C_d A = 2.5 \times 1.7 \times 1 \times 1 \times 0.3 \times 9.8 = 12.495 (\text{m/s}^2)$$

$$S = S_{\max}(T_g/T) = 12.495 \times \left(\frac{0.45}{1.64}\right) = 3.43 (\text{m/s}^2)$$

地震等效静力荷载:

$$p_e = \frac{SM_t}{L} = \frac{3.43 \times 19919}{9 \times 40} = 189.78 (\text{kN/m})$$

由模型计算得到的单墩最大水平地震力:

$$E_{kti} = 8160 (\text{kN})$$

将地震力作用于主梁质心处,可以计算框架结构的单柱地震内力,其中地震轴力、墩顶截面弯矩和墩底截面弯矩分别为 13100 kN、24234 kN·m 和 26590 kN·m。

(2)墩身强度验算。

同上,在地震作用与恒载作用进行组合时,柱端的弯矩组合偏于安全地采用绝对值组合。

受拉侧墩柱墩顶截面的组合轴力和组合弯矩分别为:

$$N_z = \frac{(1600.5+492)\times 9.8}{2} - 13100 = -2847 (\text{kN})$$

$$M_Z = 3385 + 24234 = 27619(\text{kN} \cdot \text{m})$$

受拉侧墩柱墩底截面的组合轴力和组合弯矩分别为：

$$N_Z = \frac{(1600.5 + 492 + 145) \times 9.8}{2} - 13100 = -2136(\text{kN})$$

$$M_Z = 1792 + 26590 = 28382(\text{kN} \cdot \text{m})$$

受压侧墩柱墩顶截面的组合轴力和组合弯矩分别为：

$$N_Z = \frac{(1600.5 + 492) \times 9.8}{2} + 13100 = 23353(\text{kN})$$

$$M_Z = 24234 + 3385 = 27619(\text{kN} \cdot \text{m})$$

受压侧墩柱墩底截面的组合轴力和组合弯矩分别为：

$$N_Z = \frac{(1600.5 + 492 + 145) \times 9.8}{2} + 13100 = 24064(\text{kN})$$

$$M_Z = 26590 + 1792 = 28382(\text{kN} \cdot \text{m})$$

计算墩身抗弯能力，其中材料强度取设计值，验算结果见表 5-9。

表 5-9 E2 地震作用下桥墩强度验算结果（横桥向）

墩柱	验算截面	组合轴力 /kN	组合弯矩 /kN·m	等效屈服弯矩 /kN·m	验算结果
受拉	墩顶	−2847	27619	11052	屈服
	墩底	−2136	28382	10440	屈服
受压	墩顶	23353	27619	23870	屈服
	墩底	24064	28382	24560	屈服

从验算结果可知，在 E2 地震作用横桥向地震输入下，双柱墩两个墩顶、墩顶四个截面皆进入屈服阶段，需考虑刚度折减，计算墩底截面在恒载作用下的等效屈服弯矩 M_y 和等效屈服曲率 φ_y，则截面等效抗弯刚度为：

$$E_c \times I_{eff} = \frac{M_y}{\varphi_y} = 1.2 \times 10^7 (\text{kN} \cdot \text{m}^2)$$

折减之后的纵向换算刚度为：

$$K_e = 5.83 \times 10^5 (\text{kN/m})$$

则横桥向刚度折减后周期为：

$$T = 2\pi \sqrt{\frac{M_t}{K}} = 2\pi \sqrt{\frac{19919}{5.83 \times 10^5}} = 1.16(\text{s})$$

则反应谱加速度：

$$S = S_{\max}(T_g/T) = 8.33 \times \left(\frac{0.45}{1.16}\right) = 3.2(\text{m/s}^2)$$

地震等效静力荷载：

$$p_e = \frac{SM_t}{L} = \frac{3.2 \times 19919}{9 \times 40} = 177 (\text{kN/m})$$

由模型计算得到的最大支座水平力：

$$E_{kti} = 6150 (\text{kN})$$

横向位移需求：

$$\frac{T^*}{T} = \frac{1.25 \times 0.45}{1.36} = 0.42 \leqslant 1.0, \text{故} R_d = 1.0$$

$$\Delta_d = \frac{E_{E2}}{K} \times R_d = \frac{177 \times 9 \times 40}{5.83 \times 10^5} \approx 0.109 (\text{m}) = 10.9 (\text{cm})$$

(3) 桥墩横向位移能力验算。

双柱墩墩顶横向容许位移根据规范条文规定，需采用非线性静力分析计算，定义为墩柱的任一塑性铰达到其最大容许转角或极限曲率时的位移，一般需要通过多次迭代求解。具体过程如下：假设墩柱轴力为恒载轴力，按截面实配钢筋，采用材料强度标准值，计算出各墩柱塑性铰区域截面的等效屈服弯矩和开裂截面有效刚度，然后进行框架墩推倒分析，得到墩柱的地震轴力，将地震轴力与恒载轴力组合后，采用组合的轴力，重复上述过程，迭代直至收敛。迭代过程的计算结果见表 5-10。

表 5-10 横向位移能力求解过程

	位置	轴力/kN	等效屈服弯矩/kN·m	破坏弯矩/kN·m	等效屈服曲率/m^{-1}	极限屈服曲率/m^{-1}
首次计算	墩底	10329	1.87×10^4	1.87×10^4	1.76×10^{-3}	5.54×10^{-2}
	墩顶	9987	1.80×10^4	1.80×10^4	1.73×10^{-3}	5.72×10^{-2}

地震力产生的轴力为 9142 kN，水平推力为 5203 kN，墩顶屈服位移为 7.9 cm，极限位移为 45.6 cm

	位置	轴力/kN	等效屈服弯矩/kN·m	破坏弯矩/kN·m	等效屈服曲率/m^{-1}	极限屈服曲率/m^{-1}
二次计算	受压墩底	20145	2.42×10^4	2.26×10^4	2.02×10^{-3}	3.65×10^{-2}
	受拉墩底	2150	1.25×10^4	1.29×10^4	1.53×10^{-3}	6.45×10^{-2}
	受压墩顶	18965	2.22×10^4	2.23×10^4	1.99×10^{-3}	3.83×10^{-2}
	受拉墩顶	759	1.13×10^4	1.15×10^4	1.50×10^{-3}	6.41×10^{-2}

地震力产生的轴力为 9012 kN，水平推力为 5112 kN，墩顶屈服位移为 7.8 cm，极限位移为 36.4 cm

二次迭代后地震力轴力以及水平推力与首次计算的相差均在5%以内,满足精度要求,所以横向位移能力为36.4 cm,上文计算的位移需求为10.9 cm,容许位移验算满足要求。

(4) 桥墩抗剪强度验算。

根据表5-10的计算结果,考虑墩柱截面超强,得到受压侧墩柱塑性铰区剪力设计值:

$$V_{c0} = \frac{\sum M}{H_n} = \frac{(22200+24200) \times 1.2}{7.5} = 7424 (\text{kN})$$

受拉侧墩柱塑性铰区剪力设计值:

$$V_{c0} = \frac{\sum M}{H_n} = \frac{(12500+11300) \times 1.2}{7.5} = 3808 (\text{kN})$$

受拉侧斜截面抗剪强度验算:

$$\rho_s = \frac{2A_v}{bs} = \frac{2 \times (4+\sqrt{2}) \times 1.13}{200 \times 10} = 0.0061$$

$$\lambda = \frac{\rho_s f_{yh}}{10} + 0.38 - 0.1 \mu_\Delta = 0.41 > 0.3, 取 \lambda = 0.3$$

$$v_c = \lambda \left(1 + \frac{P_c}{1.38 \times A_g}\right) \sqrt{f_{cd}} = 0.3 \times \left(1 + \frac{759}{1.38 \times 36000}\right) \times \sqrt{18.4} = 1.31$$

$$V_{c0} = \varphi \left(0.1 v_c A_e + 0.1 \frac{A_v f_{yh} h_0}{s}\right)$$
$$= 0.85 \times \left(0.1 \times 1.31 \times 28800 + 0.1 \times \frac{6.12 \times 280 \times 170}{10}\right) = 6685.92 (\text{kN})$$

可见,墩柱塑性铰区抗剪强度验算满足要求。

(5) 基础验算。

对于低桩承台基础,弯矩、剪力和轴力的设计值应根据墩柱底部可能出现塑性铰处截面的超强弯矩及其对应剪力、墩柱恒载轴力,并考虑承台的贡献来计算。作用在承台的水平地震力可用静力法按下式计算:

$$F_{bp} = C_i C_s A_g G_{bp}/g = \frac{1.7 \times 1 \times 0.2 \times 9.8 \times 383.8 \times 9.8}{9.8} = 1278.8 (\text{kN})$$

根据表的计算结果,考虑墩柱截面超强,并与永久荷载组合得到承台底部的组合轴力、剪力和弯矩分别为:

$$N_Z = (1600.5 + 492 + 145 + 383.8) \times 9.8 = 25688.7 (\text{kN})$$
$$Q_Z = 5112 \times 1.2 + 1278.8 = 7413.2 (\text{kN})$$
$$M_Z = 5112 \times 1.2 \times (7.5 + 3.2 + 0.3 + 0.9 + 2.5) + 1278.8 \times 1.25$$
$$= 89933.8 (\text{kN} \cdot \text{m})$$

按桩基础规范计算得到单桩最大弯矩为401.2 kN·m,出现在桩顶,最大单桩轴力为5002 kN,最小单桩轴力为−2115 kN。

考虑最不利组合,以最小单桩轴力验算桩身抗弯强度,求得该轴力下截面抗弯能力为 630.2 kN·m,满足验算要求。以最大单桩轴力验算单桩承载力,根据《公路桥梁抗震设计规范》(JTG/T 2231-01—2020),地震状态下单桩竖向承载力调整系数取 2.0,因此单桩承载力为 5000 kN,满足验算要求。

(6) 支座验算。

支座应按能力保护构件设计,全部支座纵向水平地震力为:

$$E_{hze} = 5456 \times 1.2 = 6547.2 (\text{kN})$$

最终,支座水平力还应与永久作用、温度等作用进行组合,进而指导支座选型,此处略。

5.5.5 防落梁构造设计

防落梁构造设计按《公路桥梁抗震设计规范》(JTG/T 2231-01—2020)第 11 章设计,此处略。

5.6 双柱墩连续梁桥延性抗震设计实例

本节选取一座双柱墩连续梁桥作为对象,按《城市桥梁抗震设计规范》(CJJ 166—2011)的相关要求进行延性抗震设计。

5.6.1 工程概况

1. 结构概况

某城市立交桥中的一联连续梁桥 4×25 m,其立面图如图 5.25 所示,横断面如图 5.26 所示。

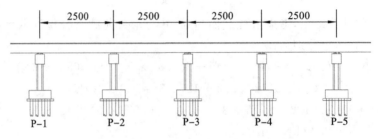

图 5.25 桥梁立面图(单位:cm)

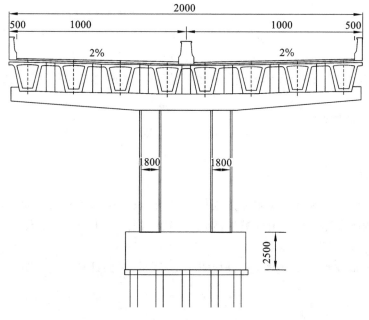

图 5.26 桥梁横断面(单位:cm)

中墩 P-3 为纵向固定墩,墩顶中间两片箱梁下设置固定支座,其余位置设横向单向活动支座,P-1、P-2、P-4 和 P-5 为纵向活动墩,墩顶中间两片箱梁下设置纵向单向活动支座,其余位置设置双向活动支座。

下部结构采用钢筋混凝土柱式墩,盖梁为矩形截面,平均高度 3.2 m,支座和垫石总高 0.3 m。立柱中心间距为 7 m,桥墩为矩形实心截面,截面尺寸为 1.8 m(横桥向)×2.0 m(顺桥向),墩高 $H=16$ m,桥台采用钢筋混凝土桩接盖梁桥台,桥台桩直径为 1.5 m,桩长 25 m。墩身采用 C40 混凝土,承台采用 C35 混凝土,桩基采用 C30 混凝土,混凝土垫层采用 C15 混凝土。

墩身纵筋为 φ25 钢筋,墩底截面的配筋率均为 1.323%,钢筋的弹性模量为 $E_c=2.0\times10^5$ MPa,钢筋的屈服强度 $f_{sy}=335$ MPa,箍筋 φ16 钢筋,箍筋间距 10 cm。

每跨上部结构总质量为 1470.5 t(包括二期恒载),盖梁质量为 456 t,两根立柱质量为 288 t,承台质量为 490 t。

2. 地震动输入

根据地震动区划图,设计基本地震加速度值为 0.20 g,抗震设防烈度为 8 度。场地类别为二类场地,查得设计加速度反应谱特征周期为 0.4 s。根据《城市桥梁抗震设计规范》(CJJ 166—2011),该桥是交通枢纽位置上的桥梁,为乙类,结合设防烈度,选用 A 类抗震设计方法。地震调整系数:E1 地震作用为 0.5,E2 地震作用为 2.0。E1、E2 地震作用下的水平加速度反应谱为:

$$S = \begin{cases} 0.45 S_{\max} & T = 0 \text{ s} \\ \eta_2 S_{\max} & 0.1 \text{ s} < T \leqslant T_g \\ \eta_2 S_{\max}(T_g/T)^\gamma & T_g < T \leqslant 5T_g \\ [\eta_2 0.2^\gamma - \eta_1(T - 5T_g)] S_{\max} & 5T_g < T \leqslant 6 \text{ s} \end{cases}$$

其中,$S_{\max} = 2.25A$,A 为地震加速度峰值,其余符号详见相关规范规定。

5.6.2 计算模型

1. 纵桥向

纵桥向仅一个桥墩上设置固定支座,其余桥墩上都为活动支座,因此可以仅考虑固定墩的刚度建立单自由度模型,质量按 4 跨计算,其中质量中心位于固定墩支座顶部。

E1、E2 地震水平加速度反应谱如图 5.27 所示,纵向计算模型如图 5.28 所示。

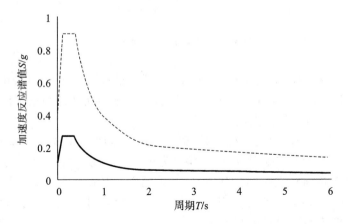

图 5.27 E1、E2 地震水平加速度反应谱

桥墩的换算质量系数 η,需要计算桥墩关键节点的位移后按下式计算:
$$\eta = 0.16(X_f^2 + 2X_{f/2}^2 + X_f X_{f/2} + X_{f/2} X_0 + X_0^2)$$

在支座顶施加单位力,计算桥墩各关键节点的位移,并进一步计算桥墩的质量换算系数,计算结果见表 5-11,本例中 X_0 近似取 1.0。

表 5-11 纵向单位力作用下桥墩关键节点位移和质量换算系数

墩底/m	墩中点/m	墩顶/m	单位力作用点/m	X_f	$X_{f/2}$	X_0	η
2.65×10^{-6}	1.45×10^{-5}	3.80×10^{-5}	3.80×10^{-5}	0.06	0.35	1.00	0.26

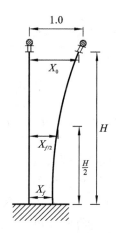

图 5.28 纵向计算模型

单自由度模型的换算质量包括一联主梁和二期恒载总质量,以及固定墩的盖梁、墩身的换算质量:

$$M_t = 4 \times 1470.5 + 456 + 0.26 \times 288 = 6.41 \times 10^3 (\text{t})$$

单自由度模型的换算刚度即为固定支座处桥墩及其基础的刚度组合:

$$K = \frac{1}{\delta} = \frac{1}{3.80 \times 10^{-5}} = 2.63 \times 10^4 (\text{kN/m})$$

2. 横桥向

在横桥向,每个墩都为固定墩,且各墩高相等,主梁横向刚度较大,因此可以简化为单跨桥,建立单自由度模型,其中质量中心位于主梁横断面质心处。本节中,考虑到算例的代表性,采用规范中适用性更广的方法建立横桥向的单自由度计算模型。

横桥向单自由度模型的换算刚度和质量计算需要建立横桥向计算模型,除计算联以外,还分别在左右两侧各加一联边界联,如图 5.29 所示。

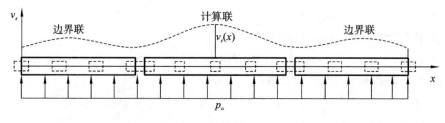

图 5.29 横桥向计算模型

为了计算单自由度模型的换算质量,首先要计算墩身的质量换算系数 η。在主梁质心处施加单位力,计算桥墩中各关键节点的位移,并进一步计算桥墩的质量换算系数,计算结果见表 5-12。

表 5-12 横向单位力作用下桥墩关键节点位移和质量换算系数

墩底/m	墩中点/m	墩顶/m	单位力作用点/m	X_f	$X_{f/2}$	X_0	η
2.03×10^{-6}	7.87×10^{-5}	1.24×10^{-5}	1.25×10^{-5}	0.15	0.56	1.00	0.36

单自由度模型的换算质量,包括计算联、边界联(共计 12 跨)全部主梁和二期恒载总质量,以及全部桥墩(共计 10 个)的盖梁和墩身换算质量:

$$M_t = 12 \times 1470.5 + 13 \times (456 + 0.36 \times 288) = 24921.84(\text{t})$$

以图 5.29 所示模型为基础,在计算联和边界联的全部梁长内施加横桥向单位均布荷载,计算得到计算联的最大横向位移为 3.69×10^{-4} m,所以换算刚度为:

$$K = \frac{p_0 L}{v_{s,\max}} = \frac{1 \times 300}{3.65 \times 10^{-4}} = 8.22 \times 10^5 (\text{kN/m})$$

5.6.3 纵向地震作用下地震反应分析和抗震验算

1. E1 地震作用

(1) 地震反应分析。

纵向周期:

$$T = 2\pi\sqrt{\frac{M_t}{K}} = 2\pi\sqrt{\frac{6.41 \times 10^3}{2.63 \times 10^4}} = 3.10(\text{s})$$

反应谱加速度:

$$S_{\max} = 2.25A = 2.25 \times 0.61 \times 0.2 \times 9.8 = 2.69(\text{m/s}^2)$$

$$\begin{aligned}
S &= [\eta_2 0.2^\gamma - \eta_1(T - 5T_g)]S_{\max} \\
&= [1 \times 0.2^{0.9} - 0.02 \times (3.1 - 5 \times 0.4)] \times 2.69 \\
&= 0.57(\text{m/s}^2)
\end{aligned}$$

作用于活动支座顶面的地震力:

$$E_{kti} = u_i R_i = 0.02 \times 15908 = 318(\text{kN})$$

作用于固定支座顶面的地震力:

$$E_{kti} = SM_t - \sum E_{kti} = 0.57 \times 6.41 \times 10^3 - 3 \times 318 = 2700(\text{kN})$$

(2) 墩柱强度验算。

纵桥向固定墩墩底截面为最不利受力截面,墩底组合轴力为:

$$N_Z = N_D + N_E = \frac{(1470.5 + 456 + 288) \times 9.8}{2} + 0 = 10851(\text{kN})$$

墩底组合弯矩为：

$$M_Z = M_D + M_E = 0 + \frac{2700 \times (16 + 3.2 + 0.3)}{2} = 26325(\text{kN} \cdot \text{m})$$

计算墩底截面，其中材料强度采用标准值，计算得墩底截面纵向抗弯能力为 32750 kN·m，满足强度要求。

2. E2 地震作用

(1) 地震反应分析。

假设在纵向 E2 地震作用下桥墩处于弹性工作状态，不进行刚度折减，计算弹性状态下的地震反应，纵向周期仍为 3.10 s，则反应谱加速度为：

$$S_{\max} = 2.25A = 2.25 \times 2.0 \times 0.2 \times 9.8 = 8.82(\text{m/s}^2)$$

$$S = [\eta_2 0.2^\gamma - \eta_1 (T - 5T_g)]S_{\max}$$
$$= [1 \times 0.2^{0.9} - 0.02 \times (3.1 - 5 \times 0.4)] \times 8.82 = 1.878(\text{m/s}^2)$$

作用于活动支座顶面的地震力：

$$E_{kti} = u_i R_i = 0.02 \times 15908 = 318(\text{kN})$$

作用于固定支座顶面的地震力：

$$E_{kti} = SM_t - \sum E_{kti} = 1.878 \times 6.41 \times 10^3 - 3 \times 318 = 11083(\text{kN})$$

纵桥向固定墩墩底截面为最不利受力截面，墩底组合轴力为：

$$N_Z = N_D + N_E = \frac{(1470.5 + 456 + 288) \times 9.8}{2} + 0 = 10851(\text{kN})$$

墩底组合弯矩为：

$$M_Z = M_D + M_E = 0 + \frac{6976 \times (16 + 3.2 + 0.3)}{2} = 68016(\text{kN} \cdot \text{m})$$

计算墩底截面，其中材料强度采用标准值，计算得墩底截面等效屈服弯矩为 86600 kN·m，显然，墩底截面将发生屈服，需按延性构件刚度折减计算。

计算墩底截面在恒载作用下的等效屈服弯矩 M_y 和等效屈服曲率 φ_y，则截面等效抗弯刚度为：

$$E_c \times I_{eff} = \frac{M_y}{\varphi_y} = 1.38 \times 10^7 (\text{kN} \cdot \text{m}^2)$$

折减之后的纵向换算刚度为：

$$K_e = 1.18 \times 10^4 (\text{kN/m})$$

则纵桥向刚度折减后周期为：

$$T = 2\pi \sqrt{\frac{M_t}{K}} = 2\pi \sqrt{\frac{6.41 \times 10^3}{1.18 \times 10^4}} = 4.63(\text{s})$$

则反应谱加速度：

$$S = [\eta_2 0.2^\gamma - \eta_1 (T - 5T_g)]S_{\max}$$
$$= [1 \times 0.2^{0.9} - 0.02 \times (4.63 - 5 \times 0.4)] \times 8.82 = 2.26(\text{m/s}^2)$$

固定墩墩顶水平地震力：
$$E_{kti} = SM_t - \sum E_{kti} = 2.26 \times 6.41 \times 10^3 - 3 \times 318 = 13532.6 (\text{kN})$$

桥墩为延性构件，E2 阶段需要验算桥墩位移，按弹性方法计算出的地震位移应乘以地震位移修正系数 R_d。

$$\frac{T^*}{T} = \frac{1.25 \times 0.4}{4.63} = 0.11 \leqslant 1.0, 故 R_d = 1.0$$

E2 地震作用下墩顶位移需求（为方便计算，此处未扣除基础柔性对墩顶位移需求的贡献结果是偏安全的）：

$$\Delta_d = \frac{E_{E2}}{K} \times R_d = \frac{13532.6}{1.18 \times 10^4} \approx 1.147 (\text{m}) = 114.7 (\text{cm})$$

(2) 墩柱位移能力验算。

计算求得的墩底截面等效屈服曲率、极限曲率分别为：
$$\varphi_y = 1.63 \times 10^{-5} (\text{cm}^{-1})$$
$$\varphi_u = 5.34 \times 10^{-4} (\text{cm}^{-1})$$

等效塑性铰长度为：
$$L_p = 0.08H + 0.022 f_y d_s = 0.08 \times 1950 + 0.022 \times 335 \times 3.2 = 179.6 (\text{cm})$$

取安全系数 $K = 2.0$，则塑性铰区最大容许转角为：
$$\theta_u = L_p (\varphi_u - \varphi_y)/K = 4.46 \times 10^{-2} (\text{rad})$$

由于基础的柔性，墩底的位移需求小于墩顶位移需求，可见桥墩的位移能力满足要求。

(3) 墩柱塑性铰区抗剪强度验算。

塑性铰区域截面超强弯矩应按下式计算：
$$M_{p0} = \varphi^0 M_p = 1.2 \times 86600 = 103920 (\text{kN} \cdot \text{m})$$

延性墩柱的底部区域为潜在塑性铰区域，沿顺桥向剪力设计值 V_{c0} 为：
$$V_{c0} = \frac{M_{p0}}{H_n} = \frac{103920}{16 + 3.2 + 0.3} = 5329.2 (\text{kN})$$

单个桥墩墩柱塑性铰区域沿顺桥向的斜截面抗剪强度应按下列公式验算：
$$\rho_s = \frac{2A_v}{bs} = \frac{2 \times (4 + \sqrt{2}) \times 1.13}{180 \times 10} = 0.0068$$

$$\lambda = \frac{\rho_s f_{yh}}{10} + 0.38 - 0.1\mu_\Delta = 0.32 > 0.3, 取 \lambda = 0.3$$

$$v_c = \lambda \left(1 + \frac{P_c}{1.38 \times A_g}\right) \sqrt{f_{cd}} = 0.3 \times \left(1 + \frac{10851}{1.38 \times 36000}\right) \times \sqrt{18.4}$$

$$= 1.57 > \min \begin{cases} 0.355 \sqrt{f_{cd}} = 1.52 \\ 1.47\lambda \sqrt{f_{cd}} = 1.89 \end{cases}$$

取 $v_c = 1.52$

$$V_{c0} = \varphi\left(0.1 v_c A_e + 0.1 \frac{A_v f_{yh} h_0}{s}\right)$$
$$= 0.85 \times \left(0.1 \times 1.52 \times 28800 + 0.1 \times \frac{6.12 \times 280 \times 190}{10}\right)$$
$$= 6488.4 (\text{kN})$$

可见,墩柱塑性铰区抗剪强度验算满足要求。

(4) 基础验算。

对于低桩承台基础,弯矩、剪力和轴力的设计值应根据墩柱底部可能出现塑性铰处截面的超强弯矩及其对应剪力、墩柱恒载轴力,并考虑承台的贡献来计算。作用在承台的水平地震力可用静力法按下式计算：

$$F_t = M_t A = 490 \times 2 \times 0.2 \times 9.8 = 1920.8 (\text{kN})$$

纵向单墩柱墩底塑性铰区域截面超强弯矩应按下式计算：

$$M_{p0} = \varphi^0 M_p = 1.2 \times 86600 = 103920 (\text{kN} \cdot \text{m})$$

承台底部组合轴力、剪力和弯矩分别为：

$$N_Z = (1470.5 + 456 + 288 + 490) \times 9.8 = 26504.1 (\text{kN})$$
$$Q_Z = 5329.2 \times 2 + 1920.8 = 12579.2 (\text{kN})$$
$$M_Z = 2 \times 1.2 \times 86600 + 2 \times 5329.2 \times 2.5 + 1920.8 \times 1.25 = 236887 (\text{kN} \cdot \text{m})$$

按桩基础规范计算得到单桩最大弯矩为 260.0 kN·m,出现在桩顶,最大单桩轴力为 4670 kN,最小单桩轴力为 −750 kN。

考虑最不利组合,以最小单桩轴力验算桩身抗弯强度,求得该轴力下截面抗弯能力为 1045.7 kN·m,满足验算要求。以最大单桩轴力验算单桩承载力,根据《城市桥梁抗震设计规范》(CJJ 166—2011),地震状态下单桩竖向承载力调整系数取 2.0,因此单桩承载力为 6000 kN,满足验算要求。

(5) 支座验算。

固定墩支座应按能力保护构件设计,全部支座纵向水平地震力为：

$$E_{hze} = 5329.2 \times 2 = 10658.4 (\text{kN})$$

最终,支座水平力还应与永久作用、温度等作用进行组合,进而指导支座选型,此处略。

5.6.4 横向地震作用下地震反应分析和抗震验算

对于双柱墩,在恒载作用下,仅考虑其轴力作用,忽略盖梁预应力及主梁恒载等产生的柱端弯矩作用。

1. E1 地震作用

(1) 地震反应分析。

横向周期：

$$T = 2\pi\sqrt{\frac{M_t}{K}} = 2\pi\sqrt{\frac{24921.84}{8.22\times10^5}} = 1.09(\text{s})$$

反应谱加速度：

$$S = \eta_2 S_{\max}(T_g/T)^\gamma = 1.0\times2.69\times\left(\frac{0.4}{1.09}\right)^{0.9} = 1.09(\text{m/s}^2)$$

地震等效静力荷载：

$$p_e = \frac{SM_t}{L} = \frac{1.09\times24921.84}{12\times25} = 90.5(\text{kN/m})$$

代入图5.29所示模型，计算得到的最大支座水平力：

$$E_{kti} = 2108.2(\text{kN})$$

将地震力作用于主梁质心处，可以计算框架结构的单柱地震内力，其中地震轴力、墩顶截面弯矩和墩底截面弯矩分别为 3530 kN、7060 kN·m 和 7898 kN·m。

(2) 墩身强度验算。

在恒载作用下，墩柱的墩顶截面和墩底截面横桥向弯矩分别为 3415 kN·m、1908 kN·m。为简化起见，在地震作用与恒载进行组合时，柱端的弯矩组合偏于安全地采用绝对值组合。

受拉侧墩柱墩顶截面的组合轴力和组合弯矩分别为：

$$N_Z = \frac{(1470.5+456)\times9.8}{2} - 3530 = 5909.85(\text{kN})$$

$$M_Z = 3415 + 7060 = 10475(\text{kN}\cdot\text{m})$$

受拉侧墩柱墩底截面的组合轴力和组合弯矩分别为：

$$N_Z = \frac{(1470.5+456+288)\times9.8}{2} - 3530 = 7321(\text{kN})$$

$$M_Z = 1908 + 7898 = 9806(\text{kN}\cdot\text{m})$$

受压侧墩柱墩顶截面的组合轴力和组合弯矩分别为：

$$N_Z = \frac{(1470.5+456)\times9.8}{2} + 3530 = 12970(\text{kN})$$

$$M_Z = 7060 + 3415 = 10475(\text{kN}\cdot\text{m})$$

受压侧墩柱墩底截面的组合轴力和组合弯矩分别为：

$$N_Z = \frac{(1470.5+456+288)\times9.8}{2} + 3530 = 14381(\text{kN})$$

$$M_Z = 7898 + 1908 = 9806(\text{kN}\cdot\text{m})$$

计算墩身抗弯能力，其中材料强度取设计值，验算结果见表5-13。

表 5-13 E1 地震作用下桥墩强度验算结果

墩 柱	验算截面	组合轴力/kN	组合弯矩/kN·m	等效屈服弯矩/kN·m	验算结果
受拉	墩顶	5910	10475	13330	满足
	墩底	7321	9806	14630	满足
受压	墩顶	12970	10475	18760	满足
	墩底	14381	9806	18890	满足

2. E2 地震作用

(1) 地震反应分析。

假设在横向 E2 地震作用下桥墩处于弹性工作状态,不进行刚度折减,计算弹性状态下的地震反应,纵向周期仍为 1.09 s,则反应谱加速度为:

$$S_{\max} = 2.25A = 2.25 \times 2.0 \times 0.2 \times 9.8 = 8.82(\text{m/s}^2)$$

$$S = [\eta_2 0.2^\gamma - \eta_1(T - 5T_g)]S_{\max}$$
$$= [1 \times 0.2^{0.9} - 0.02 \times (1.09 - 5 \times 0.4)] \times 8.82 = 2.23(\text{m/s}^2)$$

地震等效静力荷载:

$$p_e = \frac{SM_t}{L} = \frac{2.23 \times 24921.84}{12 \times 25} = 185(\text{kN/m})$$

由模型计算得到的单墩最大水平地震力:

$$E_{kti} = 7220(\text{kN})$$

将地震力作用于主梁质心处,可以计算框架结构的单柱地震内力,其中地震轴力、墩顶截面弯矩和墩底截面弯矩分别为 12710 kN、25440 kN·m 和 28460 kN·m。

(2) 墩身强度验算。

同上,在地震作用与恒载作用进行组合时,柱端的弯矩组合偏于安全地采用绝对值组合。

受拉侧墩柱墩顶截面的组合轴力和组合弯矩分别为:

$$N_Z = \frac{(1470.5 + 456) \times 9.8}{2} - 12710 = -3270(\text{kN})$$

$$M_Z = 3415 + 25440 = 28855(\text{kN·m})$$

受拉侧墩柱墩底截面的组合轴力和组合分别为:

$$N_Z = \frac{(1470.5 + 456 + 288) \times 9.8}{2} - 12710 = -1859(\text{kN})$$

$$M_Z = 1908 + 28460 = 30368(\text{kN} \cdot \text{m})$$

受压侧墩柱墩顶截面的组合轴力和组合弯矩分别为:

$$N_Z = \frac{(1470.5 + 456) \times 9.8}{2} + 12710 = 22150(\text{kN})$$

$$M_Z = 25440 + 3415 = 28855(\text{kN} \cdot \text{m})$$

受压侧墩柱墩底截面的组合轴力和组合弯矩分别为:

$$N_Z = \frac{(1470.5 + 456 + 288) \times 9.8}{2} + 12710 = 23561(\text{kN})$$

$$M_Z = 28460 + 1908 = 30368(\text{kN} \cdot \text{m})$$

计算墩身抗弯能力,其中材料强度取设计值,验算结果见表 5-14。

表 5-14　E2 地震作用下桥墩强度验算结果(横桥向)

墩　柱	验算截面	组合轴力 /kN	组合弯矩 /kN·m	等效屈服弯矩 /kN·m	验算结果
受拉	墩顶	−3270	28855	10610	屈服
	墩底	−1859	30368	11740	屈服
受压	墩顶	22150	28855	25970	屈服
	墩底	23561	30368	26650	屈服

从验算结果可知,在 E2 地震作用横桥向地震输入下,双柱墩两个墩柱墩顶、墩底四个截面皆进入屈服阶段,需考虑刚度折减,计算墩底截面在恒载作用下的等效屈服弯矩 M_y 和等效屈服曲率 φ_y,则截面等效抗弯刚度为:

$$E_c \times I_{eff} = \frac{M_y}{\varphi_y} = 1.1 \times 10^7 (\text{kN} \cdot \text{m}^2)$$

折减之后的纵向换算刚度为:

$$K_e = 5.78 \times 10^5 (\text{kN/m})$$

则横桥向刚度折减后周期为:

$$T = 2\pi \sqrt{\frac{M_t}{K}} = 2\pi \sqrt{\frac{24921.84}{5.78 \times 10^5}} = 1.31(\text{s})$$

则反应谱加速度:

$$S = \eta_2 S_{\max}(T_g/T)^\gamma = 1.0 \times 8.82 \times \left(\frac{0.4}{1.31}\right)^{0.9} = 3.03(\text{m/s}^2)$$

地震等效静力荷载:

$$p_e = \frac{SM_t}{L} = \frac{3.03 \times 24921.84}{12 \times 25} = 252(\text{kN/m})$$

由模型计算得到的最大支座水平力:

$$E_{kti} = 5652 (\text{kN})$$

横向位移需求:

$$\frac{T^*}{T} = \frac{1.25 \times 0.4}{1.31} = 0.38 \leqslant 1.0, 故 R_d = 1.0$$

$$\Delta_d = \frac{E_{E2}}{K} \times R_d = \frac{252 \times 12 \times 25}{5.78 \times 10^5} \approx 0.131(\text{m}) = 13.1(\text{cm})$$

(3) 桥墩横向位移能力验算。

双柱墩墩顶横向容许位移根据规范条文规定,需采用非线性静力分析计算,定义为墩柱的任一塑性铰达到其最大容许转角或极限曲率时的位移,一般需要通过多次迭代求解。具体过程如下:假设墩柱轴力为恒载轴力,按截面实配钢筋,采用材料强度标准值,计算出各墩柱塑性铰区域截面的等效屈服弯矩和开裂截面有效刚度,然后进行框架墩推倒分析,得到墩柱的地震轴力,将地震轴力与恒载轴力组合后,采用组合的轴力,重复上述过程,迭代直至收敛。迭代过程的计算结果见表 5-15。

表 5-15 横向位移能力求解过程

	位置	轴力/kN	等效屈服弯矩/kN·m	破坏弯矩/kN·m	等效屈服曲率/m^{-1}	极限屈服曲率/m^{-1}
首次计算	墩底	11629	1.95×10^4	1.95×10^4	1.84×10^{-3}	5.60×10^{-2}
	墩顶	10252	1.91×10^4	1.91×10^4	1.83×10^{-3}	5.80×10^{-2}

地震力产生的轴力为 9415 kN,水平推力为 5203 kN,墩顶屈服位移为 8.1 cm,极限位移为 48.5 cm

	位置	轴力/kN	等效屈服弯矩/kN·m	破坏弯矩/kN·m	等效屈服曲率/m^{-1}	极限屈服曲率/m^{-1}
二次计算	受压墩底	20755	2.55×10^4	2.43×10^4	2.04×10^{-3}	3.65×10^{-2}
	受拉墩底	2103	1.41×10^4	1.41×10^4	1.65×10^{-3}	6.54×10^{-2}
	受压墩顶	19378	2.46×10^4	2.36×10^4	2.00×10^{-3}	3.87×10^{-2}
	受拉墩顶	850	1.31×10^4	1.33×10^4	1.65×10^{-3}	6.49×10^{-2}

地震产生的轴力为 9056 kN,水平推力为 5120 kN,墩顶屈服位移为 8 cm,极限位移为 36.9 cm

二次迭代后地震轴力以及水平推力与首次计算的相差均在 5% 以内,满足精度要求,所以横向位移能力为 36.9 cm,上文计算的位移需求为 13.1 cm,容许位移验算满足要求。

(4) 桥墩抗剪强度验算。

根据表 5-15 的计算结果,考虑墩柱截面超强,得到受压侧墩柱塑性铰区剪力设计值:

$$V_{c0} = \frac{\sum M}{H_n} = \frac{(24600+25500) \times 1.2}{16} = 3758(\text{kN})$$

受拉侧墩柱塑性铰区剪力设计值:

$$V_{c0} = \frac{\sum M}{H_n} = \frac{(14100+13100) \times 1.2}{16} = 2040(\text{kN})$$

受拉侧斜截面抗剪强度验算:

$$\rho_s = \frac{2A_v}{bs} = \frac{2 \times (4+\sqrt{2}) \times 1.13}{200 \times 10} = 0.0061$$

$$\lambda = \frac{\rho_s f_{yh}}{10} + 0.38 - 0.1\mu_\Delta = 0.41 > 0.3, \text{取} \lambda = 0.3$$

$$v_c = \lambda \left(1 + \frac{P_c}{1.38 \times A_g}\right)\sqrt{f_{cd}} = 0.3 \times \left(1 + \frac{850}{1.38 \times 36000}\right) \times \sqrt{18.4} = 1.31$$

$$V_{c0} = \varphi \left(0.1 v_c A_e + 0.1 \frac{A_v f_{yh} h_0}{s}\right)$$

$$= 0.85 \times \left(0.1 \times 1.31 \times 28800 + 0.1 \times \frac{6.12 \times 280 \times 170}{10}\right) = 6685.9(\text{kN})$$

可见,墩柱塑性铰区抗剪强度验算满足要求。

(5) 基础验算。

对于低桩承台基础,弯矩、剪力和轴力的设计值应根据墩柱底部可能出现塑性铰处截面的超强弯矩及其对应剪力、墩柱恒载轴力,并考虑承台的贡献来计算。作用在承台的水平地震力可用静力法按下式计算:

$$F_t = M_t A = 490 \times 2 \times 0.2 \times 9.8 = 1920.8(\text{kN})$$

根据表的计算结果,考虑墩柱截面超强,并与永久荷载组合得到承台底部的组合轴力、剪力和弯矩分别为:

$$N_Z = (1470.5 + 456 + 288 + 490) \times 9.8 = 26504.1(\text{kN})$$

$$Q_Z = 5120 \times 1.2 + 1920.8 = 8064.8(\text{kN})$$

$$M_Z = 5120 \times 1.2 \times (16 + 3.2 + 0.3 + 0.9 + 2.5) + 1920.8 \times 1.25$$

$$= 143099(\text{kN} \cdot \text{m})$$

按桩基础规范计算得到单桩最大弯矩为 395.6 kN·m,出现在桩顶,最大单桩轴力为 4900 kN,最小单桩轴力为 -2081 kN。

考虑最不利组合,以最小单桩轴力验算桩身抗弯强度,求得该轴力下截面抗弯能力为 630.2 kN·m,满足验算要求。以最大单桩轴力验算单桩承载力,根据《城市桥梁抗震设计规范》(CJJ 166—2011),地震状态下单桩竖向承载力调整系数取 2.0,因此单桩承载力为 5000 kN,满足验算要求。

(6) 支座验算。

支座应按能力保护构件设计，全部支座纵向水平地震力为：
$$E_{hze} = 5360 \times 1.2 = 6432 (\text{kN})$$

最终，支座水平力还应与永久作用、温度等作用进行组合，进而指导支座选型，此处略。

5.6.5 防落梁构造设计

防落梁构造设计按《城市桥梁抗震设计规范》(CJJ 166—2020)第 11 章设计，此处略。

第 6 章 桥梁减隔震设计

随着人们对地震研究的不断深入,桥梁抗震设计也在不断地发生着新的变化,许多新方法的产生给桥梁抗震设计带来了新的突破,不但满足了功能评估的要求,同时也满足了安全评估的要求,桥梁抗震新技术的应用给桥梁抗震带来了崭新的面貌。

传统结构抗震设计方法是依靠增加结构构件自身的强度、变形能力来抗震的。该方法中,允许很大的地震能量从地面传递给结构,而抗震设计主要考虑的问题就是如何为结构提供抵抗这种地震作用的能力。尽管通过适当选择塑性铰的位置和仔细设计构件的细部构造可以确保结构的整体性和防止结构倒塌的发生,但结构构件的损伤是不可避免的。近几十年来,为了提高结构的抗震性能,研究人员提出了一些新的抗震技术,主要包括减隔震技术、被动控制技术、主动控制技术及混合控制技术等。减隔震技术作为近些年发展起来的一种抗震技术手段,在稳定桥梁整体结构、分散地震作用力的过程中起到了十分积极的作用。它分为减震与隔震两大功能,前者所具备的特制减震构件能够大量消耗地震通过地基传导给桥梁结构体系的能量,后者阻止减震装置未完全消耗的地震能量进入桥梁主体结构,起到二次防范的作用。从本质上说,减隔震方法也是结构控制方法中的一种,属于被动控制技术。

本章从工程应用的角度来介绍减隔震技术,内容包括:减隔震技术的基本原理、减隔震技术的应用与发展、减隔震装置、减隔震设计以及减隔震计算实例。

6.1 桥梁减隔震技术的基本原理

6.1.1 工作机理

减隔震装置通过隔震装置将结构与地震波分离开来,从而减少地震波的输入,通过阻尼耗散地震能量,即减隔震装置通过隔震和消能两种方式加强结构的抗震能力。在地震作用下,桥墩、桥塔底部会产生很大的弯矩和剪力,墩梁相对位移容易失去控制而发生落梁及相邻梁体碰撞等震害。采用减隔震支座可以有效消耗地震能量,从而避免这些震害的发生。桥梁减隔震装置主要通过减小结构自振频率、增大结构阻尼、分散地震力三种方式加强桥梁抗震能力。加速度反应谱如图 6.1 所示,位移反应谱如图 6.2 所示。

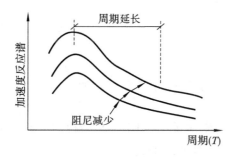

图 6.1　加速度反应谱

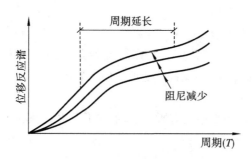

图 6.2　位移反应谱

(1) 增大桥梁自振周期。减隔震支座的布置会影响结构的自振特性,减小结构的自振频率。由图 6.1 可知,当结构自振周期超过一个临界值时,随着结构自振周期的增大,结构的反应加速度逐渐减小,即结构所受的地震惯性力减小,同时结构在地震下的位移响应增大。地震有自己的卓越频率,若结构的自振频率与地震卓越频率相近时,容易引发共振,从而导致结构的地震响应被放大。采用减隔震装置,增大结构周期,减小结构自振频率,使结构的自振频率与地震卓越频率相差较大,远离共振区域。现阶段通常采用柔性支承的方式降低结构自振频率,只需要将桥梁原来的普通支座替换成减隔震支座即可。

(2) 提高结构阻尼。由图 6.1 和图 6.2 可知,结构阻尼增大,结构在地震反应下的加速度会减小,结构在地震反应下的位移响应也会变小,即增大结构阻尼可以减小地震惯性力的影响,同时控制位移响应。阻尼降低地震动影响主要是由于阻尼材料的大幅度变形、摩擦等方式消耗地震能量。地震波频谱特性变化较大,隔震器不是对所有频率的地震波都有较好的隔震作用,而只是对其中一小部分频率的地震波起作用。然而,阻尼器对所有频谱的地震波都可以起作用,应用范围要更加广泛。

(3) 分散地震水平力。如果桥梁的支承采用固定支座和滑动支座,则地震水平作用力主要由安装固定支座的那个桥墩承担,从而容易造成桥墩的破坏。全桥采用减隔震支座,可以使所有桥墩协同抗震,根据支座和下部结构的刚度合理分配地震力,有效改善桥梁的受力特性。

6.1.2 功能要求

桥梁的减隔震系统应满足以下四个基本功能。

(1) 柔性支承。

柔性支承应当具有一定的柔度,用来延长结构体系的自振周期,把地面振动隔离开来,有效地降低结构的加速度反应。

(2) 阻尼、耗能装置。

阻尼、耗能装置应当具有一定的耗能能力,减小支承面处的相对变形,以便使位移控制在设计允许的范围内。

(3) 一定的刚度、屈服力。

在正常使用荷载(如风荷载、制动力等)或者微地震作用下,体系有足够的弹性刚度,结构不发生屈服和有害振动,满足正常使用要求。

(4) 迅速复位能力。

使隔震结构体系在地震中具有瞬时自动"复位"功能,地震后上部结构回复至初始状态,满足正常使用要求。

6.1.3 延性抗震设计与减隔震设计的比较

从抗震原理上来看,减隔震技术与延性抗震技术有相似性,二者都是通过延长周期以避开地震能量集中的周期范围,并且增大阻尼以耗散能量来达到减小地震反应的目的。但在具体实施方法上,二者却有很大的不同,主要表现在以下两个方面。

(1) 延性抗震设计允许很大的地震能量从地面传递到结构的重要构件上,设计考虑的是如何为结构提供抵抗地震的能力;而减隔震技术的基本目的就是要减小传递到结构重要构件上的地震能量,且将这一地震能量转移到减隔震装置上。

(2) 延性抗震设计要求选定结构构件的特定屈服部位,并形成塑性铰,降低刚度,延长周期,同时利用塑性铰的滞回特性提供耗能能力。因此,结构构件的损伤是不可避免的,震后修复困难。而减隔震技术通过在桥梁上安装减隔震装置来延长地震时桥梁结构的自振周期,增大桥梁结构的阻尼以耗散地震能量。因此,可以避免桥梁结构构件的损伤,而减隔震装置发生损伤时,修复和替换相对比较容易。

另外,在桥梁结构中使用减隔震装置还有以下优势。

(1) 通过合理设计减隔震系统,可改善地震力在下部结构中的分布,以保护基础、墩台等,必要时还可以保护上部结构。

（2）有些减隔震装置在正常使用条件下，由温度、收缩、徐变等变形引起的抗力很小，这为城市高架桥梁中采用多跨长联（连续）梁桥、减少伸缩缝的设置提供了可能，可以使连续梁桥一联的长度增加，从而大大改善行车条件并降低维护费用。

6.2 减隔震技术的应用与发展

6.2.1 国外桥梁减隔震技术的应用与发展

工程减隔震技术在结构抗震中发展已久，其中最早提出隔震概念的是日本学者河合浩藏，随后德国、美国、新西兰等国家都开始大规模研究并制定了相关规范，随后，桥梁减隔震技术也迅速发展起来。

橡胶支座使隔震技术飞跃发展，最早使用在建筑结构中，随着科技的进步，各国研制出更多的减隔震装置，并大量应用于实践，从建筑结构运用到桥梁结构中，许多国家的桥梁性能都从减隔震技术中得到提升。

新西兰自 1973 年开始，到 1993 年为止，有 48 座公路桥和一座铁路桥采用了隔震技术，其中包括 4 座应用隔震技术加固以提高抗震性能的桥梁。新西兰第一座隔震桥是 Mout Bridge，建于 1973 年，170 m 长的钢析架桥面，由钢筋混凝土薄腹桥墩支承。上部结构采用滑动支承隔震，隔震系统的阻尼由 U 型钢弯曲梁提供。1981 年建成的 South Rangitikei 铁路桥，由 6 跨预应力混凝土箱型空心支架梁组成，总长 315 m，桥墩高 70 m，地震作用下传递到细长钢筋混凝土 H 型桥墩上的力通过桥墩两个柱底的交替升降，使桥墩可以做横向摆动来控制地震力。墩柱摇摆提升及相应桥台面横向位移的范围用扭转钢梁阻尼器的滞回耗能加以限制，该阻尼器连接在摇摆提升式墩柱的底部与大刚度支承桩的顶部之间。摇摆提升作用对这座桥减轻地震荷载是非常有效的，因为这座桥的重心很高，因此非隔震设计主要为墩脚处的倾覆力矩所控制。因桩帽刚度相对较大，估计摇摆提升机构自身的阻尼很低，所以摇摆提升过程中的滞回阻尼效果相当明显。

新西兰的 Te Teko 桥采用铅芯橡胶支座进行隔震设计，是世界上为数不多的经历强震的隔震桥梁，在 1987 年的 Edgecumbe 地震中经受了峰值大约为 0.30 g 到 0.35 g 的地面加速度的冲击。该桥共 5 跨，每跨 20 m，采用预制 U 型梁、现浇桥面板以及圆柱形单墩，每跨端部均采用铅芯橡胶支承。为防止水平滑移，隔震装置设计了一个有效高度为 20 mm 的约束环，然而实际西端桥台上环形约束的有效高度仅为 5 mm，由于结构的这个缺陷，桥台的一个支座在地震中失效，从而导致桥梁发生中等程度的破坏。

意大利也是世界上较早在桥梁中应用隔震技术的国家。从 1974 年以来，现代隔震技术渗透到了意大利的传统桥梁建设中,至今,意大利已经建成 150 多座隔震桥梁。值得注意的是,尽管早期应用的设计中没有现代隔震规范和官方的指南可遵循,但意大利已经采用了多种形式的隔震系统。

美国第一次采用隔震系统是在 1979 年,将一些电路断路器装备了阻尼为 7% 的弹性支承,从那时起,许多新建和改建的建筑和桥梁都使用隔震系统。美国第一次将隔震技术用于桥梁是 1984 年,对 Seirra Point 桥进行抗震加固。该桥原建于 1956 年,长 200 m、宽 40 m,水平方向略有弯曲。动力分析表明,在遭受 0.6 g 水平加速度的强震作用下,该桥将会发生严重破坏。解决办法是用铅芯橡胶支座代替钢性球支座进行隔震。据计算,在距离该桥 7 km 处的圣安德烈斯断层发生里氏 8.3 级地震情况下,这些支承能延长结构的固有周期,使桥墩所受实际弹性力减小到原来的 1/6,并采用限位杆保证纵梁与横梁的连接,估计大桥在设计地震动大小的地震发生时和刚发生后都能继续使用。该桥在 Loma Prieta 地震中经受了峰值加速度为 0.09 g 的冲击。由于铅芯橡胶支座的使用有效地降低了地震力,因而桥墩没有受到损坏而幸存下来。

美国第一座新建的隔震桥是 Sexton(1990)。该桥位于伊利诺斯 3 号公路上,主体结构为 3 跨连续组合梁,稍带弯曲,支承在墙型墩和座型桥台上。桥墩和桥台均有桩基,在选择方案之前做了可行性研究,选用方案的原则是尽量减小作用在桥墩上的地震荷载和非地震荷载。这里地基条件较差,为三类场地土,根据 AASHTO(美国公路与交通联合会)设计指南规定,该桥设计地震加速度峰值为 0.20 g。最终选择的方案是采用 20 个铅芯橡胶支座支承将地震荷载分配到桥台上,并在桥墩上放了 20 个合成橡胶支承(无铅芯)。通过调整桥墩和桥台上支承的刚度,使作用在桥墩上的地震力和风荷载等最小,实际弹性基底剪力减小到了 0.15 MPa。

近年来,隔震技术在美国发展迅速,一些大桥采用不同的隔震装置进行了减隔震设计。

Benicia-Martinez 桥是旧金山湾上三座生命线桥梁之一,平均每天有 10 万辆汽车通过,是目前世界上采用隔震技术进行改造的最大桥梁,它是一座 6 车道公路桥,桥梁全长 1877.58 m,共有 10 跨钢桁梁支承在混凝土桥墩上(图 6.3、图 6.4)。该桥的设计地震包括非常强烈的近场地震动,由近场断层和深层土场地影响产生的地面运动谱加速度超过 7 g。在该桥每个混凝土桥墩的顶部安装了两个摩擦摆动支座。这些支座是已生产的最大的隔震支座,支座的直径为 3.965 m,质量为 18160 kg。这些隔震支座的允许最大侧向位移为 1.346 m,恒载加活载的设计值为 2.22×10^5 kN,安装前在加州大学进行了动力测试,测试时考虑了全部荷载和实际地震速度。

位于加州福尔松的美洲河桥是世界上最大的新建隔震桥梁之一(图 6.5、图 6.6)。该桥采用的摩擦摆动隔震支座可以保证桥梁在安全水平地震作用下保持弹性,而桥梁结构不会损坏。与非隔震设计相比,隔震支座的采用使灌注桩尺寸减小,节省了一百万美元的施工费用。非隔震桥梁地震力需求约为桥梁弹性强度的两倍,

图 6.3 Benicia-Martinez 桥全景

图 6.4 Benicia-Martinez 桥中采用的隔震支座

因此,桥梁在安全水平地震作用下可能会发生结构破坏。隔震支座的允许变位是 0.254 m,支承的恒载和活载高达 $1.78×10^4$ kN,隔震支座安装时施加了初始位移,以便满足混凝土后张和收缩带来的施工位移。

密西西比河上的 I-40 大桥是孟菲斯地区的交通、商业和防护要道,它位于新马德里地震区的东南边界(图 6.7)。19 世纪美国中部有 3 次最强的地震发生在这个区域,因此,采用摩擦摆动隔震支座进行加固,它能承受 $8.90×10^4$ kN 以上的竖向荷载,可以抵御新马德里断层上的里氏 7 级地震。采用摩擦摆动隔震支座后,这座有 40 年历史的旧桥在经历强烈地震后仍能正常使用。与传统的加固方案相比,采用摩擦摆动隔震支座的设计方案节省了 1600 万美元的施工成本。成本降低是通过最大限度降低上部结构、桥墩和基础的强度来实现的。

图 6.5 美洲河桥全景

图 6.6 美洲河桥采用的隔震支座

图 6.7 密西西比河桥全景

在日本,第一座建成的隔震桥梁是静冈县横跨 Keta 河的宫川大桥。该桥建成于 1990 年,为 3 跨连续钢桁架梁桥,桥长 110 m,一类场地土,使用铅芯橡胶支承。桥的主体结构横向是受到约束的,沿纵向有±150 mm 的间隙可供移动,超过这一范围桥台将限制其进一步移动。通过适当选择和布置铅芯橡胶支承,将总惯性力合理分配到各个桥墩和桥台上。该桥未隔震的固有周期为 0.3 s,而隔震设计后桥梁的固有周期在小位移幅值内为 0.8 s,大位移幅值下为 1.2 s。日本的大部分隔震桥梁采用铅芯橡胶支承、高阻尼橡胶支承。

从各国的桥梁隔震应用情况可知,除意大利外,桥梁隔震设计中最常采用的是铅芯橡胶支承、高阻尼橡胶支承和摩擦滚动支承等,通常安装在桥梁上部结构与桥墩或桥台之间,部分桥梁采用基础隔震设计。

6.2.2 我国桥梁减隔震技术的应用与发展

目前我国专门进行减隔震设计的桥梁还不多。我国第一座公路隔震桥梁是石家庄石津渠中桥。该桥的抗震设防烈度为Ⅶ度,场地土加权平均剪切波速为 166 m/s,介于 B 类场地和Ⅲ类场地之间。桥梁上部结构为装配式普通钢筋混凝土简支箱型空心板,桥面为连续体系。采用铅芯橡胶支座进行隔震设计,铅芯橡胶支座外径为 315 mm,总高度为 130.5 mm,每根箱梁的两端各用两个隔震支座。隔震装置的上下连接按结构在罕遇地震作用下支座产生最大位移时的竖向压力、水平剪力及相应的弯矩进行计算确定。

在中国台湾,Bai-Ho 桥是全岛最早采用减隔震技术进行实际隔震设计的桥梁之一(图 6.8)。该桥位于台湾北部边缘,是一座三跨连续梁桥(40 m+65 m+40 m),上部结构为变截面预应力混凝土箱梁,每个桥墩上面放置两个 1.25 m×1.25 m×0.247 m 的铅芯橡胶支座(图 6.9)。该桥的设计地震加速度为 0.33 g,结构重要性系数为 1.35。桥梁在现场进行场地实验后安装了强震记录装置,并于 1999 年 10 月 22 日获得了 Gia-Yi 地震(里氏 6.0 级)的完整加速度记录。

我国在铁路桥梁中应用减隔震技术的还不多,1975 年在红水河铁路斜拉桥上采用了盆式橡胶支座。1988 年在北疆铁路的苇子沟桥(4 孔 24 m 钢筋拱桥,9 度地震区)上采用了隔震支座。1993 年在宝中线干河大桥上采用了四氟乙烯滑板式橡胶支座隔震技术,在侯月铁路海子沟大桥上采用了盆式橡胶支座。

我国第一座采用铅芯橡胶支座并进行减隔震设计的铁路桥梁是南疆铁路布谷孜大桥(图 6.10),该桥采用我国自行研制生产的 VP500-L 型铅芯橡胶支座进行隔震设计。在 2003 年 2 月新疆巴楚伽师地震中,震区的其他铁路桥均发生不同程度破坏,并造成交通中断,唯有距震源只有 40 km 的布谷孜大桥屹立不倒,救灾物资就是通过这里源源不断地送往灾区。实践证明,合理的减隔震设计保证了该桥在强震作用下的安全性,在震后救援和重建工作中起到重要作用。

图 6.8　Bai-Ho 桥全景

图 6.9　Bai-Ho 桥采用的铅芯橡胶支座

图 6.10　南疆铁路布谷孜大桥

相比减隔震支座,粘滞阻尼器在我国桥梁减震设计中的应用更加广泛,苏通长江大桥、上海卢浦大桥、舟山西堠门大桥和重庆鹅公岩大桥均采用了粘滞阻尼器进行减隔震设计。进入 21 世纪以后,我国大力完善基础设施,桥梁跨径不断刷新纪录,桥梁建设达到高潮,这大大推动了减隔震技术在我国的发展。特别在汶川地震以后,减隔震技术在我国更是受到青睐,目前在我国建成的减隔震桥梁已经超过 200 座。

将国内外使用减隔震技术的部分桥梁汇总于表 6-1 中,可以看出,减隔震技术已广泛应用于各种类型的桥梁结构中。相比其他减隔震装置,液体粘滞阻尼器不仅可以降低桥梁结构的地震响应,又可以减少构件之间的相对位移,是目前应用最广、发展最为成功的减震装置。

表 6-1　国内外使用减隔震技术的桥梁

桥梁名称	国家/地区	减隔震装置类型	桥型	类型
卢浦大桥	中国 上海	液体粘滞阻尼器	钢拱桥	公路
苏通大桥	中国 江苏	液体粘滞阻尼器	斜拉桥	公路
南宁大桥	中国 广西	液体粘滞阻尼器	钢拱桥	公路
天兴洲长江大桥	中国 湖北	液体粘滞阻尼器	斜拉桥	公铁两用
柳梧桥	中国 拉萨	铅芯橡胶支座	连续梁桥	公路
布谷孜铁路桥	中国 新疆	铅芯橡胶支座	简支梁桥	铁路
澳凼大桥	中国 澳门	铅芯橡胶支座	斜拉桥	公路
社棠河大桥	中国 甘肃	双曲面球型支座	连续梁桥	铁路
Cho-Ji 桥	韩国	E 型钢阻尼支座	连续梁桥	铁路
波河大桥	意大利 米兰	液体粘滞阻尼器	斜拉桥	铁路
宫川桥	日本 静冈	铅芯橡胶支座	钢桁架梁桥	公路
Sexton 桥	美国 西雅图	铅芯橡胶支座	连续梁桥	公路
密西西比大桥	美国 密西西比	摩擦摆支座	钢桁架梁桥	公路

6.2.3 国内外减隔震设计规范发展历程

日本于 20 世纪 80 年代末出版了《桥梁隔震设计指南》,随后建设省完成了 5 座桥梁的示范建造。在这期间日本土木研究所(PWRI)与其他 28 家公司合作,开展了为期 3 年的关于桥梁隔震设计的联合研究计划,研究目的如下:(1)发展新的隔震装置;(2)发展伸缩缝工艺和位移限位器;(3)发展隔震设计方法;(4)隔震设计的工程应用。该项目的研究成果包括高阻尼橡胶支座开发等,具体在 1992 年出版的 Manual for Menshin Design of Highway Bridges(简称《日本隔震设计手册》)中体现。日本的桥梁隔震称为"免震设计(menshin design)",与我们通常说的"isolation design"略有不同,它比较强调:(1)合理地分散上部结构惯性力,使其传递给更多的下部结构;(2)利用阻尼消耗更多地震能量。1995 年日本经历了阪神地震,由于 5 座示范隔震桥梁在这次地震中表现良好,故隔震设计纳入 1996 年修订完成的《道桥示方书·同解说:耐震设计篇》(简称《日本桥规》),列为独立一章。日本桥梁隔震不太强调利用延长周期而降低地震力,因为延长周期势必会带来较大的位移反应,给伸缩缝等的设计、维护带来困难。由于受到规范条文的约束,日本早期(1996 年前)建设的隔震桥梁较多采用了铅芯橡胶支座,阻尼耗能则作为安全储备而未在设计中考虑。目前日本的高速铁路桥梁也逐步采用隔震技术,受铁路抗震设计相关规范制约亦采用类似的设计策略。

美国将隔震技术用于桥梁较早是在 1984 年对 Sierra Point 桥进行抗震加固,至 1990 年建成了 Sexton 桥,全桥采用 20 个铅芯橡胶支座和普通橡胶支座。从 1991 年起,美国有了单独的桥梁隔震设计规范 Guide Specifications for Seismic Isolation Design(简称《AASHTO 隔震指南》),于 1999 年和 2010 年分别完成了 2 次修订,1999 年的修订提出了静力等效法,将反应修正系数 R 减少到 1.5~2.5,还进一步完善了隔震装置恢复力要求等。2010 年的修订结合 USGS 最新的地震区划图,引入了新的反应谱曲线。

中国在 2000 年前后开始将桥梁减隔震技术用于实际工程,先后修建了南疆铁路布谷孜桥和石黄高速公路的石津渠中桥,但相应规范的发展一直滞后。至 2008 年汶川地震后,《公路桥梁抗震设计细则》(简称《08 细则》)开始引入减隔震设计,列出了减隔震设计的原则和减隔震系统的构成以及一般的设计要求。2011 年颁布的《城市桥梁抗震设计规范》(简称《城规》)进一步给出了减隔震装置的基本性能要求、减隔震桥梁地震反应分析方法和抗震验算等内容。此外,2011 年和 2012 年颁布的交通行业标准《公路桥梁铅芯隔震橡胶支座》(简称《LRB 行业标准》)和《公路桥梁高阻尼隔震橡胶支座》(简称《HDRB 行业标准》),就铅芯橡胶支座(LRB)和高阻尼支座(HDRB)的分类、构造、技术要求、试验方法、检验规则等做了规定,至此桥梁相关减隔震装置和设计皆逐步趋于有规范可依,但不同规范之间尚缺协调。

6.3 减隔震装置

近40年来,科研人员通过对结构的抗震和减震研究研制出了多种减隔震装置,它分为隔震装置、减震装置、阻尼器等。有许多支座已经在工程中有着广泛的运用。减隔震装置根据其力学性能大致分为两种:一种是以橡胶为主要耗能机制的高阻尼橡胶支座和铅芯橡胶支座等;另一种是滑动支座,如双曲面球面滑动支座、摩擦摆式支座、平面滑动支座等。阻尼器或耗能装置主要作用就是增大阻尼或耗散能量,主要分为位移型和速度型,位移型主要包括滞变型钢和摩擦摆式支座等,速度型阻尼器包括粘滞液体阻尼器和速度锁定器。此外,在减隔震系统中一些特殊的结构也是必不可少的,比如使用特殊材料的弹性支承、防落梁设置、位移限制装置、落差限制措施等。

6.3.1 橡胶支座

1. 铅芯橡胶支座

铅芯橡胶支座(lead rubber bearing,LRB)是将高纯度的铅芯压入天然叠层橡胶中间的圆形孔洞而形成的一种隔震橡胶支座(图6.11)。按照形状分为方形和圆形两种主要形式。铅芯的加入使得铅芯橡胶支座的阻尼相较于叠层橡胶支座得到极大提高,耗能性能得以极大提升。而且铅芯的加入也大大提高了支座的初始刚度。此外,由于铅是一种较为理想的弹塑性体,这就保证了铅芯橡胶支座在承受水平往复荷载时具有良好的滞回性能以及耐疲劳性能。铅芯橡胶支座将铅与叠层橡胶相结合,使得其既能够承受较大竖向刚度,又能满足减震耗能等性能要求,这也就使得铅芯橡胶支座得以广泛应用到结构减隔震当中。

通常按试验结果建立滞回模型是十分困难,可根据正反加载时的初始刚度与卸载时的刚度基本平行以及正反向屈服刚度也基本平行的原理,将滞回曲线简化为双线性曲线。《城市桥梁抗震设计规范》(CJJ 166—2011)中也规定铅芯隔震橡胶支座的恢复力模型采用双线性曲线,铅芯橡胶支座的恢复力模型可以视为由叠层橡胶支座的恢复力模型和铅芯的恢复力模型相叠加而成的,如图6.12所示。

根据抗震设计中采用的分析方法的不同,铅芯橡胶支座的动力分析模型可分为两大类:等效线性化分析模型和非线性分析模型。等效线性化分析模型就是将实际非线性模型用一个近似的线性模型来描述,从而可以利用线性模型的特性对结构进行响应分析。它主要用于弹性反应谱分析法中,力学参数有两个,等效线性刚度和等效阻尼比。非线性分析模型主要用于非线性静力分析或非线性动力时程分析中,

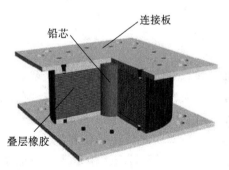

图 6.11 铅芯橡胶支座

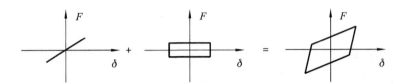

图 6.12 铅芯橡胶支座恢复力模型

其分析模型中涉及的参数一般是通过试验研究确定的。

1) 铅芯橡胶支座等效线性化分析模型

美国国家公路与运输协会 AASHTO—1999 规范建议的铅芯橡胶支座的等效线性刚度和等效阻尼比的计算公式为:

$$K_{eff} = \frac{F_{\max}^+ - F_{\max}^-}{S_d^+ - S_d^-} = \frac{1+\alpha(\mu-1)}{\mu}k_u \tag{6-1}$$

$$\zeta_{eff} = \frac{\Delta W}{2\pi W} = \frac{2(1-\alpha)(\mu-1)}{\pi\mu[1+\alpha(\mu-1)]} \tag{6-2}$$

式中,$F_{\max}^+$——铅芯橡胶支座最大正向水平剪力;

$F_{\max}^-$——铅芯橡胶支座最大反向水平剪力;

S_d^+——铅芯橡胶支座最大正向水平变形;

S_d^-——铅芯橡胶支座最大反向水平变形;

k_u——铅芯橡胶支座的初始剪切刚度;

α——铅芯橡胶支座屈服后刚度与初始剪切刚度之比;

μ——延性,铅芯橡胶支座的极限位移与屈服位移之比;

W——支座的弹性能,即最大水平力与最大位移的乘积;

ΔW——支座吸收的总能量,即滞回曲线所包围的面积。

我国《公路桥梁抗震设计规范》(JTG/T 2231-01—2020)规定铅芯橡胶支座的等

效线性刚度和等效阻尼比的计算公式为:

$$K_{eff} = \frac{F_d}{D_d} = \frac{Q_d}{D_d} + K_d \tag{6-3}$$

$$\zeta_{eff} = \frac{2Q_d(D_d - \Delta_y)}{\pi D_d^2 K_{eff}} \tag{6-4}$$

式中，D_d——铅芯橡胶支座的水平设计位移(m)；

Δ_y——铅芯橡胶支座的屈服位移；

Q_d——铅芯橡胶支座的特征强度(kN)，即滞回曲线正向与剪力轴交叉值；

K_{eff}——铅芯橡胶支座的等效刚度(kN/m)；

K_d——铅芯橡胶支座的屈服刚度；

ζ_{eff}——铅芯橡胶支座的等效阻尼比。

2) 铅芯橡胶支座非线性分析模型

试验研究表明，铅芯橡胶支座的非线性分析模型的主要特征参数包括初始剪切刚度、屈服强度和屈服后刚度。

① 初始剪切刚度。

初始剪切刚度 k_u 与屈服后刚度 k_d 的比值大部分介于 4~10，日本桥梁抗震设计条例和新西兰规范规定 $k_u = 6.5 k_d$。

② 屈服强度。

屈服强度的取值范围为 $F_y = (5\% \sim 10\%) N$，N 代表铅芯橡胶支座承受的竖向力，铅芯的直径越大或者数量越多，则屈服强度的取值越大，其滞回曲线所包围面积也越大，在大震作用下耗能作用越强。

③ 屈服后刚度。

屈服后刚度可取不设铅芯时普通橡胶支座的水平刚度。

3) 铅芯橡胶支座的静力特性

由于桥梁是直接暴露在空气中，没有遮挡的，因此，铅芯橡胶支座无论是在材料上，还是在功能上，都应该具有长期稳定的特性。其静力特性有以下几个方面。

(1) 耐久性：由于长期受温度、湿度、光照等的影响，布置在桥梁结构上的铅芯橡胶支座在地震荷载作用下应能够保持稳定。因而支座的材料需要有非常好的耐久性能，同时支座的构造也需要有很好的耐久性能。

(2) 竖向承载能力：应按《公路桥梁铅芯隔震橡胶支座》(JT/T 822—2011)中的规定来选择。

(3) 徐变压缩量：在长期持续荷载的作用下铅芯橡胶支座会发生徐变变形，其在竖向力作用下的徐变压缩量要低于橡胶厚度的 5%。

(4) 温度稳定性：铅芯橡胶支座的等价刚度应不随着温度在一定范围内变化而产生较大的变化，需具有稳定性。当温度发生变化而引起它的等价刚度也随之发生较大变化时，那么将会改变桥梁结构的自振周期。所以，规定温度在 -10~40 ℃ 之间时，温度变化前后的铅芯橡胶支座等价刚度之比应该要小于 1.3。

4）铅芯橡胶支座的动力特性

由于地震荷载是往复作用的,故布置在桥梁结构上的铅芯橡胶支座要有如下动力特性。

（1）合适的刚度和阻尼：铅芯橡胶支座能够有效地增大桥梁的固有周期以及依靠自身阻尼来吸收耗散能量,从而实现减少地震力的效果。因此,其刚度和阻尼系数是否合适会对减震效果产生很大的影响。

（2）承受大震作用的能力：在反复荷载的连续作用下(50 次),且剪切变位为有效设计变位,支座的性能必须要稳定,而且不能够有损坏。

（3）正的切线刚度：铅芯橡胶支座应具有正的切线刚度。即使支座的响应由于在强震作用下而进入非线性区域,支座产生了较大的变位,但铅芯橡胶支座也该具有正的切线刚度。

（4）复位能力：铅芯橡胶支座应具备复位能力,如果地震荷载作用后它的变形不能得到恢复,那么就会影响车辆在桥梁上行驶。

（5）滞回性能的稳定性：由于地震后还会有余震发生,因此支座的滞回性能应具备稳定性。铅芯橡胶支座在荷载变动和温度变化等的影响下,它的等价刚度和等价阻尼常数同样要具有稳定性。

2. 高阻尼橡胶支座

高阻尼橡胶支座(high damping rubber bearing,HDR),是用复合橡胶材料制成的具有较高阻尼性能的隔震橡胶支座,通过高阻尼橡胶支座在水平方向大位移剪切变形及滞回耗能实现减隔震功能。支座中使用的复合橡胶材料,是在天然橡胶或合成橡胶的聚合物中加入填充剂、补强剂等配合剂制成,不需要额外的阻尼器也能获得较强的阻尼特性,同时仍有普通橡胶支座的水平和竖向力学性能。这样的支座代替了传统的隔震支座加阻尼器的形式,使得隔震层的结构布置更加简单、规则。HDR 高阻尼橡胶减隔震支座结构如图 6.13 所示。

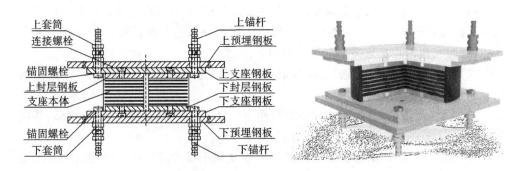

图 6.13　HDR 高阻尼橡胶减隔震支座结构示意图

橡胶材料为超弹性材料，其力学性能随着时间延长而不断变化，同时对环境条件、应变历程、加载速率和应变率十分敏感，在大应变下很多橡胶材料还会出现应力加速增大或应力加速减小的现象。而高阻尼橡胶材料中聚合物的添加又使得其非线性特性更为复杂。由于高阻尼橡胶材料的使用，增加了叠层橡胶支座的阻尼，增强了支座抵抗水平变形的能力，起到一定的自复位效果，大震后自复位能力强，残余变形小；并且支座较高的阻尼功能使得其滞回曲线较为丰满，耗能显著。对支座橡胶配方进行改进，可显著提高高阻尼橡胶支座的等效阻尼比。

在实际试验中，高阻尼橡胶支座的滞回曲线呈现椭圆形或月牙形，如图 6.14 和图 6.15 所示。在剪切应变较小时，支座的刚度较大，随着剪切变形的增大，其刚度会软化，滞回曲线为椭圆形，但当剪切应变幅值达到一定程度后，高阻尼橡胶支座表现出明显的非线性特性，支座会出现刚度硬化现象。

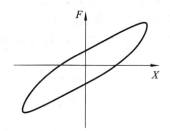

图 6.14　高阻尼橡胶支座椭圆形滞回曲线

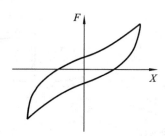

图 6.15　高阻尼橡胶支座月牙形滞回曲线

高阻尼橡胶支座这种既对环境没有污染，又具备稳定的力学性能及阻尼的新型支座，正逐渐成为国内外研究的热点。但是由于橡胶本身的性能，以及聚合物的添加，使得高阻尼隔震橡胶支座非线性特性复杂，这对高阻尼橡胶支座的研究造成了一定的困难。

6.3.2 摩擦摆式减隔震支座

摩擦摆式减隔震支座的主要构造是一个具有球形曲面的滑块和球形铸钢滑动曲面。两者具有相同的曲率半径,可以紧密地契合在一起,在竖向力的作用下,球形曲面上的压应力是均匀分布的。

1. 作用机理

自振摩擦摆式减隔震支座应用原理如图 6.16 所示,从图中可以看出摩擦摆式减隔震支座的本质也是摩擦阻尼支座,不过它是依靠两个曲面的摩擦来实现延长隔震支座的自振周期、消耗地震能量作用的。支座的下底板是凹球面,在地震作用过程中支座中心的摆动凸球面板可以沿支座下底板进行往复摆动,依靠单摆的原理来延长隔震体系的自振周期,避开地震波的高频区段,进而减小地震力的作用。另外,在地震时,摆动凸球面板沿支座下底板摆动时,两曲面的摩擦会消耗一定地震能量,同

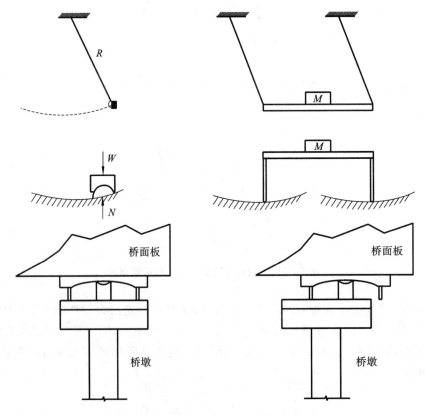

图 6.16 摩擦摆式减隔震支座应用原理

时凸球面板的高度上升,使上部结构的高度被抬高,动能转化为势能,达到降低地震效应的目的。摩擦摆式减隔震支座的摆动球面板在地震后,将在上部结构重力作用下自动复位,使地震响应可以预测和控制。假如对于摩擦力作用忽略不计,摩擦摆式减隔震体系的振动方程可以近似于一个与之等质量的单摆的振动,而单摆长度则是凹球面的曲率半径,通过改变支座的曲率半径,可以改变支座的摆动周期,达到预期的隔震周期。

2. 滞回曲线模型

图 6.17 为摩擦摆式减隔震支座滞回曲线模型,滞回曲线包含面积越大,吸能能力越强。

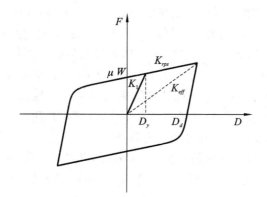

图 6.17 摩擦摆式减隔震支座滞回曲线模型

其中关键参数的物理意义为:

W——摩擦摆式减隔震支座承受的荷载;

D——水平滑动位移;

μ——动摩擦系数;

R——滑动面的半径;

K_i——初始刚度,$K_i = \mu W / D_y$;

D_y——屈服位移(参考美国经验可取 2.5 mm);

D_d——隔震位移;

K_{fps}——摩擦摆式减隔震支座的屈服后刚度,$K_{fps} = W/R$。

因此,摩擦摆式减隔震支座的最大水平力为:

$$F = \frac{W}{R}D + \mu W (\text{sgn}D) \tag{6-5}$$

由此可见,摩擦摆式减隔震支座的最大水平抗力与支座的位移和摩擦系数有关,通过改变支座滑动面的摩擦系数,可以调整支座的水平抗力。

摩擦摆式减隔震支座的隔震周期可表示为:

$$T = 2\pi \sqrt{R/g} \tag{6-6}$$

式中可见,摩擦摆式减隔震支座的隔震周期与上部结构重量无关,这是摩擦摆式减隔震支座的一个特点。

由于摩擦摆式减隔震支座力学特性本质是非线性的,因此需要对其力学模型进行等效线性化,以得到其等效线性刚度及等效粘滞阻尼比,如式(6-7)、式(6-8)所示。

$$K_{eff} = F/D_d = \frac{W}{R} + \frac{\mu W}{D_d} \tag{6-7}$$

$$\xi_e = \frac{2}{\pi}\left[\frac{\mu}{\mu + D_d/R}\right] \tag{6-8}$$

由以上两式可知,其等效线性刚度与等效阻尼比均与滑动曲面的曲率半径 R、滑动摩擦系数 μ 和滑动位移 D_d 有关。

由以上可知,摩擦摆式减隔震支座的设计参数主要有:支座竖向反力、预设隔震周期、球面的曲率半径 R、支座最大滑动位移 D_d 和滑动面摩擦系数 μ 等。在支座设计时,首先根据支座竖向反力 W 确定支座球面滑动面的平面尺寸,预设隔震周期 T 通常为结构自振周期的一倍以上,通过预设隔震周期 T 可以计算球面的曲率半径 R。在确定以上各项参数后,摩擦摆式减隔震支座的双线性模型的各项参数就可以确定。然后通过时程分析计算桥梁的动态响应,计算出作用于下部结构的地震力和地震位移,必要时对支座的设计参数进行调整。

由于摩擦摆式减隔震支座的竖向反力(W)、隔震周期(T)、等效阻尼比(ξ_e)、隔震位移量(D_d)等参数之间关系相对比较简单,因此非常方便工程设计人员的优化选取及应用。

6.3.3 液体粘滞阻尼器

液体粘滞阻尼器源于 20 世纪初,为满足大型武器设备需求,液体粘滞阻尼器及其他设备得以迅速制造和应用。从最初应用于航空、航天和机械等行业上的阻尼器,到 20 世纪 80 年代开始被应用于建筑和桥梁结构上,并进行了大量的试验、研究、鉴定和试用。液体粘滞阻尼器是目前争议较少、应用最广、发展最为成功的减震装置,在桥梁结构的抗风设计、抗震设计、振动控制以及既有桥梁的抗震加固中已有广泛应用。

按照液体粘滞阻尼器耗能机理的不同,大致将其分为两类。

第一类是将粘滞液体密封于活塞筒状装置,利用活塞前后压力使得粘滞液体流过节流孔时产生阻尼力,起到耗能减震的作用。这类液体粘滞阻尼器属于速度型阻尼器,一般由油缸、活塞杆以及节流孔组成,较为典型的是液体粘滞阻尼器,如图 6.18 所示。按照液体粘滞阻尼器的构造不同,又可将其分为单出杆型液体粘滞阻尼器和双出杆型液体粘滞阻尼器。

第二类是将粘滞液体置于敞开容器中,通过产生一定的相对位移来提供阻尼,

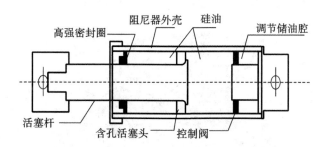

图 6.18 单出杆型液体粘滞阻尼器内部构造

从而起到耗能减震作用。如图 6.19 所示,该类液体粘滞阻尼器属于位移型阻尼器,利用活塞在高黏稠液体中的相对移动提供阻尼,从而起到减震耗能的作用。

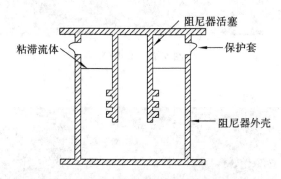

图 6.19 筒式液体粘滞阻尼器内部构造

与其他减隔震装置相比,液体粘滞阻尼器的优点如下。

①内置粘滞液体,可为结构提供较大阻尼而不增加结构整体刚度,不影响整体结构的设计和计算。

②其滞回曲线呈椭圆形,保证了阻尼器在最大位移处受力为零,而在最大受力时位移为零,这对减小结构地震响应十分有利。

③液体粘滞阻尼器既可以降低地震反应中的结构受力,又可以减少构件之间的相对位移。

④可在地震和大风荷载作用下重复使用。由于液体粘滞阻尼器产生的阻尼力与速度和温度有关,且具有方向性,在安装设置时应予以充分考虑。此外,对于液体粘滞阻尼器常见问题如油压调整、漏油、灰尘侵入等也需进行定期维护。

6.3.4 金属阻尼器

金属阻尼器是利用一些金属材料如钢、铅等弹塑性变形性能吸收地震能量的装置。采用低屈服点钢材可以制成弯曲型或剪切型阻尼器(图 6.20、图 6.21)。

图 6.20　E 型钢

图 6.21　剪切型钢阻尼器

　　滞变型钢主要利用低碳钢构件进入塑性状态后其弯曲应力、剪切应力、扭转应力或其组合应力的滞变特性,在塑性滞回变形过程中吸收大量地震能量,并控制地震引起结构产生位移的原理制造的一种减震装置。滞变型钢合理的构件形状可使其应力分布均匀,有效耗散地震能量,同时最大限度地发挥周期疲劳抗力。滞变型钢主要有 C 型钢、E 型钢、悬臂钢等。

　　试验研究表明,大多数滞变型钢的滞回曲线可用双线性来近似模拟。不同类型滞变型钢的选择取决于其放置的位置、可利用的空间、连接的结构以及力和位移的大小。滞变型钢的优点是其制造不需要特殊设备,费用比较合适,坚实耐用,又具有较大的耗能能力。

6.3.5 连接构造和防护措施

刚性连接装置是减隔震装置的一种形式,用来限制结构一个或多个方向的位移,所以原则上它们不应该有任何水平变形的能力。刚性连接装置连接两个结构构件而不传递弯矩和竖向荷载,其常用结构形式包括永久连接装置、熔断保护装置和临时连接装置。

1. 永久连接装置

永久连接装置是在一个或两个方向上产生持续限制、提供转动和产生竖向位移的装置,不传递弯矩和竖向荷载。只在一个水平方向上允许位移的装置称为单向活动型连接装置,在两个水平方向上限制位移的装置称为固定型连接装置。

永久连接装置不改变结构的自振周期,也不耗散能量,只用于保持结构的稳定位置,并承受梁体的地震水平力。固定式抗震连接装置设置在梁体与墩台之间,承受梁体的地震水平力,竖向力则由设置在梁体两侧的活动支座承受,也可将永久连接装置与活动支座合为一体。

2. 熔断保护装置

熔断保护装置是在一个预先设定的水平阈值下能阻止连接构件间的相对运动的装置,主要功能是用于实现正常使用条件和地震荷载状态之间的转变。其可以承受桥梁正常使用状态下的水平力,当地震水平力超过装置预设的上述水平力阈值时,连接组件破坏,梁体可以发生自由运动,使其他减隔震装置发挥作用。熔断保护装置可以采用机械式熔断保护装置和液压式熔断保护装置两种模式。

熔断保护装置的设计应当使其正常使用时不屈服或者破损、不超出最大设计变形,有特殊应用要求时还应能承受疲劳荷载。熔断保护装置的设计应使其在设计荷载公差范围内工作,工作负荷不考虑荷载系数;装置超压值的设计不考虑任何超强度因素,对于熔断保护元件的其他组件则应考虑超强度因素,破坏后的熔断保护装置不应影响其他减隔震装置的正常使用。

3. 临时连接装置

速度型临时连接装置又称速度锁定器。在温度或其他缓慢因素引起的位移作用下,临时连接装置可以在很小的阻力下发生位移,而在地震快速荷载作用下锁定,形成一种刚性的固定连接装置,因而速度锁定装置又称冲击传递装置。

6.4 桥梁减隔震设计

6.4.1 桥梁减隔震技术适用条件

在桥梁抗震设计中,引入减隔震技术就是利用减隔震装置在满足正常使用功能要求的前提下,延长结构自振周期和增大阻尼,达到消耗地震能量和降低结构地震响应的目的。因此,对于桥梁的减隔震设计,最重要的因素就是设计合理、可靠的减隔震装置并使其在结构抗震中充分发挥作用,即桥梁结构的大部分耗能、塑性变形应集中于这些装置,允许这些装置在 E2 地震作用下发生较大的塑性变形和存在一定的残余位移,而结构其他构件的响应基本为弹性。

科学研究和震害经验都表明,在桥梁结构中安置隔震装置,可以改变结构的动力特性(固有周期、阻尼),减小地震激励,从而减小结构的地震反应。但是减隔震技术不是在任何情况下都有效,而是有一定的适用条件。因此,首先要分析是否适合进行减隔震设计,然后才是正确选择、合理布置减隔震装置,最后还要重视其他构件和细部构造的合理设计,以确保减隔震设计的效果。

研究表明,适宜进行减隔震设计的有以下三种情况。
(1) 桥墩为刚性墩,桥梁的基本周期比较短。
(2) 桥墩高度相差较大。
(3) 桥址区的预期地面运动特性比较明确,主要能量集中在高频段。

而对于以下情况,原则上不采用减隔震设计。
(1) 地震作用下,场地可能失效。
(2) 下部结构刚度小,桥梁的基本周期比较长。
(3) 位于软弱场地,延长周期可能引起地基和桥梁共振。
(4) 支座中可能出现负反力。

减隔震技术的应用并不是在任何情况下均适用。对于基础土层不稳定、可能发生液化的场地,下部结构刚度小、桥梁结构本身的基本振动周期比较长,位于场地特征周期比较长,延长周期也不能避开地震波能量集中频段以及支座中可能出现较大负反力等情况,不宜采用减隔震技术。

现有研究表明,在场地条件比较稳定的情况下,可使用减隔震技术,特别是在桥梁基本周期较短时采用减隔震支座,或者在各桥墩高度相差较大时在矮墩上采用减隔震支座,能够起到良好的减隔震作用。

6.4.2 减隔震装置选择

进行减隔震设计时,应将重点放在提高耗能能力和分散地震力上,不可过分追求加长周期,而且应选用构造简单的减隔震装置,并在其力学性能明确的范围内使用。另外,减隔震装置不仅要能减震耗能,还应满足正常运营荷载的承载和刚度要求,因此选择减隔震装置时,还应注意以下要求。

(1) 在不同水准地震作用下减隔震装置都应保持良好的竖向荷载支承能力。

(2) 减隔震装置应具有较高的初始水平刚度,使得桥梁在风荷载、制动力、长钢轨力等作用下不发生过大的变形和有害的振动。

(3) 当温度、徐变等引起上部结构缓慢的伸缩变形时,减隔震装置产生的抗力应比较低。

(4) 减隔震装置应具有较好的自复位能力,使震后桥梁上部结构能够基本恢复到原来位置,或较易恢复到原来位置(新西兰、美国和日本规范在减隔震设计时,要求减隔震系统具有很强的自复位能力,而意大利的减隔震系统更强调材料的弹塑性特征,没有明确要求系统具有自复位能力)。

(5) 采用阻尼器或能量耗散装置时,其引起的上部结构相对位移在合适的设计范围内。

(6) 在高烈度地震区,减隔震装置应考虑延长结构自振周期与清能相结合。

(7) 在桥墩刚度相差较大的同一桥梁上,或相邻桥墩场地条件相差较大(场地条件较差处的高墩除外)时,减隔震装置应能使桥墩所受的地震作用与其设计抗力较好匹配,梁体位移较为均匀。

目前,《公路桥梁抗震设计规范》(JTG/T 2231-01—2020)规定,常用的减隔震装置有整体型和分离型两类。整体型减隔震装置包括铅芯橡胶支座、高阻尼橡胶支座和滑动摩擦摆式减隔震支座;分离型减隔震装置包括橡胶支座+金属阻尼器、橡胶支座+摩擦阻尼器和橡胶支座+黏性材料阻尼器。

6.4.3 减隔震装置布置

1. 布置在桥墩顶部

减隔震装置布置在桥墩顶部,起降低上部结构惯性力的作用。通常在地震作用下,桥梁结构的惯性力主要集中在上部结构,桥梁构型类似于一个倒摆结构,这时通过在上、下部结构间引入减隔震装置,可以有效地降低上部结构的惯性力,达到保护桥墩、基础等下部结构的目的。采用墩顶隔震并没有隔绝地面运动,这时的桥墩就像一个顶部受到某种附加约束的独立结构振动一样对地震产生响应。因此,有时计算桥墩地震力时,必须考虑桥墩的质量和它自身的振动模态。从目前已建成的隔震桥梁来看,隔震装置大多数设置在桥墩顶部,这主要是由于普通桥梁也要使用支座,采用桥墩顶部隔震,只需用隔震支座代替普通支座即可,因而比较经济可行。

2. 布置在桥墩底部

减隔震装置布置在桥墩底部,这种布置类似于建筑结构基础隔震,可以较大幅度地降低整个结构的动力响应。对于桥墩较高且质量比较大、利用自身振动特性控制其设计的情况,当场地条件允许时,可以考虑在桥墩底部引入隔震装置。在墩底进行隔震的方式通常较少采用,国外也只有几座桥采用了墩底隔震技术。

综上所述,减隔震结构虽然在设计方法上与传统抗震结构相似,采用设定的地震动输入计算结构地震反应,但在结构耗能原理和耗能构件方面有本质区别。如图6.22所示为桥梁结构抗震、隔震、减震及控制技术体系。

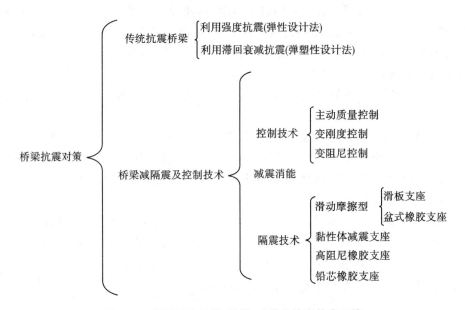

图 6.22 桥梁结构抗震、隔震、减震及控制技术系统

6.4.4 其他构件和细部构造的设计

在减隔震设计中,要使减隔震装置充分发挥减震耗能的作用,必须使非弹性变形和耗能主要集中在减隔震装置上。为了使大部分变形集中于减隔震装置,不仅要使减隔震装置的水平刚度远低于桥墩、桥台、基础的刚度,还要避免桥墩屈服先于减隔震装置屈服。《公路桥梁抗震设计规范》规定减隔震结构的周期至少应为目标减隔震结构的2倍以上,就是为了确保减隔震装置的柔性。另外,通常选择将减隔震装

置布置在刚度较大的桥墩、桥台处。而为了避免桥墩屈服先于减隔震装置屈服,应将桥墩的屈服强度设计得稍高于减隔震装置的设计变形所对应的抗力。此外,还应通过提供足够的强度避免在桥台、基础以及其他连接装置中发生不希望的破坏。

震害调查表明,构造措施对减隔震桥梁的动力特性和抗震性能有重要影响。因此,在减隔震设计中,还应充分注意一些构造细节的设计,并对施工质量给予明确规定。如应尽可能使上部结构具有较强的连续性;当上部结构不连续时,应限制各段之间的最大相对位移;要提供缓冲挡块和连接件等来限制上部结构与支座之间的最大相对位移;在对伸缩缝施工时,应避免伸缩缝被阻塞;在设计中还需要考虑对减隔震装置定期维护和更换的要求。

6.4.5 减隔震桥梁地震反应分析

减隔震桥梁属于非规则桥梁,由于减隔震装置的非线性,一般宜采用非线性时程方法或多振型反应谱法进行抗震分析,可以实现对减隔震桥梁较为准确的地震全过程结构抗震性能评估。主体结构的建模方法与一般桥梁建模方法一致,但减隔震装置的恢复力模型是这类结构抗震分析的关键所在,需要特别注意。此外,对于符合一定条件的减隔震桥梁,采用单自由度反应谱分析方法进行地震反应分析也能获得较好的结果。

1. 单振型反应谱法

(1) 当同时满足以下条件时,在初步设计阶段可采用单振型反应谱法进行减隔震桥梁抗震分析。

① 桥梁几何形状满足规范桥梁的要求,且墩高不超过 15 m。
② 距离最近的活动断层大于 15 km。
③ 可不考虑竖向地震作用的影响。
④ 场地类型为 Ⅰ、Ⅱ、Ⅲ 类,且场地条件稳定。
⑤ 减隔震桥梁的基本周期(减隔震周期)不超过 2.5 s。
⑥ 减隔震桥梁的等效阻尼比不超过 30%。

(2) 采用单振型反应谱法进行抗震分析时,应采用迭代方法分别计算顺桥向和横桥向的地震响应,具体计算过程如下。

① 将全桥简化为等效单自由度系统模型,等效单自由度系统模型的质量 M 可取上部结构梁体质量,刚度为各桥墩、桥台与其上减隔震支座等效弹簧串联后的组合刚度值之和,可按式(6-11)计算。

② 梁体顺桥向和横桥向的水平位移可按式(6-9)计算:

$$d = \frac{T_{eq}^2}{4\pi^2} S \tag{6-9}$$

式中，d——梁体顺桥向或横桥向的水平位移(m)；

T_{eq}——减隔震桥梁顺桥向或横桥向的等效周期(s)；

S——相应于减隔震桥梁等效周期 T_{eq}（顺桥向或横桥向），采用全桥等效阻尼比修正后的设计加速度反应谱值(g)。

③梁体水平位移为 d 时，减隔震桥梁的等效周期 T_{eq} 可按式(6-10)～式(6-14)计算；支座的水平位移 d_i 可按式(6-15)计算；墩顶的水平位移 $d_{p,i}$ 可按式(6-16)计算。

$$T_{eq} = 2\pi \sqrt{\frac{M_{sp}}{\sum_i K_{eq,i}}} \tag{6-10}$$

$$\sum_i K_{eq,i} = \sum_i \frac{K_{eff,i} \cdot K_{p,i}}{K_{eff,i} + K_{p,i}} = \sum_i \frac{\alpha_i K_{p,i}}{1+\alpha_i} \tag{6-11}$$

$$K_{eq,i} = \frac{\alpha_i K_{p,i}}{1+\alpha_i} \tag{6-12}$$

$$K_{eff,i} = \frac{Q_{d,i}}{d_i} + K_{d,i} \tag{6-13}$$

$$\alpha_i = \frac{K_{d,i}d + Q_{d,i}}{K_{d,i}d - Q_{d,i}} \tag{6-14}$$

$$d_i = \frac{d}{1+\alpha_i} \tag{6-15}$$

$$d_{p,i} = d - d_i \tag{6-16}$$

式中，M_{sp}——等效单自由度系统模型的质量，可取上部结构梁体质量(t)；

$K_{eq,i}$——第 i 个桥墩、桥台与其上减隔震支座等效弹簧串联后的组合刚度值(kN/m)；

$K_{p,i}$——第 i 个桥墩、桥台的抗推刚度(kN/m)；

$K_{eff,i}$——第 i 个桥墩、桥台上的减隔震支座的等效刚度(kN/m)；

$Q_{d,i}$——第 i 个桥墩、桥台上的减隔震支座的特征强度(kN)；

$K_{d,i}$——第 i 个桥墩、桥台上的减隔震支座的屈服后刚度(kN/m)；

α_i——计算系数；

d_i——第 i 个桥墩、桥台上的减隔震支座的水平位移(m)；

$d_{p,i}$——第 i 个桥墩、桥台的顶部水平位移(m)。

④减隔震桥梁的全桥等效阻尼比，可按式(6-17)计算：

$$\xi_{eq} = \frac{2 \sum [Q_{d,i}(d_i - \Delta_{y,i})]}{\pi \sum [K_{eq,i}(d_i + d_{p,i})^2]} \tag{6-17}$$

式中，$\Delta_{y,i}$——第 i 个桥墩、桥台上的减隔震支座的屈服位移，其他符号同前。

⑤采用迭代方法，分别计算顺桥向和横桥向的地震位移响应。

⑥一阶振型作用下，减隔震桥梁第 i 个墩台顶的水平地震力，按式(6-18)计算：

$$E_{ld1,i} = K_{eff,i} d_i \tag{6-18}$$

式中，$E_{Id1,i}$——一阶振型作用在第 i 个桥墩、桥台顶的水平地震力(kN)，其他符号同前。

由于减隔震装置屈服后的非线性特性，因此采用反应谱法进行抗震计算实际上是一种等效线性化计算方法，应采用等效刚度、等效阻尼比和用等效阻尼比修正后的反应谱进行计算。同时由于减隔震桥梁的等效阻尼比、等效周期和减隔震装置水平位移相关，而计算开始时水平位移是未知的，因此需要进行迭代计算。但桥梁顺桥向和横桥向的自振特性是不同的，因此顺桥向和横桥向抗震计算的迭代过程也是不同的，只能分别进行计算。单振型反应谱法顺桥向或横桥向的迭代计算过程如下：

(1) 假定上部结构(梁体)位移初始值 d_0，一般来讲，可假定减隔震桥梁的等效周期 T_{eq} 的初始值等于 1 s，等效阻尼比 ξ_{eq} 的初始值为 0.05，根据文中式(6-9)可计算得到梁体位移初始值 d_0；

(2) 按式(6-11)计算全桥等效刚度；

(3) 按式(6-10)计算全桥等效周期；

(4) 按式(6-17)计算全桥等效阻尼比；

(5) 根据等效阻尼比，修正反应谱，得到相应于等效阻尼比的设计加速度反应谱；

(6) 按式(6-9)计算梁体位移 d；

(7) 比较计算得到的梁体位移 d 和初始值 d_0，如两者相差大于 3%，则重新假设梁体位移 $d_0=d$，返回到第二步进行迭代计算，直至计算出的梁体位移 d 和假设的初始值 d_0 之间的误差在 3% 以内时，终止迭代。

各桥墩二阶振型对地震响应的影响，可近似按各桥墩及其上支座等效为单自由度系统模型、阻尼比取 0.05 进行计算，各支座等效刚度 $K_{eff,i}$ 可取一阶振型迭代计算的结果，顺桥向和横桥向应分别进行计算，具体计算过程如下：

(1) 各桥墩墩顶(盖梁顶)位移和其上支座位移可按式(6-19)～式(6-24)计算：

$$T_i = 2\pi \sqrt{\frac{M_i}{K_i}} \tag{6-19}$$

$$K_i = K_{p,i} + K_{eff,i} \tag{6-20}$$

$$M_i = \eta_{p,i} M_{p,i} + M_{cp,i} \tag{6-21}$$

$$\eta_{p,i} = 0.16(1 + X_f^2 + 2X_{f/2}^2 + X_f X_{f/2} + X_{f/2}) \tag{6-22}$$

$$d_{p,i} = \frac{T_i^2}{4\pi^2} S_i \tag{6-23}$$

$$d_i = d_{p,i} \tag{6-24}$$

式中，T_i——第 i 个桥墩等效单自由度系统模型的周期(s)；

K_i——第 i 个桥墩等效单自由度系统模型的刚度(kN/m)；

M_i——第 i 个桥墩等效单自由度系统模型的质量(t)；

$M_{p,i}$、$M_{cp,i}$——分别为第 i 个桥墩的墩身质量、盖梁质量(t)；

$\eta_{p,i}$——第 i 个桥墩的增身质量换算系数，对多柱墩横桥向，$\eta_{p,i}$ 应取计算值的 1.2 倍；

X_f、$X_{\frac{L}{2}}$——分别为考虑地基变形时，顺桥向或横桥向作用在墩顶（盖梁顶）的单位水平力在一般冲刷线或基础顶面引起的水平位移、墩身计算高度 $H/2$ 处引起的水平位移与墩顶（盖梁顶）位移之比；

S_i——对应等效周期 T_i，第 i 个桥墩等效单自由度系统的设计加速度反应谱值 (g)。

(2) 二阶振型作用下，减隔震桥梁第 i 个桥墩顶的水平地震力，可按式(6-25)计算：

$$E_{ld2,i} = S_i M_i \tag{6-25}$$

式中，$E_{ld2,i}$——二阶振型作用在第 i 个桥墩顶的水平地震力(kN)。

第 i 个桥墩顶的总水平地震力，可采用 SRSS 组合方法按式(6-26)计算：

$$E_{ld,i} = \sqrt{E_{ld1,i}^2 + E_{ld2,i}^2} \tag{6-26}$$

式中，$E_{ld,i}$——第 i 个桥墩顶的总水平地震力(kN)。

2. 多振型反应谱法

采用多振型反应谱法进行抗震分析时，应采用迭代方法分别计算顺桥向和横桥向的地震响应，具体计算过程如下：

(1) 建立结构初始计算模型，初始计算模型各支座刚度可取屈服前初始刚度，全桥等效阻尼比可取 0.05；

(2) 按多振型反应谱法进行抗震计算，得到各支座位移，根据各支座位移，按式(6-13)计算各支座等效刚度，按式(6-17)计算等效单自由度系统的全桥等效阻尼比；

(3) 按各支座等效刚度修正计算模型，并按全桥等效阻尼比修正 0.8 倍一阶振型周期及以上周期的反应谱值，得到修正的设计加速度反应谱；

(4) 重新进行抗震计算，得到新的各支座位移；

(5) 比较新的各支座位移和上一次计算结果的差异，如两者相差大于 3%，则用新的支座位移替代上一次的值，重新计算各支座等效刚度和全桥等效阻尼比，返回第(3)步并进行迭代计算，直至计算出的位移结果和上一次的计算值之间的误差在 3%以内时，迭代结束。计算流程如图 6.23 所示。

采用多振型反应谱法进行减隔震桥梁抗震分析时，全桥等效阻尼比 ξ_{eq} 指的是全桥等效单自由度系统的阻尼比，因此可按单振型反应谱法计算。采用全桥等效阻尼比修正设计加速度反应谱，实际上是修正计算方向对应一阶振型（减隔震振型）的反应谱值，对应二阶及以上振型的阻尼比仍取 0.05，反应谱不需修正，所以只修正 0.8 倍一阶振型周期及以上周期的反应谱值，如图 6.24 所示。

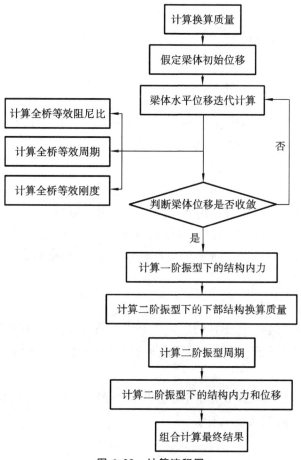

图 6.23 计算流程图

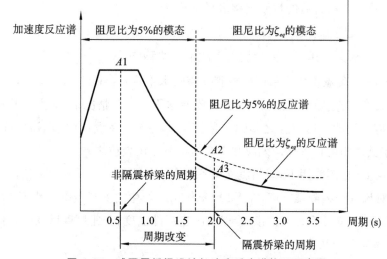

图 6.24 减隔震桥梁设计加速度反应谱修正示意图

6.4.6 性能要求与抗震验算

1. 性能要求

E2 地震作用下,桥墩、桥台、基础可发生局部轻微损伤,但仍处于弹性状态,震后不需修复或经简单修复可继续使用。

2. 抗震验算

顺桥向和横桥向 E2 地震作用效应和永久作用效应组合后,应按现行公路桥涵设计规范相关规定验算桥墩、桥台、基础的强度,抗震验算可采用材料强度标准值。当环境温度累年最冷月平均温度的平均值低于 0 ℃时,应验算低温工况下桥梁的抗震性能。

减隔震装置进行如下验算。

(1) 应对减隔震装置在正常使用条件下的性能进行验算,在各种非地震水平力作用下,按设计规范进行组合,验算支座连接件的强度和支座位移,满足正常使用要求。

(2) 按要求验算减隔震装置水平位移从 50% 的设计位移增加到设计位移时的恢复力增量。设计位移可按下式计算:

$$X_B = X_D + X_H + 0.5 X_T \tag{6-27}$$

式中,X_B——支座水平地震设计力产生的支座水平位移、永久作用效应以及均匀温度作用效应组合后的橡胶支座水平位移(m);

X_D——支座水平地震设计力产生的支座水平位移(m);

X_H——永久作用产生的橡胶支座的水平位移(m);

X_T——均匀温度作用引起的橡胶支座的水平位移(m)。

(3) 减隔震装置的竖向承载能力,在没有水平位移的情况下,应大于其承担的恒载作用效应和活载作用效应之和的 3 倍。橡胶型支座在设计位移下的竖向承载能力,应大于其承担的地震作用效应和 1.2 倍恒载作用效应之和。

(4) 在 E2 地震作用下,减隔震支座不应出现拉力。

(5) 对橡胶型减隔震支座,在 E2 地震作用下产生的剪切应变应小于 250%。并应根据 E2 地震作用下支座位移,验算支座连接件强度、支座厚度以及顺桥向和横桥向允许支座变形的间隙。

(6) 非橡胶型减隔震装置,应根据具体的产品性能指标进行验算。

6.5 减隔震计算实例

6.5.1 工程概况

某城市快速路高架桥中的一联连续梁桥,跨径组合为 4 m×30 m,一联总长为 120 m,立面布置如图 6.25 所示。桥宽 24.5 m,主梁为单箱四室截面;下部结构为双柱墩,墩高为 12.258 m,墩柱采用实心钢筋混凝土截面,尺寸为 1.3 m×1.8 m,墩柱轴线横向间距为 5.7 m,双柱墩质量为 153.8 t;矩形承台,6.4 m×2.2 m,高 2 m,质量为 522 t,群桩基础,桩长 40 m,桩数 12 根,桩径 1.0 m,单桩配筋率 1.0%,桥梁横断面如图 6.26 所示。

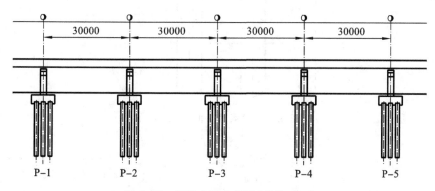

图 6.25 桥梁立面布置图(单位:mm)

上部结构、立柱、基础分别采用 C50、C40、C35 混凝土。上部结构和二期恒载等总质量为 6667 t,中墩墩顶反力为 14520 kN,次边墩墩顶反力为 18650 kN,边墩墩顶反力为 7425 kN,单桩抗压承载力标准值为 2400 kN。

试采用单振型反应谱分析方法进行 E2 地震作用下结构的地震反应分析。

6.5.2 地震动的输入

该地区抗震设防烈度为 7 度,设计基本地震加速度值为 0.10 g,设计地震分组为第二组,场地特征周期为 0.55 s。该桥位于交通枢纽位置,为乙类,结合设防烈度,选用 A 类抗震设计方法。E2 地震作用的地震调整系数为 2.2,E2 地震作用下水平加速度设计反应谱为:

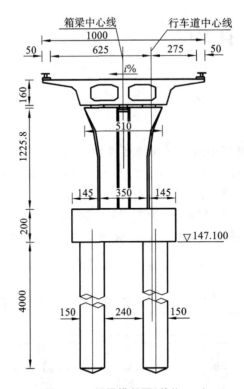

图 6.26 桥梁横断面(单位:cm)

$$S = \begin{cases} 0.45 S_{max} & T = 0 \text{ s} \\ \eta_2 S_{max} & 0.1 \text{ s} < T \leqslant T_g \\ \eta_2 S_{max}(T_g/T)^\gamma & T_g < T \leqslant 5T_g \\ [\eta_2 0.2^\gamma - \eta_1(T-5T_g)]S_{max} & 5T_g < T \leqslant 6 \text{ s} \end{cases}$$

其中,水平设计加速度反应谱最大值 $S = 2.5A$, A 为地震加速度峰值(图 6.27)。

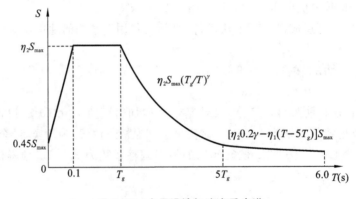

图 6.27 水平设计加速度反应谱

图 6.28 为与水平加速度反应谱相匹配的地震加速度时程曲线,共计三条。

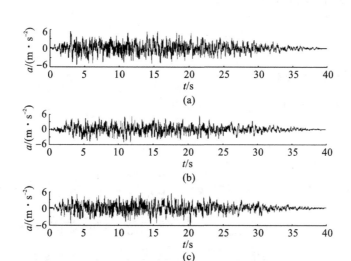

图 6.28 E2 地震加速度时程图

由于采用摩擦摆式支座的减隔震桥梁在顺桥向和横桥向的减震机理是一致的,本节仅给出基于单振型反应谱法的结构地震反应分析,且只考虑纵向地震输入下的计算结果。

6.5.3 基于单振型反应谱方法的结构地震反应分析

1. 摩擦摆式支座等效刚度

对这样一座连续梁桥,采用摩擦摆式支座实现桥梁的减隔震设计,并假设每一墩上均设置两个摩擦摆式支座,每一支座的水平设计位移 $\Delta x = 0.3$ m,滑动曲面曲率半径为 5 m,滑动摩擦系数为 0.02。

摩擦摆式支座的等效刚度(按两个支座合计)计算如下。

边墩 $K_{eff,1} = K_{eff,5} = \dfrac{W}{R} + \mu \dfrac{W}{\Delta_{max}} = \dfrac{7425}{5} + 0.02 \times \dfrac{7425}{0.3} = 1980 \text{(kN/m)}$

次边墩 $K_{eff,2} = K_{eff,4} = \dfrac{W}{R} + \mu \dfrac{W}{\Delta_{max}} = \dfrac{18650}{5} + 0.02 \times \dfrac{18650}{0.3} = 4973 \text{(kN/m)}$

中墩 $K_{eff,3} = \dfrac{W}{R} + \mu \dfrac{W}{\Delta_{max}} = \dfrac{14520}{5} + 0.02 \times \dfrac{14520}{0.3} = 3872 \text{(kN/m)}$

2. 摩擦摆式支座的等效阻尼比

$$\beta_{eff} = \frac{2}{\pi} \times \frac{\mu}{\Delta\max/R + \mu} = \frac{2}{\pi} \times \frac{0.02}{0.3/5 + 0.02} = 0.1592$$

3. 结构地震反应分析

单独（双立柱）剪切刚度为

$$K_p = 2 \times \frac{3EI}{l^3} = \frac{2 \times 3 \times 3.25 \times 10^7 \times \frac{1.3 \times 1.8^3}{12}}{10^3} = 1.23 \times 10^5 (\text{kN/m})$$

边墩 $K_{eq,1} = K_{eq,5} = \dfrac{K_{eff,1} K_p}{K_{eff,1} + K_p} = \dfrac{1980 \times 1.23 \times 10^5}{1980 + 1.23 \times 10^5} = 1948.6 (\text{kN/m})$

次边墩 $K_{eq,2} = K_{eq,4} = \dfrac{K_{eff,2} K_p}{K_{eff,2} + K_p} = \dfrac{4973 \times 1.23 \times 10^5}{4973 + 1.23 \times 10^5} = 4779.8 (\text{kN/m})$

中墩 $K_{eq,3} = \dfrac{K_{eff,3} K_p}{K_{eff,3} + K_p} = \dfrac{3872 \times 1.23 \times 10^5}{3872 + 1.23 \times 10^5} = 3753 (\text{kN/m})$

桥梁等效阻尼比：

$$\xi_{eq} = \frac{\sum K_{eff,i} (D_{d,i})^2 \left(\xi_{eff,i} + \frac{\xi_{p,i} K_{eff,i}}{K_{p,i}} \right)}{\sum K_{eff,i} (D_{d,i})^2 \left(1 + \frac{K_{eff,i}}{K_{p,i}} \right)}$$

$$= \frac{0.3^2 \times \left[1980 \times \left(0.1592 + \frac{0.05 \times 1980}{1.23 \times 10^5} \right) + 4973 \times \left(0.1592 + \frac{0.05 \times 4973}{1.23 \times 10^5} \right) + 3872 \times \left(0.1592 + \frac{0.05 \times 3872}{1.23 \times 10^5} \right) \right]}{0.2^2 \times \left[1980 \times \left(1 + \frac{1980}{1.23 \times 10^5} \right) + 4973 \times \left(1 + \frac{4973}{1.23 \times 10^5} \right) + 3872 \times \left(1 + \frac{3872}{1.23 \times 10^5} \right) \right]}$$

$$= 0.156$$

桥梁等效周期：

$$T_{eq} = 2\pi \sqrt{\frac{M_t}{\sum K_{eq,i}}} = 2\pi \times \sqrt{\frac{6667}{2 \times (1948.6 + 4779.8) + 3753.8}} = 3.91 (\text{s})$$

由于阻尼比不等于 0.05，因此需要确定桥梁反应谱的衰减系数、直线下降段下降斜率调整系数及阻尼调整系数，式中 $\xi = \xi_{eq}$。

$$\gamma = 0.9 + \frac{0.05 - \xi}{0.5 + 5\xi} = 0.9 + \frac{0.05 - 0.156}{0.5 + 5 \times 0.156} = 0.82$$

$$\eta_1 = 0.02 + (0.05 - \xi)/8 = 0.02 + (0.05 - 0.156)/8 = 0.00675$$

$$\eta_2 = 1 + \frac{0.05 - \xi}{0.06 + 1.7\xi} = 1 + \frac{0.05 - 0.156}{0.06 + 1.7 \times 0.156} = 0.674$$

因为 $5T_g < T_{eq} \leq 6$ s，所以，

$$S = [\eta_2 0.2^\gamma - \eta_1 (T - 5T_g)] S_{\max}$$

$$= [0.674 \times 0.2^{0.82} - 0.00675 \times (3.91 - 5 \times 0.55)] \times 2.25 \times 2.2 \times 0.1 \times 9.8$$

$$= 0.8375 (\text{m/s}^2)$$

桥梁上部结构位移为：

$$D_d = \frac{T_{eq}^2}{4\pi^2}S = \frac{3.91^2}{4\pi^2} \times 0.8357 = 0.32 \approx \Delta_{\max} = 0.30(\text{m})$$

因此符合要求,不必再进行迭代运算。

作用在减隔震桥梁墩顶的水平地震力为:

$$E_{ld,1} = EI_{d,5} = K_{eff,1}\Delta = 1980 \times 0.32 = 633.6(\text{kN})$$
$$E_{ld,2} = E_{ld,4} = K_{eff,2}\Delta = 4973 \times 0.32 = 1591.36(\text{kN})$$
$$E_{ld,3} = K_{eff,3}\Delta = 3872 \times 0.32 = 1239.04(\text{kN})$$

4. 桥墩减隔震支座传递的水平地震力

根据《城市桥梁抗震设计规范》第 9.4.1 条规定,E2 地震作用下,减隔震桥梁墩顶水平地震力除以 1.5 的折减系数后,再与恒载轴力进行内力组合,得到各桥墩减隔震支座传递的水平地震力。计算结果如下:

$$E_{cd,1} = E_{cd,5} = K_{eff,1}\Delta/1.5 = 633.6/1.5 = 422.4(\text{kN})$$
$$E_{cd,2} = E_{cd,4} = K_{eff,2}\Delta/1.5 = 1591.36/1.5 = 1060.9(\text{kN})$$
$$E_{cd,3} = K_{eff,3}\Delta/1.5 = 1239.04/1.5 = 826.03(\text{kN})$$

6.5.4 基于非线性时程分析的结构地震反应分析与验算

1. 结构建模

根据结构设计方案,建立空间三维结构动力有限元分析模型,其中主梁、盖梁、桥墩模拟为空间梁柱单元;承台模拟为质点,二期恒载模拟为线分布质量;桩基础采用 6×6 子结构刚度模拟桩—土相互作用,土弹簧刚度根据"m 法"进行确定;支座根据摩擦摆式支座的受力特性给出相应的刚塑性本构模型。全桥动力分析模型如图 6.29 所示。

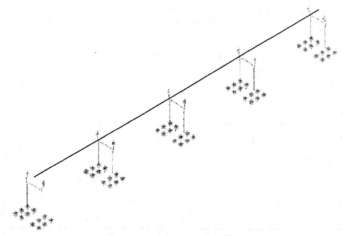

图 6.29 全桥动力分析模型

2. 结构地震反应分析

采用前述的三条地震加速度时程分别进行纵向输入,对图 6.30 所示的计算模型进行地震反应分析,地震反应分析结果取最大值。表 6-2~表 6-4 分别列出了各墩柱底内力、单桩内力和支座地震反应最大值。

表 6-2 墩柱底内力

基础墩号	轴力/kN	剪力/kN	弯矩/kN·m
P-1	3.250	1142.310	9083.561
P-2	3.456	1594.134	14156.788
P-3	3.223	1393.055	12065.865
P-4	3.545	1594.021	14157.562
P-5	3.130	1135.510	9082.771

注:表中数据为两个立柱的和。

表 6-3 单桩内力

基础墩号	最大轴力/kN	最小轴力/kN	剪力/kN	弯矩/kN·m
P-1	2175.658	189.066	992.841	255.668
P-2	3384.798	848.758	1266.456	303.578
P-3	2887.828	653.788	1115.643	288.123
P-4	3382.788	849.868	1263.365	305.878
P-5	2173.738	192.046	990.841	261.468

表 6-4 支座地震反应最大值

基础墩号	剪切变形/m	剪力/kN
P-1	0.331	487.954
P-2	0.322	1192.413
P-3	0.324	940.004
P-4	0.322	1190.412
P-5	0.332	482.954

注:表中数据为两个支座的和。

对比单自由度反应谱分析与非线性时程分析结果,可以看出,两者在减隔震支座的需求结果分析上还是存在一定的偏差,其中单自由度反应谱分析的结果更偏于安全。究其误差原因,主要应包含以下几个方面。

(1) 单自由度反应谱分析,对于减隔震支座的阻尼效应,主要是通过反应谱修正系数来实现的,这与实际的滞回耗能及其影响存在一定的偏差。

(2) 单自由度反应谱分析实际上是基于等效线性化理论,即把减隔震支座实际的非线性本构关系等效为具有割线刚度的线性关系和附加阻尼效应,这种简化处理方法也不可避免地存在误差。

(3) 从单自由度反应谱分析方法的实现过程不难看出,迭代分析中将减隔震支座的设计位移近似等同于主梁的位移,忽略了墩身和基础部分变形对主梁位移的贡献,也会导致一定的误差。

3. 抗震验算

根据《城市桥梁抗震设计规范》(CJJ 166—2011)第9.4.1条规定,作用在减隔震桥梁墩顶水平地震力考虑1.5的折减系数,并与恒载轴力进行内力组合,得到各桥墩减隔震支座传递的水平地震力。为简化起见,本节仅针对按单自由度反应谱分析方法的结果进行验算。

(1) 墩柱截面强度验算。

根据《公路钢筋混凝土及预应力混凝土桥涵设计规范》(JTG 3362—2018)对墩柱进行正截面抗弯强度验算,见表6-5。

表6-5 墩柱正截面抗弯强度验算

基础墩号	水平地震力 /kN	弯矩需求 /kN·m	弯矩能力 /kN·m	验算结果
P-1	422.4	5178		通过
P-2	775.2	9502		通过
P-3	595.4	7298	53745.3	通过
P-4	775.2	9502		通过
P-5	422.4	5178		通过

注:表中数据为两个立柱的和。

(2) 桩基础强度验算。

基础的验算主要是确定基础的最大设计荷载,以P-1号墩为例将地震力与恒载组合作用于承台底内力。E2地震作用下的地震调整系数取2.2,内力为:

$$N = G_{上部} + G_{墩} + G_{承台} = 7425 + 1538 + 5220 = 14183 (\text{kN})$$
$$V = E_{cd,1} + E_{hau} = 422.4 + 522 \times 0.1 \times 9.8 \times 2.2 = 1547.8 (\text{kN})$$
$$M = 422.4 \times 14.258 + 522 \times 0.1 \times 9.8 \times 2.2 \times 1 = 7148.01 (\text{kN} \cdot \text{m})$$

同法可求得其余承台底内力,结果列于表 6-6。

表 6-6 承台底内力

基础墩号	轴力/kN	剪力/kN	弯矩/kN·m
P-1	14183	1547.8	7148.01
P-2	25408	1900.6	12178.23
P-3	21278	1720.8	9614.6
P-4	25408	1900.6	12178.23
P-5	14183	1547.8	7148.01

进一步计算各桩的内力,结果列于表 6-7。

表 6-7 单桩截面内力

基础墩号	最大轴力/kN	最小轴力/kN	剪力需求/kN	弯矩需求/kN·m
P-1	1574.6	795.3	125.9	222.2
P-2	2820.1	1426.0	164.1	254.9
P-3	2361.7	1187.8	148.2	239.8
P-4	2820.1	1426.0	164.1	254.9
P-5	1574.6	795.3	125.9	222.2

考虑最不利受力的影响,对单桩轴力最小状况进行桩身抗弯强度验算,验算结果列于表 6-8。对单桩轴力最大状况进行单桩承载力验算,验算结果列于表 6-9,其中,桩基竖向承载力调整系数取 2.0。

表 6-8 单桩最不利截面抗弯能力验算

基础墩号	最小轴力/kN	弯矩需求/kN·m	等效屈服弯矩/kN·m	验算结果
P-1	795.3	199.5	1086	通过
P-2	1426.0	241.7	1257	通过

续表

基础墩号	最小轴力/kN	弯矩需求/kN·m	等效屈服弯矩/kN·m	验算结果
P-3	1187.8	222.3	1198	通过
P-4	1426.0	241.7	1257	通过
P-5	795.3	199.5	1086	通过

表 6-9　单桩承载力验算

基础墩号	最大轴力/kN	单桩容许承载力/kN	验算结果
P-1	1574.6	4800	通过
P-2	2820.1	4800	通过
P-3	2361.7	4800	通过
P-4	2820.1	4800	通过
P-5	1574.6	4800	通过

由此可见，采用减隔震设计后，墩柱和桩基的强度都满足要求，且有较大余量。

6.5.5　防落梁构造设计

防落梁构造设计按《公路桥梁抗震设计规范》(JTG/T 2231-01—2020)第 11 章设计，此处略。

第 7 章 城市轨道交通桥梁的抗震设计

我国城市化进程的迅速发展,对城市交通系统的开发和完善提出了更高的要求,城市轨道交通以运量大、速度快、安全可靠、与其他交通干扰少等优点,已成为我国大中城市解决交通拥挤的首选方式。轨道交通目前作为我国大中型城市公共交通的主要工具,其抗震安全对这些城市和地区的生命安全、交通秩序、正常的经济和社会活动,具有十分重要的战略意义。地震是严重危害铁路和轨道交通系统安全的重大自然灾害,在地震作用下,如何保证轨道交通系统的结构安全和行车安全已成为城市轨道交通系统建设的重要任务。

本章以《城市轨道交通结构抗震设计规范》(GB 50909—2014)为主,对轨道交通抗震设计中部分问题做概要分析和论述,主要包括:抗震设防分类设防标准与性能目标的确定、梁式高架区间结构的抗震计算、抗震性能的验算、抗震构造细节及抗震措施以及城市轨道交通桥梁抗震计算实例。

7.1 城市轨道交通桥梁抗震设计现状

我国的城市轨道交通是近十几年才得到蓬勃发展的,而有针对性的城市轨道交通结构抗震基本理论研究还很少,尚未形成一个可供采用的抗震分析与抗震设计的理论与方法体系,在抗震设计时缺少完善的理论与技术支撑。轨道交通高架桥梁在结构形式、力学特征方面与一般的桥梁结构差别较大,其地震破坏形式和抗震性能要求也有其自身特点,需要开展专门的抗震研究工作,以解决其抗震分析和设计的基本理论与方法等问题。

与城市公路高架桥梁相比,城市轨道交通高架桥梁的显著特点是轨道系统的存在。此外,由于轨道交通车辆行走安全性的需要,对其结构形式、动力性能和在地震作用下的性能目标亦提出与公路高架桥梁不同的要求。与普通铁路桥梁相比,由于城市轨道交通系统承担的运输任务和车辆类型等不同,两者在结构上有较大差异,在列车荷载的计算和行车安全的控制指标方面亦有不同,其抗震设计方法应符合各自的特点。

从抗震设计规范来看,我国《城市桥梁抗震设计规范》(CJJ 166—2011)(以下简称《城规》)、《城市轨道交通结构抗震设计规范》(GB 50909—2014)(以下简称《轨规》)和《铁路工程抗震设计规范》(GB 50111—2006)(以下简称《铁规》)均可用于城市轨道交通桥梁的抗震设计。

《城规》采用两水准设防、两阶段设计的抗震设计方法,规范中把桥梁结构抗震设防分为甲至丁四类,并根据桥梁场地地基基本烈度,对不同设防类别的桥梁采用不同的抗震设计方法。《轨规》采用基于性能的抗震设计方法,规范中将城市轨道交通桥梁分为标准设防、重点设防和特殊设防类,将结构的抗震性能分为Ⅰ、Ⅱ和Ⅲ类,在每一地震动水准下,不同抗震设防类别的桥梁结构有对应的性能要求和地震反应分析方法。《铁规》进行三水准抗震设计并对应地给出了三个抗震性能标准、地震反应分析方法以及抗震设计验算内容。由于《铁规》所采用的分析方法和验算内容比较简单,加之前两本规范采用的计算模型和抗震设计方法区别较大,由此以讨论前两规范进行城市轨道交通桥梁抗震设计为主。

从实际的城市轨道交通桥梁抗震设计来看,为了能够在桥梁结构设计中对其所产生的地震作用有效地控制在一定范围之内,需要将结构产生的振动能量转换作为一定的抗震条件。在其所产生的震动过程当中,其结构体系能够实现对于地震能量的合理吸收,同时转化为体系的动能,并且在实际的结构体系中动能和势能可以实现逆转换,动能和塑性应变能能够在结构体系当中产生不可逆转换以及动能、内能等体系当中实现不可逆转换。能量转换过程如图7.1所示。

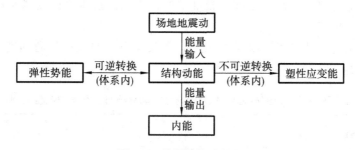

图 7.1 能量转换过程图

7.2 城市轨道交通桥梁抗震设防标准

7.2.1 城市轨道交通结构抗震设防分类

城市轨道交通结构应划分为标准设防类、重点设防类、特殊设防类三个抗震设防类别。其中每个抗震设防类别应符合下列规定。

(1) 标准设防类:除特殊设防类、重点设防类以外的其他轨道交通结构。

(2) 重点设防类:除特殊设防类以外的高架区结构、高架车站主体结构、区间隧道结构和地下车站主体结构。

(3) 特殊设防类：在城市轨道交通网络中占据关键地位、承担交通量大的大跨度桥梁和车站的主体结构。

7.2.2 抗震设防类别要求

各抗震设防类别结构的抗震设防标准，应符合下列要求。

(1) 标准设防类：抗震措施应按本地区抗震设防烈度确定；地震作用应按现行国家标准《中国地震动参数区划图》(GB 18306—2001)规定的本地区抗震设防要求确定。

(2) 重点设防类：抗震措施应按本地区抗震设防烈度提高一度的要求确定；地震作用应按现行国家标准《中国地震动参数区划图》(GB 18306—2001)规定的本地区抗震设防要求确定；对进行过工程场地地震安全性评价的，应采用经国务院地震工作主管部门批准的建设工程的抗震设防要求确定，但不应低于本地区抗震设防要求确定的地震作用。

(3) 特殊设防类：抗震措施应按本地区抗震设防烈度提高一度的要求确定；地震作用应按国务院地震工作主管部门批准的建设工程的抗震设防要求且高于本地区抗震设防要求确定。

抗震设防地震动峰值加速度、抗震设防地震动分档与抗震设防烈度之间的对应关系见表 7-1。

表 7-1 抗震设防地震动峰值加速度、抗震设防地震动分档与抗震设防烈度之间的对应关系

抗震设防地震动峰值加速度/g	<0.09	[0.09, 0.14)	[0.14, 0.19)	[0.19, 0.28)	[0.28, 0.38)	≥0.38
抗震设防地震动分档/g	0.05	0.10	0.15	0.20	0.30	0.40
抗震设防烈度/度	6	7		8		9

7.2.3 抗震性能目标

(1) 城市轨道交通结构的抗震性能要求应分成下列三个等级。

①性能要求Ⅰ：地震后不破坏或轻微破坏，应能保持其正常使用功能；结构处于

弹性工作阶段；不应因结构的变形导致轨道的过大变形而影响行车安全。

②性能要求Ⅱ：地震后可能破坏，经修补，短期内应能恢复其正常使用功能；结构局部进入弹塑性工作阶段。

③性能要求Ⅲ：地震后可能产生较大破坏，但不应出现局部或整体倒毁，结构处于弹塑性工作阶段。

（2）城市轨道交通结构构件、基础和支座的抗震性能等级宜按下列要求划分。

①构件宜按表 7-2 划分为 3 个抗震性能等级。

表 7-2　构件性能等级

构件性能等级	性 能 描 述
1	无需维修，无影响行车安全的位移
2	可修复的损伤
3	更换新构件

②基础宜按表 7-3 划分为 3 个抗震性能等级。

表 7-3　基础性能等级

基础性能等级	性 能 描 述
1	震后列车正常行驶
2	震后列车可慢行
3	经维修加固后仍可以继续使用

③支座宜按表 7-4 划分为 2 个抗震性能等级。

表 7-4　支座性能等级

支座性能等级	性 能 描 述
1	支座可以保持正常功能、无需更换
2	支座破坏、更换

构件、基础和支座的性能等级与结构抗震性能的关系应符合下列规定：

①性能要求：构件、基础和支座的性能等级要求应为 1；

②性能要求：构件、基础的性能等级要求不应低于 2；

③性能要求:构件、基础的性能等级要求不应低于3;

④对于性能要求,下部具有较好延性的结构,支座的性能等级要求可为1;下部延性较差的结构,支座的性能等级要求可为2。

表 7-5 城市轨道交通结构抗震设防目标

地震动水准		抗震设防类别	结构抗震性能要求	
等级	重现期/年		地上结构	地下结构
E1 地震作用	100	特殊设防类	Ⅰ	Ⅰ
		重点设防类	Ⅰ	Ⅰ
		标准设防类	Ⅰ	Ⅰ
E2 地震作用	475	特殊设防类	Ⅰ	Ⅰ
		重点设防类	Ⅱ	Ⅰ
		标准设防类	Ⅱ	Ⅰ
E3 地震作用	2450	特殊设防类	Ⅱ	Ⅰ
		重点设防类	Ⅲ	Ⅱ
		标准设防类	Ⅲ	Ⅱ

7.2.4 抗震设计中地震反应计算方法

抗震设计中地震反应的计算方法宜按表 7-6 采用。

表 7-6 地震反应计算方法

结构构件	抗震设防类别	性能要求	设计计算方法
高架区间结构	特殊设防类	Ⅰ	线性反应谱方法
		Ⅱ	非线性时程分析方法
	重点设防类 标准设防类	Ⅰ	线性反应谱方法
		Ⅱ	振动特性简单的结构:弹塑性反应谱方法
		Ⅲ	振动特性复杂的结构:非线性时程分析方法

续表

结构构件	抗震设防类别	性能要求	设计计算方法	
高架车站结构	重点设防类 标准设防类	Ⅰ	线性反应谱方法	
		Ⅱ	振动特性简单的结构:弹塑性反应谱方法	
		Ⅲ	振动特性复杂的结构:非线性时程分析方法	
地下车站结构	特殊设防类	Ⅰ	反应位移法 反应加速度法 弹性时程分析方法	需考虑土层非线性时应采用非线性分析方法
	重点设防类 标准设防类	Ⅰ	反应位移法 反应加速度法	
		Ⅱ	反应加速度法 非线性时程分析方法	
区间隧道结构	重点设防类	Ⅰ	反应位移法 反应加速度法	
		Ⅱ	反应加速度法 非线性时程分析方法	

结构抗震计算应符合下列规定：

（1）计算模型的建立及简化，应反映结构在地震作用下的实际工作状态；

（2）计算软件的技术条件应符合规范及国家现行有关标准的规定，并阐明其特殊处理的内容和依据；

（3）计算机的计算结果，应经分析判断确认其合理、有效后方可用于工程设计。

7.3 梁式高架区间结构的抗震计算

从我国已建城市轨道交通结构的形式来看，梁式高架区间结构是高架区间结构的主要类型，其应用十分广泛。它由大量的简支梁、连续梁和一定数量的钢构桥等组成，构件材料往往采用钢筋混凝土、钢骨混凝土、钢管混凝土和钢材。故本书主要是以这类梁式结构为研究对象进行阐述的，对于其他形式的高架区间结构（斜拉桥、悬索桥以及大跨度拱桥等）可参照相应的抗震设计原则进行设计或做专门研究。

（1）高架区间结构抗震设计应避免脆性破坏形式的发生。地震中构件剪切破坏呈脆性破坏特征，易导致构件承载能力的急剧下降甚至丧失，震后结构物难以修复。以往的震害调查表明，钢筋混凝土墩柱的剪切破坏往往是桥梁倒塌的重要成因，因而抗震设计中,应通过验算和构造设计保证构件在地震中不发生剪切破坏。

(2) 可采用专门的消能减震设计。根据规范城市轨道交通结构抗震设防水准下的抗震设防目标和性能要求,通过常规设计,确保结构体系中的构件为延性构件,结构不发生脆性破坏。同时考虑到地震后结构物修复的难易程度,尽可能地保证结构局部发生破坏(即塑性铰),以缩短震后结构物修复时间和减少结构物修复费用。因此,选择在地震中预期出现的弯曲塑性铰的合理位置,保证结构能形成一个适当的塑性耗能机制,通过强度和延性设计,确保潜在塑性铰区域截面的结构性能是行之有效的方法之一。

7.3.1 设计加速度反应谱

1. 水平加速度设计反应谱

《城市轨道交通抗震结构设计规范》(GB 50909—2014)规定当结构自振周期小于 6.0s 时,场地地表水平向设计地震动加速度反应谱(图 7.2)应符合下列规定:

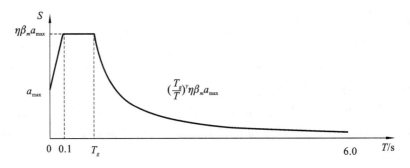

图 7.2 水平向设计地震动加速度反应谱

(1) 当结构阻尼比 ξ 为 0.05 时,η 和 γ 取值 1.0;

(2) 当阻尼比不等于 0.05 时,加速度反应谱曲线的阻尼调整系数和形状参数应符合下列规定,且当 η 计算值小于 0.55 时应取 0.55:

①下降段的衰减指数应按下式确定:

$$\gamma = 1.0 + \frac{0.05 - \xi}{0.3 + 6\xi} \tag{7-1}$$

②阻尼调整系数应按下式确定:

$$\eta = 1.0 + \frac{0.05 - \xi}{0.08 + 1.6\xi} \tag{7-2}$$

Ⅱ类场地设计地震动峰值加速度 $a_{max\text{Ⅱ}}$、设计地震动加速度反应谱特征周期 $T_g(s)$ 见表 7-7、表 7-8。

表 7-7　Ⅱ类场地设计地震动峰值加速度 $a_{\max Ⅱ}$

地震动峰值加速度分区/g	0.05	0.10	0.15	0.20	0.30	0.40
E1 地震作用/g	0.03	0.05	0.08	0.10	0.15	0.20
E2 地震作用/g	0.05	0.10	0.15	0.20	0.30	0.40
E3 地震作用/g	0.12	0.22	0.31	0.40	0.51	0.62

表 7-8　设计地震动加速度反应谱特征周期 $T_g(\text{s})$

反应谱特征周期分区	场地类别				
	I_0	I_1	Ⅱ	Ⅲ	Ⅳ
0.35s 区	0.20	0.25	0.35	0.45	0.65
0.40s 区	0.25	0.30	0.40	0.55	0.75
0.45s 区	0.30	0.35	0.45	0.65	0.90

除Ⅱ类外的其他类别工程场地地表水平向设计地震动峰值加速度 $a_{\max}$ 应取Ⅱ类场地设计地震动峰值加速度 $a_{\max Ⅱ}$ 乘以场地地震动峰值加速度调整系数 $\varGamma_a$；场地地震动峰值加速度调整系数 $\varGamma_a$ 应根据场地类别和Ⅱ类场地设计地震动峰值加速度 $a_{\max Ⅱ}$ 按表 7-9 采用。

表 7-9　场地地震动峰值加速度调整系数 $\varGamma_a$

场地类别	Ⅱ类场地设计地震动峰值加速度 $a_{\max Ⅱ}/g$					
	≤0.05	0.10	0.15	0.20	0.30	≥0.40
I_0	0.72	0.74	0.75	0.76	0.85	0.90
I_1	0.80	0.82	0.83	0.85	0.95	1.00
Ⅱ	1.00	1.00	1.00	1.00	1.00	1.00
Ⅲ	1.30	1.25	1.15	1.00	1.00	1.00
Ⅳ	1.25	1.20	1.10	1.00	0.95	0.90

注：场地地震动峰值加速度调整系数 $\varGamma_a$ 可按表中所给值分段线性插值确定。

Ⅱ类场地设计地震动峰值位移 $u_{\max Ⅱ}$ 应按表 7-10 采用，其他类别工程场地地表水平向设计地震动峰值位移 u_{max} 应取 II 类场地设计地震动峰值 u_{maxII} 位移乘以场地地震动峰值位移调整系数 $\varGamma_u$ 的值;场地地震动峰值位移调整系数 $\varGamma_u$ 应根据场地类别和 II 类场地设计地震动峰值位移 u_{maxII} 按表 7-11 采用。

表 7-10　II 类场地设计地震动峰值位移 u_{maxII} (m)

地震动峰值加速度分区/g	0.05	0.10	0.15	0.20	0.30	0.40
E1 地震作用/g	0.02	0.04	0.05	0.07	0.10	0.14
E2 地震作用/g	0.03	0.07	0.10	0.13	0.20	0.27
E3 地震作用/g	0.08	0.15	0.21	0.27	0.35	0.41

表 7-11　场地地震动峰值位移调整系数 $\varGamma_u$

场地类别	II 类场地设计地震动峰值位移 u_{maxII}/m					
	≤0.03	0.07	0.10	0.13	0.20	≥0.27
I_0	0.75	0.75	0.80	0.13	0.90	1.00
I_1	0.75	0.75	0.80	0.85	0.90	1.00
II	1.00	1.00	1.00	1.00	1.00	1.00
III	1.20	1.20	1.25	1.40	1.40	1.40
IV	1.45	1.50	1.55	1.70	1.70	1.70

2. 竖向设计地震动参数

场地地表竖向设计地震动峰值加速度取值不应小于水平向峰值加速度的 0.65 倍。竖向地震动峰值加速度与水平向峰值加速度的比值可按表 7-12 确定。在活动断裂附近,竖向峰值加速度宜采用水平向峰值加速度值。

表 7-12　竖向地震动峰值加速度与水平向峰值加速度比值 k_v

水平向峰值加速度	0.05 g	0.10 g	0.15 g	0.20 g	0.30 g	0.40 g
k_v	0.65	0.70	0.70	0.75	0.85	1.00

7.3.2 地面结构地震反应计算

城市轨道交通结构抗震设计计算方法应按《城市轨道交通结构抗震设计规范》(GB 50909—2014)确定;挡土墙、重力式桥台等挡土结构地震反应的计算应按现行国家标准《铁路工程抗震设计规范》(GB 50111)相关规定执行。抗震设计计算中,应根据结构的地震反应特点和地震反应计算方法划分结构振动单位。

城市轨道交通结构线路一般较长,相邻结构相互关联,抗震计算时整条线路整体建模一般不现实,所以宜根据轨道交通结构的特点和地质条件,划分适当的振动单位。根据现有的研究经验积累,地震反应计算中采用的结构模型一般可以分为两个部分,一个部分可称为目标部分,是抗震计算需要得到合理精度反应值的部分,而另一部分是为了得到目标部分反应值而附加的部分。根据这一原则,振动耦联性强的部分应划分为一个振动单位。

对于高架区间结构,一个振动单位中包括分析关心的一个目标结构部分,并同时考虑目标结构两端部分的影响。对连续梁桥,目标结构应至少包含1联,两端部分分别包含至少1联(或相邻桥台、车站)。对简支梁桥,目标结构应至少包含1跨,两端部分分别包含至少1跨(或相邻桥台、车站)。地质条件和结构发生明显变化的区域,应选取目标联(跨)。满足弹塑性反应谱方法适用条件的高架区间结构一般为简支或连续结构,根据已有的大量研究结果,可采用单墩模型作为一个振动单位。地面结构采用非线性时程法分析时,可以采用单墩或多墩模型,基础和结构的相互作用可以采用等代弹簧或集中参数分布弹簧;等代弹簧方法适用于结构的地震反应以第一振型为主的情况。由于非线性时程分析运算量较大,结构与构件非线性特性的模拟和分析结果的处理均较为复杂,因而,非线性时程法的振动单位划分的复杂程度,不宜超过弹性反应谱方法。

1. 地面结构弹性反应谱方法

采用弹性反应谱方法计算地震反应,一般需建立三维有限元计算模型,其自由度数可能十分巨大,包含的振型数目也十分巨大。根据强震观测结果,地震动的能量一般集中于30Hz以下的频带,所激发的结构地震反应(位移、内力和应力等)的频带也主要集中于这一范围。一般情况下,选择适当数目低阶振型就可以得到满足工程设计精度要求的结构地震反应。结构地震动力反应是由于惯性效应产生的,因此参与计算的振型质量之和必须达到结构体系质量的一定比例,因此规定其下限为结构总质量的90%,以保证结构惯性力计算的精度。

国内外许多专家学者对反应谱法进行了大量研究,提出了多种振型组合方法。其中常用的有SRSS(square root of sum of squares)法和CQC(complete quadratic combination)法。上述两种方法均从线性结构平稳随机振动理论导出,SRSS法是CQC法的简化形式。SRSS法对于结构自由振动频率分离较好的结构具有很好的精度,但是如果对于结构地震反应贡献较大的振型的频率密集出现的结构,由于 SRSS 法忽略了振型间的耦合项,故时常过高或过低地估计结构的反应。CQC 方法需要进行一个完整的二次型求和运算,比 SRSS 法需要更多的计算时间,但基于目前的计算能力,用 CQC 方法替代 SRSS 方法进行反应谱组合已经没有困难,所以推荐 CQC 方法。

当采用弹性反应谱方法时,振型反应和组合系数应按下列公式计算:

$$R = \sqrt{\sum_{i=1}^{n}\sum_{j=1}^{n}R_i\rho_{ij}R_j} \tag{7-3}$$

$$\rho_{ij} = \frac{8\sqrt{\xi_i\xi_j}(\xi_i + r_{ij}\xi_j)r_{ij}^{3/2}}{(1-r_{ij}^2)^2 + 4\xi_i\xi_j r_{ij}(1+r_{ij}^2) + 4(\xi_i^2 + \xi_j^2)r_{ij}^2} \tag{7-4}$$

$$r_{ij} = T_i/T_j \tag{7-5}$$

式中,R——需要计算的结构反应;

R_i——第 i 振型反应;

R_j——第 j 振型反应;

ξ_i——第 i 振型阻尼比;

ξ_j——第 j 振型阻尼比;

T_i——第 i 振型的自由振动周期(s);

T_j——第 j 振型的自由振动周期(s)。

弹性反应谱计算中,阻尼比的确定很大程度上影响结构地震反应的计算结果,需要谨慎选择。根据现有的研究结果,土木工程结构的阻尼比与结构振动的强烈程度有关,因此原则上所遭受的地震水平不同,则结构的阻尼比也有所差别。

当采用弹性反应谱方法时,振型阻尼比应按表 7-13 取值。

表 7-13 振型阻尼比取值

结构类型	焊接钢结构	栓接钢结构或钢管混凝土结构	钢筋(预应力)混凝土结构
阻尼比	1.5%	3.0%	5.0%

地震作用分量组合是对地震动方向不确定性和结构反应最不利输入方向等因素的综合协调,是指对结构或构件的同一反应,在各分量地震动分别输入下得到其值,并进行组合。分量组合有多种方法,如 SRSS 方法、百分比法等。2009 版美国 AASHTO 规范采用百分比法,欧洲规范 Eurocode 8 和我国公路桥梁抗震设计细则采用 SRSS 方法。由于百分比法的表达形式与通常的荷载组合的概念更为接近,易于被工程师理解和应用,因此宜采用百分比法。

当多分量地震作用时,各地震动分量引起的地震反应按下式进行组合,对 3 种组合得出的结果应分别进行抗震验算:

$$R = \begin{cases} R_X + 0.3R_Y + 0.3R_Z \\ 0.3R_X + R_Y + 0.3R_Z \\ 0.3R_X + 0.3R_Y + R_Z \end{cases} \tag{7-6}$$

式中，R——需要计算的结构反应；

R_X——X 方向地震动作用对同一反应量的贡献；

R_Y——Y 方向地震动作用对同一反应量的贡献；

R_Z——Z 方向地震动作用对同一反应量的贡献。

2. 地面结构弹塑性反应谱方法

根据现有的工程设计实践，大量的高架区间结构采用结构形式简单的梁式结构，其大部分惯性质量来自上部结构和车辆，并可近似集中在墩顶以上，根据已有的研究结论，第一振型对结构的地震反应起控制作用，通过第一振型的计算可以满足此类结构的抗震设计要求。另外高架区间结构在一般的设计条件下，当因地震作用进入弹塑性状态时，塑性铰发生部位一般在墩底或墩顶，比较易于识别和预先设计，因此大量的高架区间结构可以满足第一振型为主、塑性铰位置明确的要求，弹塑性反应谱方法可用于大量的高架区间结构节段的抗震设计计算。弹塑性反应谱方法的计算流程如图 7.3 所示。

结构体系简单、第一振型对结构地震反应贡献起主要作用，并且塑性铰发生位置明确的情况下，可采用弹塑性反应谱方法计算结构的地震反应。采用弹塑性反应谱方法计算结构的地震反应时，结构等效周期的计算应考虑结构的非线性特征，按式(7-7)～式(7-9)计算：

$$T_{eq} = 2\pi \sqrt{M_{eq}/K_{eq}} \tag{7-7}$$

$$M_{eq} = M_s + r_p M_p + M_v \tag{7-8}$$

$$K_{eq} = F_{eq}/d_{eq} \tag{7-9}$$

式中，T_{eq}——结构等效周期(s)；

M_{eq}——等效质量(kg)；

K_{eq}——等效刚度(N/m)；

M_s——上部结构质量(kg)；

M_p——桥墩质量(kg)；

r_p——桥墩质量换算系数，独柱式墩取 0.3，排架式墩取 0.4；

M_v——等效列车质量(kg)，顺桥向取 0.0，横桥向取 0.5 倍的列车质量；

F_{eq}——结构整体屈服点对应的水平荷载(N)；

d_{eq}——结构整体屈服点对应的水平位移(m)。

弹塑性反应谱通过对弹性反应谱的折减得到，折减系数 R_μ 应按式(7-10)计算：

$$R_\mu = \begin{cases} (\mu-1)\dfrac{T}{T_0} + 1 & T \leqslant T_0 \\ \mu & T > T_0 \end{cases} \tag{7-10}$$

式中，R_μ——折减系数；

T_0——场地相关特征周期参数，应按表 7-14 取值；

μ——延性系数。

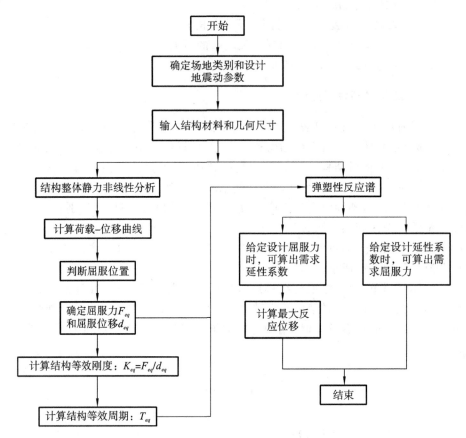

图 7.3 弹塑性反应谱法计算流程

表 7-14 周期 T_0 的取值

延性系数	I_0、I_1 类场地			Ⅱ类场地		
	反应谱特征周期 0.35s 区	反应谱特征周期 0.4s 区	反应谱特征周期 0.45s 区	反应谱特征周期 0.35s 区	反应谱特征周期 0.4s 区	反应谱特征周期 0.45s 区
$\mu=2$	0.12	0.14	0.26	0.13	0.20	0.23
$\mu=3$	0.14	0.21	0.28	0.17	0.26	0.33
$\mu=4$	0.15	0.23	0.34	0.19	0.34	0.37
$\mu=5$	0.16	0.26	0.37	0.21	0.37	0.44
$\mu=6$	0.17	0.28	0.38	0.22	0.40	0.51

续表

延性系数	Ⅲ类场地			Ⅳ类场地		
	反应谱特征周期0.35s区	反应谱特征周期0.4s区	反应谱特征周期0.45s区	反应谱特征周期0.35s区	反应谱特征周期0.4s区	反应谱特征周期0.45s区
$\mu=2$	0.14	0.21	0.27	0.25	0.43	0.55
$\mu=3$	0.19	0.29	0.39	0.35	0.57	0.76
$\mu=4$	0.22	0.35	0.44	0.38	0.73	1.06
$\mu=5$	0.27	0.38	0.63	0.42	0.75	1.11
$\mu=6$	0.29	0.41	0.76	0.46	0.80	1.18

按弹塑性反应谱方法计算结构物的地震反应,可根据结构等效周期和结构屈服地震加速度确定结构所需延性系数(图7.4)。

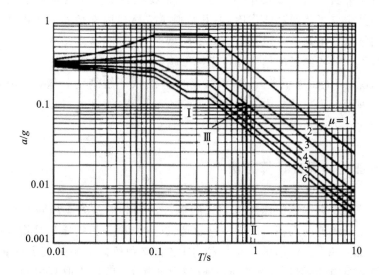

图7.4 根据结构等效周期和设计屈服加速度算出需求延性系数
Ⅰ—屈服地震加速度0.1g;Ⅱ—等效周期0.8s;Ⅲ—得到延性系数3

虽然弹塑性反应谱方法与所采用的计算模型没有直接关系,但根据目前对该方法的使用经验,该方法可以比较好地用于可简化为单墩模型的情况,出于这样的考虑,顺桥向地震作用下,1联(1跨)梁体附加在支座的顶面;横桥向地震作用下,按照支座反力或跨径分配上部结构与列车质量,取两种分配方式中的质量较大者,质量附加到上部结构的重心处。

弹塑性反应谱方法中,根据考虑结构和地基非线性特性的静力非线性分析所得荷载-变形曲线,连接原点与结构等效屈服点所得割线斜率确定结构等效刚度。结构等效屈服点,取桥墩屈服点与基础屈服点最先达到的状态点。弹塑性反应谱将结构等效周期作为参数进行单自由度体系的非线性时程反应分析,将其最大值作为结构物固有周期的函数。弹塑性反应谱的谱值与延性系数 μ 有关。

3. 地面结构非线性时程分析方法

当弹性反应谱方法和弹塑性反应谱方法不适用时,应采用非线性时程分析方法。基础与地基土相互作用宜采用等代弹簧方法;对桩基础,等代弹簧方法不适用或计算精度要求高时,可采用结构—基础—地基整体计算建模方法。当集中弹簧和阻尼器模型不能满足设计要求时,应进行专门的研究。

等代弹簧方法将复杂的基础—土相互作用转化为几个自由度的非线性平动、转动支承刚度,采用阻尼器模拟桩土辐射阻尼,是便于在设计工作中应用的简化分析方法,用于非线性时程分析,可有效提高计算效率和数值计算稳定性。

当需要考虑桩基础地震反应沿深度变化时,对一般的桩基础,规范推荐采用较为简便的桩土弹簧—阻尼器集中参数模型。非线性弹簧用于模拟桩土之间的非线性刚度作用并包含了滞回耗能作用,阻尼器则模拟材料内部耗能和地震波辐射耗能效应。采用结构—桩基础—地基整体分析模型时,地基和基础结构的各种设计参数和边界条件等对分析结果的精度和可靠性影响很大,须恰当选取。

少数情况下(比如地质条件复杂,或需要更细致了解结构—基础—地基相互作用时),桩土弹簧—阻尼器集中参数模型可能不满足要求,此时可以考虑更一般性的非线性有限元动力分析方法。

7.3.3 支座地震反应计算方法

支座水平地震力取该支座所分担到的包含恒载和等效列车质量与桥墩顶端反应绝对加速度最大值的乘积。需要注意的是,这里所谓分担的质量是指分担到的惯性力质量。如有一个固定墩的连续梁桥,固定支座顺桥向水平地震力计算时,质量应取整联恒载对应的质量;横桥向水平地震力计算时,质量应取分担的上部结构质量和等效列车质量,其中等效列车质量参照地面结构弹塑性反应谱方法中的等效质量取值。同时,由于对活动支座的动摩擦力的认识尚有不足,该计算忽略了活动支座的动摩擦力对固定支座的影响。

(1) 对没有建立支座计算模型的情况,支座水平地震力 F_h 可按式(7-11)计算:

$$F_h = W_i a_h / g \tag{7-11}$$

式中,F_h——支座水平地震力(N);

a_h——桥墩(台)顶端反应绝对加速度最大值(m/s²);

W_i——该支座所分担到的水平惯性力所对应的上部结构重量(N)。

(2) 对没有建立全桥模型的情况,活动支座的滑动量的计算应符合下列规定。

① E1 地震作用下混凝土梁的活动支座的滑动量可根据桥梁跨径按表 7-15 确定。

表 7-15 活动支座的滑动量

跨径 l/m	$l \leqslant 15$	$15 < l \leqslant 30$	$l > 30$
滑动量/mm	±10	±20	±30

对于 E1 地震作用,参照日本铁道抗震规范《铁道构造物等设计标准·同解说-耐震设计(1999)》,以表格形式直接给出了设计中应采用的滑动支座滑动量的设计值。考虑到 E1 地震作用下结构反应的位移一般较小,故根据经验作简单规定,方便设计工作。

② E2、E3 地震作用下,活动支座的滑动量可按下列规定计算。

a. 简支梁桥和无固定支座墩的连续梁桥,活动支座的滑动量可取所在桥墩顶端位移。根据桥墩分担的上部结构重量或桥墩刚度明显不同的情况,以及邻近桥墩间场地条件显著不同的情况,活动支座的滑动量可取所在桥墩顶端位移的 2 倍。

b. 对于有固定支座墩的连续梁桥,固定支座墩的墩顶位移对活动支座的滑动量影响较大,从结构安全和设计方便考虑,活动支座的滑动量取所在桥墩顶端位移与固定墩的墩顶位移之和。活动支座的滑动量可按式(7-12)计算:

$$\Delta_D = \Delta_{gd} + \Delta_{top} \tag{7-12}$$

式中,Δ_D——活动支座的滑动量(mm);

Δ_{gd}——固定墩的墩顶位移(mm);

Δ_{top}——滑动支座处的墩顶位移(mm)。

7.4 抗震性能的验算

城市轨道交通结构中的高架区间结构应进行抗震性能验算。抗震验算应分为强度验算、变形验算和位移验算。进行位移验算时,应将结构作为一个整体来进行建模和地震反应计算。

结构性能要求 I 须保证构件在地震中保持线弹性工作状态,构件内力、应力等不超过以强度表征的承载能力。地震反应内力应参与相应结构常规设计规范中要求的内力组合后进行强度验算。关于强度验算的内容,参照现行国家标准《铁路工程抗震设计规范》和《建筑抗震设计规范》中的有关规定。

结构性能要求 II 和 III 条件下,为保证设计的安全性和经济型,结合城市轨道交通结构特点和计算分析、验算方法,要求对结构和构件进行以变形和位移为指标的验算。其中,变形验算确保延性构件具备足够的变形能力,位移验算则保证结构整体的完整性。

7.4.1 钢筋和钢骨混凝土构件

钢筋混凝土或钢骨混凝土构件因构件的变形及破坏形态不同,其损伤的过程及损伤的状况有所不同,因此应使用能恰当表现构件破坏状态的性能指标。构件的形态分为柱式构件和受面内力的壁式构件。构件的破坏形态应分为弯曲破坏和剪切破坏。

通过比较构件的抗剪能力与构件达到抗弯能力时所对应的最大剪力,来判定钢筋混凝土构件的破坏形态时,构件的最大剪力应由实际弯曲抗力求得。因此在计算弯曲抗力时应考虑全部轴向钢筋和钢骨,且采用钢材实际屈服强度,同时也应根据破坏截面的不同考虑弯曲抗力的增强等影响。

(1) 钢筋和钢骨混凝土柱式构件的破坏形态应按式(7-13)~式(7-15)进行判定:

弯曲破坏形式: $$V_{mu} \leqslant V_{yd} \tag{7-13}$$

剪切破坏形式: $$V_{mu} > V_{yd} \tag{7-14}$$

$$V_{yd} = V_{cd} + V_{uxd} + V_{sd} \tag{7-15}$$

式中,V_{mu}——构件达到截面等效屈服弯矩时的剪力(N);

V_{yd}——设计剪切抗力(N);

V_{cd}——混凝土的设计剪切抗力(N);

V_{uxd}——钢筋的设计剪切抗力(N);

V_{sd}——钢骨的设计剪切抗力(N)。

(2) 对轴压比小于0.5,且剪跨比为1.5以上的钢筋和钢骨混凝土柱式构件,其弯曲变形性能应按等效理想弹塑性弯矩—转角关系(图7.5)确定。

(3) 判别为弯曲破坏的小轴压比柱式构件,其性能等级可按构件转角或塑性铰区转角划分,其界限值可按式(7-16)、式(7-17)确定:

$$\theta_d = \theta_y + \alpha \frac{\theta_{pu}}{K} \tag{7-16}$$

$$\theta_{pu} = (\varphi_u - \varphi_y) L_p \tag{7-17}$$

式中,θ_d——性能等级的界限值(rad);

K——构件极限塑性转角的安全系数,可取1.5;

α——构件性能等级系数,可按表7-16取值;

θ_{pu}——构件塑性铰区的极限塑性转角(rad);

φ_u——塑性铰区极限曲率;

φ_y——塑性铰区屈服曲率;

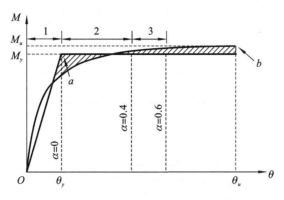

图 7.5 构件弯矩—转角的关系

a—截面等效屈服点；b—极限变形点；1、2、3—分别对应构件的性能等级 1、2、3；
M_y—构件截面等效屈服弯矩；M_u—构件截面极限弯矩；θ_y—构件塑性铰区等效屈服转角；
θ_u—构件塑性铰区极限转角；α—构件性能等级系数

L_p——塑性铰长度(m)，$L_p=1.0D$，D 为计算方向截面高度。

表 7-16 钢筋混凝土柱构件的性能等级系数

构件性能等级	α 限值
1	0
2	0.4
3	0.6

7.4.2 钢管混凝土构件和钢构件

(1) 钢管混凝土构件的抗力及变形性能的计算，应考虑钢管的材料非线性特性或局部压屈、填充混凝土的非线性特性等影响。轴压比小于 0.3 的柱式圆形钢管混凝土构件和钢构件宜按双线性力—变形关系(图 7.6)确定。

(2) 钢管混凝土构件和钢构件的性能等级可按构件转角或塑性铰区转角划分，其界限值可按式(7.16)和式(7.17)确定，α 可按表 7-17 取值。

表 7-17 柱式钢管混凝土构件和钢构件的性能等级系数

构件性能等级	α 限值
1	0

续表

构件性能等级	α 限值
2	0.5
3	0.8

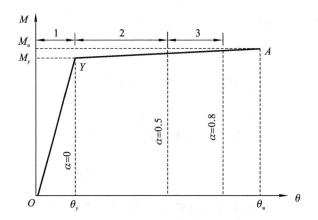

图 7.6 柱式钢管混凝土构件和钢构件断面的弯矩—转角关系

Y—截面屈服点；A—极限变形点；1、2、3—分别对应构件的性能等级 1、2、3；
M_y—构件屈服弯矩；M_u—构件截面极限弯矩；θ_y—构件塑性铰区屈服转角；
θ_u—构件塑性铰区极限转角；α—构件性能等级系数

采用与钢筋和钢骨混凝土类似的方式对钢管混凝土与钢构件进行性能等级划分。一般情况下，认为钢管混凝土与钢构件的抗震性能优于钢筋混凝土构件，因而，其 α 在钢筋混凝土构件的基础上适当增大。

7.4.3 基础

（1）置于土中的桩基础结构物，其性能与地面以上的构件的性能有所不同。应综合考虑构件抗震性能、地基土承载力等指标，验算桩基础整体抗震性能。

为确保结构物整体的安全性及必要的功能，应进行桩基础位移验算。从结构物整体的安全性考虑应保证结构物不发生落梁或崩塌，从结构物的功能考虑应保证列车行驶安全和地震后结构物的使用。

桩基础应按式(7-18)验算整体抗震性能：

$$d \leqslant d_d \tag{7-18}$$

式中，d——承台质心处的地震反应位移(m)；

d_d——承台质心处的设计容许位移(m)，按表 7-18 确定。

表 7-18　基础整体性能等级界限值

基础整体性能等级	界限值 d_d
1	桩基础整体屈服点对应的承台质心处的位移
2	半数以上的桩达到性能等级 2 的上限时承台质心处的位移
3	性能等级 2 的界限值的 1.5 倍

(2) 扩大基础的偏心、滑动和倾覆稳定性应按现行国家标准《铁路工程抗震设计规范》GB 50111 进行验算,性能等级应按式(7-19)进行验算:

$$\theta \leqslant \alpha\theta_y \tag{7-19}$$

式中,θ——地震反应转角(rad);

α——扩大基础性能等级系数,应按表 7-19 确定;

θ_y——基础底面屈服转角(rad)。

表 7-19　扩大基础性能等级系数

基础整体性能等级	α
1	2
2	6
3	10

其他类型的基础、桥台和挡土墙的抗震验算可按现行国家标准《铁路工程抗震设计规范》GB 50111 进行。

7.4.4　支座

(1) 板式橡胶支座在抗震性能等级为 1 时,应保证支座的正常使用功能,故需要对橡胶支座的厚度及抗滑稳定性进行抗震性能验算。对于验算方法,参考我国现行行业标准《公路桥梁抗震设计规范》中的有关规定。

板式橡胶支座在抗震性能等级要求为 1 时,宜进行下列抗震验算:

①支座厚度应按式(7-20)、式(7-21)进行验算:

$$\Delta_t \leqslant \sum t \tag{7-20}$$

$$\Delta_t = \Delta_D + \Delta_H \tag{7-21}$$

式中,$\sum t$——橡胶层的总厚度(mm);

Δ_t——地震作用下最不利效应组合后支座产生的水平位移(mm);

Δ_D——地震作用下支座产生的水平位移(mm);

Δ_H——永久作用下支座产生的水平位移(mm)。

②支座抗滑稳定性应按式(7-22)、式(7-23)进行验算:

$$R_t \leqslant \mu_d N \qquad (7\text{-}22)$$

$$R_t = R_D + R_H \qquad (7\text{-}23)$$

式中,μ_d——支座的动摩阻系数;橡胶支座与混凝土表面的动摩阻系数采用0.15,钢板的动摩阻系数采用0.10;

N——上部结构重力在支座上产生的反力(N);

R_t——包括地震力效应的支座的水平力效应组合值(N);

R_D——地震作用下支座的水平地震力(N);

R_H——永久荷载作用下支座的水平力(N)。

(2) 盆式橡胶支座和球形支座在抗震性能等级为1时,应保证支座的正常使用功能,故对其滑动方向进行位移验算,固定方向进行水平力验算。

板式橡胶支座在抗震性能等级要求为1时,宜进行下列抗震验算:

①支座厚度应按式(7-24)、式(7-25)进行验算:

$$\Delta_t \leqslant \Delta_{\max} \qquad (7\text{-}24)$$

$$\Delta_t = \Delta_D + \Delta_H \qquad (7\text{-}25)$$

式中,$\Delta_{\max}$——支座容许最大滑动水平位移(mm)。

②支座固定方向应按式(7-26)、式(7-27)进行验算:

$$R_t \leqslant R_{\max} \qquad (7\text{-}26)$$

$$R_t = R_D + R_H \qquad (7\text{-}27)$$

式中,$R_{\max}$——支座水平抗力值(N)。

7.5 抗震构造细节及抗震措施

7.5.1 钢筋混凝土桥墩

箍筋对桥墩的延性影响很大,甚至在某种程度上依赖于箍筋配置的合理与否。大量的研究结果表明,箍筋的作用主要是提供横向约束,使混凝土在发生开裂、破碎的情况下,不致因塌落、崩溃而引起桥墩的突然失效,从而充分利用竖向钢筋的变形能力,使塑性铰处产生足够的弹塑性变形,消耗地震能量,防止结构的整体破坏。

圆形截面,箍筋可沿截面周边布置;矩形截面,除在周边布置箍筋外,混凝土核心范围应按规范规定布置箍筋或横向钢筋(拉筋)(图7.7)。

钢筋混凝土桥墩抗震构造应符合下列规定。

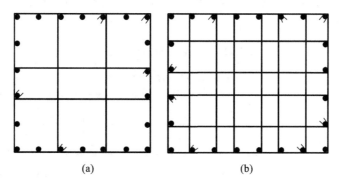

图 7.7 矩形截面箍筋或横向钢筋(拉筋)布置示意图
(a) 抗震设防地震动分档为 0.10(0.15)g 及以下地区箍筋布置；
(b) 抗震设防地震动分档为 0.20(0.30)g 及以下地区箍筋布置

(1) 钢筋混凝土墩身应符合下列规定。

① 墩身刚度变化均匀，避免出现突变。

② 墩身主筋全截面配筋率不应小于 0.5%，并不大于 5%。

③ 桥墩塑性铰区域应加强箍筋配置，加强区高度不应小于验算方向截面高度的 2 倍，当塑性铰区域位于桥墩底部时，加强区高度为截面高度；当墩高与验算方向截面高度的比值小于 2.5 时，应对所有截面进行加强，并进行抗剪强度验算，必要时设置抗剪钢筋。

④ 配箍率不低于主筋配筋率的 1/4，且不应低于 0.3%。

⑤ 对圆形截面，箍筋可沿截面周边布置；圆形箍筋的接头应采用焊接，焊接长度不应小于 10 倍箍筋直径；矩形箍筋端部应有 135°弯钩，弯钩的直段长度不应小于 200 mm。箍筋配置应符合表 7-20 的规定。

表 7-20 桥墩箍筋配置

抗震设防地震动分档/g		0.10(0.15)	0.20(0.15)	0.40
圆形桥墩	箍筋直径/mm	12	12	12
	箍筋间距/mm	150	150	100
矩形桥墩	箍筋直径/mm	10	10	12
	箍筋间距/mm	150	150	100

⑥ 对抗震设防地震动分档为 0.20(0.30)g 及以下地区，加强区箍筋间距不应大于 100 mm；对抗震设防地震动分档大于 0.20(0.30)g 地区，加强区箍筋间距不应大于 50 mm。

⑦对矩形截面，除在周边布置箍筋外，在加强区混凝土核心范围应按表 7-21 规定布置箍筋或拉筋。

表 7-21 矩形截面箍筋或拉筋布置

抗震设防地震动分档/g	箍筋或拉筋间的主筋根数	箍筋肢距或拉筋间距
0.10(0.15)	4	不大于 400 mm
0.20(0.30)	3	不大于 250 mm
0.40	2	每根纵向钢筋均应提供纵、横向水平约束

(2) 纵向钢筋的接头与锚固应符合下列规定。

①从桥墩底部至截面高度的 1.5 倍范围内不宜设纵向钢筋焊接接头。当接头不可避免时，应确保纵向钢筋在反复交变应力下发生屈服时，接头仍具有预定的性能。

②从桥墩底部至截面高度的 1.5 倍范围内不设绑扎钢筋接头。

③在同一截面内所设的钢筋接头数不大于总钢筋数的 50%。

纵向钢筋对约束混凝土墩柱的延性有较大影响，因此，延性墩柱中纵向钢筋含量不应太低。根据我国桥梁结构的具体情况，墩柱纵向钢筋的最小配筋率为 0.05。

横向钢筋在桥墩柱中的功能主要有以下三个方面：①用于约束塑性铰区域内混凝土，提高混凝土的抗压强度和延性；②提供抗剪能力；③防止纵向钢筋压曲。各国抗震设计规范对塑性铰区域横向钢筋的最小配筋率都进行了具体规定。美国 AASHTO 规范、欧洲规范 Eurocode 8、国家现行标准《公路工程抗震规范》及《建筑抗震设计规范》对横向钢筋最小配筋率都有具体规定。综合国内外主要地震国家桥梁抗震设计规范的规定，配箍率不低于主筋配筋率的 1/4，且不应低于 0.3%。

由于表层混凝土保护层不受横向钢筋约束，在地震作用下产生剥落，这层混凝土不能为横向钢筋提供锚固。因此，所有箍筋都应采用等强度焊接来闭合，或者在端部弯过纵向钢筋到混凝土核心内，角度至少为 135°。

在进行混凝土结构物的抗震设计时，一般假设构件的纵向钢筋能承受发生屈服的反复荷载作用，因此，与通常的混凝土结构物细部构造应有所不同。为了确保钢筋充分发挥其强度，纵向钢筋必须在构件接合部进行充分锚固。对于离桥墩底部至截面高度 1.5 倍范围内设置的钢筋接头所应具有的性能，除高强度钢筋等特殊钢筋以外，钢筋在 1.2 倍屈服强度以上的拉力、1.1 倍屈服强度以上的压力的反复作用下，不发生折断或龟裂等损伤。

由于地震时的反复荷载作用，塑性铰范围内纵向钢筋使用搭接接头时，如混凝土保护层脱落，则不能充分发挥接头的性能。因此，在可能发生混凝土保护层脱落的范围内原则上不能使用搭接接头。如遇特殊情况，在保证强度的前提下，可采用焊接接头。

(3) 箍筋的配置及锚固应符合下列规定。

① 桥墩墩身的箍筋应使用普通箍筋或螺旋箍筋。

② 从桥墩墩身底部至截面高度的 2 倍的范围内应配置与塑性铰的区间完全相同的箍筋形式。

③ 箍筋搭接点的强度不应小于箍筋的抗拉强度。当采用拉筋复合箍时，拉筋应弯成 135°以上并勾住箍筋。

④ 箍筋在构件轴线方向的间距应为构件截面短边长度的 1/2 以下，且应为轴向钢筋直径的 12 倍以下。对矩形截面，箍筋在横向的间距应为箍筋直径的 48 倍以下，当箍筋间距超过此数则应设置拉筋。

设置箍筋的目的主要为抵抗剪力、防止主筋压屈、增强核心混凝土的横向约束及防止粘着劈裂。箍筋端部即使弯成 135°以上并锚固在内部混凝土中，如果锚固长度不足，也达不到设计时假设的变形性能，因此应采用焊接或螺旋箍筋形式。但是，如必须采用箍筋弯钩角度为 135°以上并锚固在混凝土中时，钢筋弯钩长度宜大于 10 倍钢筋直径。

如矩形截面构件的截面尺寸较大，距截面转角处较远部位箍筋的约束作用会降低。因此，截面内的箍筋间距应为箍筋直径的 48 倍以下以保证其效果不显著降低。截面内的中间部位配置的拉筋在构件轴向的间距宜与箍筋间距相同。

(4) 柱式桥墩应符合下列规定。

① 塑性铰加密区域配置的箍筋应延续到盖梁和承台内，延伸到盖梁和承台的距离不应小于盖梁或承台高度的 1/4～1/3，且不应小于 500 mm。

② 桩柱式桥墩和多排桩桥墩的柱(桩)与盖梁、承台连接处的配筋不应小于柱(桩)身最大配筋。桩柱式桥墩的截面变化部位，宜做成坡度为 2∶1～3∶1 的喇叭形渐变截面或在截面变化处适当增加配筋。

③ 桩柱式桥墩和多排桩桥墩加密区箍筋配置应布置在柱(桩)在地面或一般冲刷线以上 1 倍柱(桩)径处延伸到最大弯矩以下 3 倍柱(桩)径处，且不应小于 500 mm。桩柱式桥墩加密区段箍筋配置及箍筋接头应符合上条钢筋混凝土桥墩的规定。

7.5.2 钢骨混凝土桥墩

钢骨的锚固及连接的设计，应保证钢骨混凝土构件的抗力及变形性能。因此锚固及连接部位不应先于钢骨混凝土构件的其他部位发生破坏，连接构件也不宜出现在塑性铰部位。钢管混凝土桥墩为避免钢管套箍作用的削弱或丧失导致钢管混凝土抗力的衰减，应采用圆形截面形式。

7.5.3 钢桥墩

(1) 矩形截面钢桥墩应符合下列规定。

①在确定矩形截面的面板的宽厚比参数 R_r、长细比参数 λ 及纵向加劲杆件的刚度比 γ 时,应确保所需要的变形性能。

②纵向加劲肋在墩底附近底板或隔板位置不应断开,应使其贯通。

③角部的焊接应采用完全熔透焊。

(2) 圆形截面钢桥墩应符合下列规定。

①在确定圆形截面的径厚比参数 R_t 时,应确保其所需的变形性能。

②圆形截面的钢管构件中应设置环形加劲肋或隔板,其最大间距应为钢管外径的 3 倍以下。当径厚比小于 30 时,可不设置环形加劲肋或隔板。

(3) 梁柱节点应符合下列规定。

①节点的抗力应超过梁、柱等结构的抗力。

②应避免截面变化部位及节点处设置检查孔。

(4) 抗震设防地震动分档为 0.10(0.15)g 及以上地区的钻孔桩基础,在桩顶 $2.5d \sim 3.0d$(d 为设计桩径)长度范围内,应加强箍筋配置。

(5) 支座底面应水平设置在梁底及墩台上,应保证梁与墩台间均匀传递压力。

7.5.4 抗震措施

抗震措施应符合下列规定。

(1) 对抗震设防地震动分档为 0.05 g 区和 0.10(0.15)g 区,抗震措施应符合下列规定。

①对于桥梁支座而言,纵向承受的水平地震荷载较横向大。为防止落梁,除桥梁支座的锚栓、销钉、防震板等应有足够的强度外,一般只着重采用纵向梁端连接措施和支挡设施。

简支梁应采取纵向梁端连接或梁端纵向支挡;连续梁应在桥墩上横隔板位置设置纵、横向支挡,并应对横隔板作局部加强。各梁片间还应加强梁与梁间的横向连接。

②对于高烈度区的大跨桥梁,纵向设置的消能装置,可共同承受水平地震荷载的作用,消能装置应有足够的强度。消能装置还应考虑梁因温度等变化而产生的位移影响。修复困难的桥梁,墩台顶帽应适当加宽或设置消能设施。

③使用横向和纵向限位装置可以实现桥梁结构的内力反应和位移反应之间的协调。一般来讲,限位装置的间隙小,内力反应增大;相反,若限位装置的间隙大,则内力反应减小,但位移反应大。横向和纵向限位装置应使内力反应和位移反应二者

之间达到某种平衡;另外,纵向限位装置位移能力应与支座部分的位移能力相适应。

梁式桥横向落梁或斜桥扭转滑移落梁的例子很少,并且主要发生在高烈度区。一般震害是板梁部分旁落,桁架倾斜,其原因是桥面系整体性差或稳定性不足造成的,因此,对梁桥各片梁必须加强横向联系。

(2) 对抗震设防地震动分档为 0.20(0.30)g 区和 0.40 g 区,抗震措施应符合下列规定。

① 连续梁桥在强烈地震时,如每一联只在一个墩上设置固定支座,其余为活动支座,只依靠一个固定支座墩来承受整个一联上部构造所产生的水平地震荷载,在技术上比较困难,在经济上也不合理。近年修建的连续梁桥,也考虑了同时几个桥墩(台)采用板式橡胶支座作为固定支座,其余墩(台)采用滑板支座,这种办法是可行的。对连续梁桥,宜采取对抗震有利的多墩、台共同承担地震力的措施。

② 地震的宏观现象表明,地震竖向运动的影响在极震区是很显著的。地震开始时是上、下跳动,随后是水平晃动。因此,对于 9 度(地震动分档为 0.40 g)区桥梁活动支座,为防止上部结构上抛而损坏,应采用限制竖向位移的措施。抗震设防地震动分档为 0.20(0.30)g 区和 0.40 g 区的抗震措施,除应符合上述规定外,梁桥支座尚应采取限制其竖向位移的措施。

③ 抗震设防地震动分档为 0.20(0.30)g 区和 0.40 g 区的高架区间结构宜采用适当的防落梁构造措施。

(3) 当抗震设防地震动分档为 0.10(0.15)g 时,对判断为液化的场地,抗震措施应符合第(2)条的规定。

(4) 防落梁措施应符合下列规定。

1970 年的通海地震、1975 年的海城地震、1976 年的唐山地震等强烈地震和 2008 年汶川地震,都有不少落梁破坏的实例。在主要结构构件之间用挡块、螺栓连接和钢板连接等防止纵、横向落梁措施。板桥与梁桥在强烈地震时,由于地震惯性力的作用和地基变形、地基失效及岸坡滑移引起墩台变位,很可能在上、下部结构之间产生过大的相对位移而造成落梁破坏。所以防落梁措施的采用不应影响支座的正常移动,宜根据经验或进行定量计算确定。

7.6　轨道交通简支桥梁抗震计算实例

7.6.1　工程概况与地震动输入

1. 工程概况

选取 3 跨城市轨道交通简支高架桥梁为实例,梁体跨径为 35 m 标准跨径,主梁为单室箱梁,采用 C50 混凝土浇筑,每跨梁体质量为 705.86 t(未计入轨道结构部分),其中,主梁高度为 2.8 m,梁翼缘宽 9.6 m,梁端截面顶板和底板厚度均为 0.35 m,跨中截面顶板和底板厚度分别为 0.3 m 和 0.28 m,梁端和跨中截面腹板厚度分别为 0.45 m 和 0.36 m,邻梁之间缝隙为 0.15 m。梁体截面如图 7.8 所示。

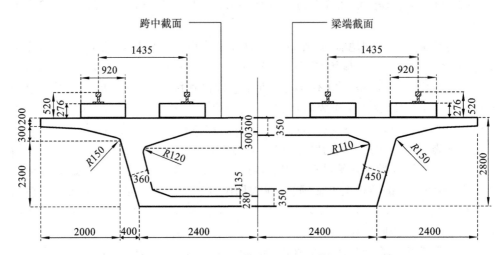

图 7.8 城轨高架 35 m 简支箱梁梁端、跨中截面图(单位:mm)

梁面上轨道结构部分采用双线平行布置,并等效成两条钢轨,钢轨截面参数、扣件约束等按实际情况换算,纵向承轨台与梁面固结并在梁缝处断开,桥面系荷载为 72 kN/m,并将荷载转换为主梁质量。支座按一端固定一端活动的方式布置,梁体每端 2 个支座,每跨共 4 个,布置情况如图 7.9 所示。下部结构为矩形截面独柱墩,C40 混凝土现浇,截面横桥向 2.8 m,顺桥向 1.6 m,墩顶处为 4.5 m×1.6 m,墩高 12 m,配筋率为 1.1%,如图 7.10 所示,墩柱底部考虑桩土作用。

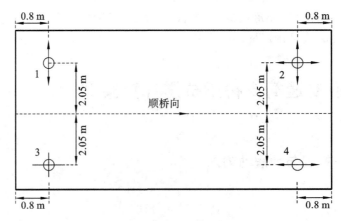

图 7.9 桥梁支座布置情况

注:图中 1 为横向活动支座,2 为双向活动支座,3 为固定支座,4 为纵向活动支座。

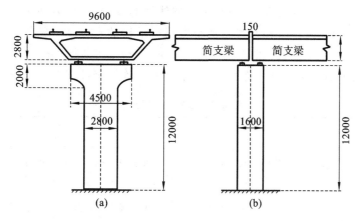

图 7.10　桥墩结构图示(单位:mm)
(a)横桥向;(b)纵桥向

2. 地震动的输入

根据地震动区划图,设计基本地震加速度值为 0.15 g,抗震设防烈度为Ⅶ度。场地类别为二类场地,查得设计加速度反应谱特征周期为 0.40 s。根据《城市轨道交通结构抗震设计规范》(GB 50909—2014),该桥梁属于重点设防类别。E1 地震、E2 地震、E3 地震地震动作用下,设计地震动参数:

$$\alpha(T) = A_m \times \beta(T)/g$$

式中,$\alpha(T)$——地震影响系数;

A_m——设计地震动峰值加速度(单位是 g,1 g=10 m/s²);

$\beta(T)$——设计地震动加速度放大系数谱。

$$\beta(t) = \begin{cases} 1 + (\beta_{max} - 1)\dfrac{T}{T_1} & 0 \leqslant T < T_1 \\ \beta_{max} & T_1 \leqslant T < T_g \\ \beta_{max}\left(\dfrac{T_g}{T}\right)^\gamma & T_g \leqslant T \leqslant 6 \text{ s} \end{cases}$$

式中,T——反应谱周期;

T_1——反应谱平台起点周期;

T_g——反应谱特征周期;

γ——衰减系数。

7.6.2　计算模型及动力特性

1. 计算模型

桥梁采用 Midas Civil 建立桥梁结构的空间三维动力计算模型。计算模型中的梁体和墩柱采用空间杆系单元模拟；进行非线性时程分析时,墩柱采用反映结构弹塑性动力行为的单元。墩柱和梁体的单元根据结构的实际动力特性进行划分。单元质量采用集中质量代表。混凝土结构的阻尼比按 0.05 取值；进行非线性时程分析时,采用瑞利阻尼。支座单元及桥梁结构各边界与连接条件按表 7-22 采用。

表 7-22 边界与连接条件

位置	自由度					
	纵向平动	横向平动	竖向平动	纵向转动	横向转动	竖向转动
主梁与单向滑动支座墩	自由	弹性连接	弹性连接	弹性连接	自由	弹性连接
主梁与双向滑动支座墩	自由	自由	弹性连接	弹性连接	自由	自由
主梁与固定支座墩	弹性连接	弹性连接	弹性连接	弹性连接	自由	弹性连接
承台与桩顶	主从约束	主从约束	主从约束	主从约束	主从约束	主从约束

分析模型考虑桩土的共同作用,桩土的共同作用用等代土弹簧模拟(图 7.11)。

图 7.11 35 m 双线简支梁桥有限元模型

2. 桥梁动力特性

桥梁动力特性分析是研究桥梁振动问题的基础。为了计算地震作用下桥梁结构的动力响应,必须首先计算桥梁结构的动力特性。桥梁动力特性见表 7-23,主要振型如图 7.12 所示。

表 7-23　35 m 双线简支梁桥动力特性

模 态 号	频率（cycle/sec）	周期（sec）	振 型 描 述
1	0.922	1.081	桥墩纵向弯曲
2	0.924	1.081	桥墩纵向弯曲
3	0.930	1.065	桥墩对称横桥向弯曲
4	1.241	0.802	桥墩纵向弯曲

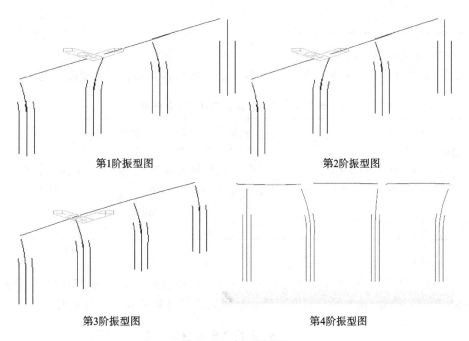

图 7.12　主要振型图

7.6.3　地震反应计算

1. E1 地震作用

根据《城市轨道交通结构抗震设计规范》(GB 50909—2014)，E1 地震作用下重点设防桥梁抗震性能要求为Ⅰ类，采用线性反应谱法进行验算。

(1) 内力计算结果。

计算桥梁的地震作用时,对作用在桥梁上的荷载进行最不利组合。桥墩控制截面的内力组合结果见表 7-24。

表 7-24 E1 地震作用下桥墩墩底内力汇总表

工况序号	N_x /kN	F_y /kN	F_z /kN	M_x /kN·m	M_y /kN·m	M_z /kN·m	说 明
1	10531.5	0	1289.4	0	15951.6	0	恒载+地震 E1 纵向
2	10829.1	1147.1	0	918.5	0	13983.6	恒载+地震 E1 横向

(2) 截面计算参数。

35 m 双线简支梁桥墩计算参数和墩底截面纵向钢筋布置形式见表 7-25。

表 7-25 桥墩计算参数及墩底配筋表

桥墩类型	墩底尺寸		顺桥向钢筋			横桥向钢筋			配筋率/(%)
	顺桥向/cm	横桥向/cm	直径/cm	间距/cm	每束钢筋根数	直径/cm	间距/cm	每束钢筋根数	
矩形墩	160	280	28	10	1	28	10	2	1.1

(3) 桥墩验算。

根据《铁路工程抗震设计规范》(GB 50111—2006)第 7.1.2 条:按多遇地震进行桥墩、基础的强度、偏心及稳定性验算。采用的建筑材料的容许应力见表 7-26。

表 7-26 建筑材料容许应力

材料名称	应力类别	(主力)容许应力/MPa	修正系数	(主力+地震力)容许应力/MPa
混凝土 C35(桩基础)	压应力	10.0	1.5	15.0
混凝土 C40(桥墩)	压应力	13.5	1.5	20.3
钢材 HRB400	拉、压应力	210	1.5	315

35 m 双线简支梁桥墩强度验算结果见表 7-27。

表 7-27　桥墩强度验算表

工况序号	混凝土应力 σ_c/MPa	钢筋拉应力 $\sigma_{\max}$/MPa	轴心受压检算稳定性 σ_c/MPa	是否满足
1	12.68	−197.56	1.90	满足
2	9.51	−142.99	1.04	满足

由表 7-27 计算结果可知：E1 地震作用下，35 m 双线简支梁桥墩的强度满足规范要求。

2．E3 地震作用

1) 材料模型设置

(1) 非线性模型。

计算模型采用三维非线性梁柱纤维单元，三维非线性梁柱纤维单元是钢筋混凝土结构非弹性分析中较为细化并接近实际结构受力性能的分析模型，应用范围较广。其原理是将构件纵向分割成若干段，以每一段中间某一截面的变形代表该段的变形，把横截面按约束混凝土、非约束混凝土、纵向钢筋双向划分为平面网格，每一网格的中心为数值积分点。网格的纵向微段即定义为纤维。通过计算每个纤维的应力，并在断面内进行数值积分，即可求解每个微段的内力变化过程。此时，只要纤维分得足够细、材料本构关系正确、计算精度高，就可满足相应的要求。纤维单元模型如图 7.13 所示。

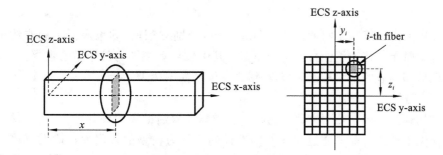

图 7.13　纤维单元模型示意图

本次分析钢筋纤维采用考虑了"Bauschinger"效应和硬化阶段的修正的 Menegotto-Pinto 本构，如图 7.14 所示。

混凝土纤维采用 Mander 本构，考虑了箍筋对核心混凝土的约束效果，如图 7.15 所示。

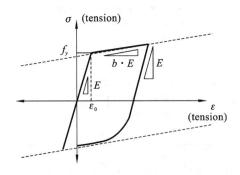

图 7.14 Menegotto-Pinto 模型

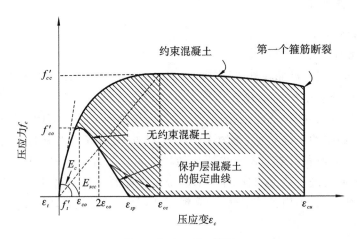

图 7.15 Mander 模型

按照实配钢筋对主墩截面进行纤维划分,分别对钢筋、约束混凝土和非约束混凝土纤维赋予上述弹塑性材料本构模型。其中紫色区域即为约束核心混凝土区域,黄色区域即为非约束混凝土区域,桥墩纤维模型如图 7.16 所示。

(2) 阻尼。

结构耗能主要包括两方面:一为支座、墩脚屈服后的滞回环耗能;二为构件材料的粘滞阻尼耗能。前者通过支座及塑性铰的恢复力模型的包围面积能在直接积分过程中较精确地考虑。而对于后者,强震作用下的弹塑性响应分析的结构的粘滞阻尼耗能则广泛采用瑞利比例阻尼,且阻尼系数是根据系统的质量和初始刚度确定的。虽然这种固定的阻尼系数设置会因结构弹塑性响应时的刚度软化而导致模态阻尼比的增大,造成分析结果的偏差,但研究表明,对于内阻尼产生的模态阻尼比因其数值较小,即使结构出现严重的弹塑性响应,放大的计算阻尼比也不致耗散过多的能量而降低结构延性需求,弹塑性时程分析时采用固定阻尼系数能满足工程计算

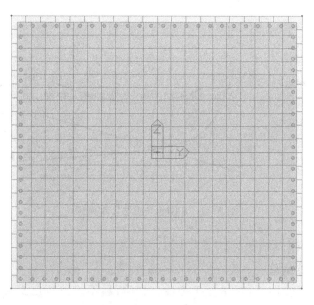

图 7.16 桥墩纤维模型

的精度要求。所以本次分析中粘滞阻尼效果采用 Rayleigh 阻尼数学模型考虑,质量和刚度因子取自初始弹性刚度对应的结构体系。即:

$$C = aM + bK$$

式中,a,b——比例系数。

Rayleigh 阻尼中的系数 a 和 b 由两个特定固有频率 ω_i,ω_j 和对应得振型阻尼比 ω_i,ω_j 从下式计算得到:

$$\begin{cases} a = \dfrac{2\omega_i\omega_j(\xi_i\omega_j - \xi_j\omega_i)}{\omega_i^2 - \omega_j^2} \\ b = \dfrac{2(\xi_j\omega_j - \xi_i\omega_i)}{\omega_j^2 - \omega_i^2} \end{cases}$$

因此,如果能够确定振型的阻尼比 ξ_i,ξ_j,则 Rayleigh 阻尼中系数 a 和 b 可以算出。大部分的桥梁结构基本上是均质的,可以认为阻尼不引起振型耦合,即一般情况下,认为控制频率 ω_i 和频率 ω_j 的阻尼比相等,即 $\xi_i = \xi_j = \xi$,代入上式,可得:

$$\begin{Bmatrix} a \\ b \end{Bmatrix} = \dfrac{2\xi}{\omega_i + \omega_j} \begin{Bmatrix} \omega_i\omega_j \\ 1 \end{Bmatrix}$$

计算简图如图 7.17 所示。

可见,确定结构的阻尼矩阵,关键在于确定结构阻尼比 ξ,以及两阶控制频率 ω_i、ω_j。通常,钢结构的阻尼比 ξ 一般取 2%,混凝土结构的阻尼比取 $\xi = 0.05$,ω_i、ω_j 一般取前几阶对结构振动贡献大的振型的频率。

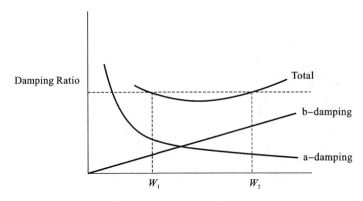

图 7.17 Rayleigh 阻尼计算简图

2) E3 地震作用下计算

(1) 内力计算结果。

假设 E3 地震作用下,桥墩处于弹性工作阶段,不进行刚度折减。弹性状态下,桥墩控制截面的内力组合结果见表 7-28。

表 7-28 E3 地震作用下桥墩墩底内力汇总表

荷载组合	位置	尺寸	$M_{xy}/kN \cdot m$	屈服弯矩	是否屈服
恒载+纵向地震力	墩底	1.6×2.8	84034	36423	屈服
恒载+横向向地震力	墩底	1.6×2.8	79314	34284	屈服

由表 7-28 计算结果可知:E3 地震作用下,35 m 双线简支梁纵桥向、横桥向均进入弹塑性工作阶段,因此针对墩底屈服处设塑性铰进行非线性时程分析。

(2) 塑性铰区抗剪验算。

根据《城市轨道交通结构抗震设计规范》(GB 50909—2014)第 7.2.1 条:钢筋和钢骨混凝土柱式构件的破坏形态应按下列公式进行判定:

弯曲破坏形式:

$$V_{mu} \leqslant V_{yd}$$

剪切破坏形式:

$$V_{mu} > V_{yd}$$

式中,V_{mu}——构件达到截面屈服弯矩时剪力;

V_{yd}——设计剪切抗力。

沿顺桥向和横桥向的抗剪强度及其钢骨混凝土柱式构件破坏形态判定见表 7-29、表 7-30。

表 7-29 35 m 双线简支梁桥墩斜截面抗剪强度验算表

横向剪力/kN	纵向剪力/kN	箍筋直径/mm	箍筋间距/cm	横向抗剪强度/kN	纵向抗剪强度/kN	是否满足	破坏形式
2958.0	3359.0	16	10	9793.6	13133.5	满足	弯曲破坏

表 7-30 35 m 双线简支梁桥墩箍筋配箍率验算表

纵向配箍率	横向配箍率	主筋配筋率的 1/4	最小配箍率	是否满足
0.54%	0.49%	0.29%	0.30%	满足

(3) 桥墩变形验算。

根据《城市轨道交通结构抗震设计规范》(GB 50909—2014)第 5.4.3 条:E3 地震作用下,桥梁采用非线性时程反应法分析。取 6 组加速度时程曲线输入,时程分析的最终结果,取 6 组地震加速度时程计算结果的最大值。

根据《城市轨道交通结构抗震设计规范》(GB 50909—2014)第 7.2.3 条:判别为弯曲破坏的小轴压比柱式构件,其性能等级可按构件转角或塑性铰区转角划分,并针对各性能等级界限值验算构件转角变形。桥墩转角界限值验算见表 7-31。

表 7-31 35 m 双线简支梁桥墩塑性铰转角界限值验算表

E3 地震下最大转角		转角界限值	
顺桥向/rad	横桥向/rad	顺桥向/rad	横桥向/rad
0.0021	0.0017	0.016	0.0023

由表 7.31 计算结果可知:E3 地震作用下,35 m 双线简支梁桥墩塑性铰区转角均小于转角界限值,满足抗震设计规范要求。

(4) 桩基础抗震性能验算。

桩基按照能力保护原则设计时,按桩基设计需求小于其等效屈服弯矩考虑。

在罕遇地震作用下,如桥墩未进入塑性工作范围,其桩基础的内力设计值按罕遇地震作用的计算结果,对于已屈服桥墩的桩基础,按照能力保护的方法进行桩基抗震验算,则各桥墩桩基础单桩最大弯矩均小于屈服弯矩。桩基础抗震性能验算结果见表 7-32。

表 7-32　35 m 双线简支梁桥桩基础最不利单桩承载力验算表

地震方向	桩数×直径	M_{xy}/kN·m	等效屈服弯矩/kN·m	是否满足
纵向	4×1.2	1152.9	2158.7	满足
横向	4×1.2	1534.6	2254.6	满足

由表 7-32 计算结果可知：E3 地震作用下，35 m 双线简支梁桥桩基础抗震性能验算均满足规范要求。

（5）支座抗震验算。

35 m 双线简支梁桥墩支座应按抗震性能等级要求设计，单个支座水平力地震力计算结果见表 7-33。

表 7-33　E3 地震作用下，35 m 双线简支梁单个支座水平力地震力汇总表

墩高	地震方向	顺桥向水平力/kN	横桥向水平力/kN
12 m	纵向	995	—
12 m	横向	—	979.2

在罕遇地震作用下，35 m 简支梁桥单个支座的剪力值均小于支座水平承载力，满足支座承载能力的要求。

（6）抗震构造措施。

35 m 双线简支梁桥墩进行抗震构造设计时，采取的构造措施及与规范要求的对照见表 7-34。

表 7-34　抗震构造设计措施表

序号	设计具体情况	规范要求	是否满足
1	35 m 双线简支梁墩身主筋全截面最小配筋率为 1.1%	墩身主筋全截面配筋率不应小于 0.5%，并不大于 5%	满足
2	加强区箍筋间距为 10 cm；肢距为 30 cm，箍筋最小直径为 16 cm；经计算加强区最小配箍率为 0.49%。	加强区箍筋间距不应大于 10 cm；其他部位不应大于 15 cm；肢距不应大于 40 cm；箍筋直径不应小于 10 mm；配箍率不应低于主筋配筋率的 1/4，且不应低于 0.3%	满足

续表

序号	设计具体情况	规 范 要 求	是否满足
3	钢筋连接构造，按规范执行	圆形箍筋的接头必须采用焊接，焊接长度不小于10倍箍筋直径；矩形箍筋端部应有135°弯钩，弯钩的直段长度不小于20 cm	满足

采取的防落梁装置及抗震措施主要有：

①每孔梁设置纵、横向支挡八个，每个支座都设置挡块，并保证不影响支座的正常使用；

②在支挡结构与梁体间设置缓冲材料；

③墩（台）与基础连接、截面突变、施工缝等部位采取提高抗剪能力的措施。

7.7 轨道交通连续梁桥抗震计算实例

7.7.1 工程概况与地震动输入

1. 工程概况

某轨道交通(35＋50＋35)m双线连续梁桥，上部结构采用单箱单室现浇大箱梁，采用C50混凝土浇筑，下部结构采用矩形花瓶墩，墩高10 m，墩柱为矩形实心截面，墩底截面横桥向宽2.2 m，顺桥向宽2.4 m，采用C40混凝土现浇。墩柱下接6.5 m×10.5 m×2.5 m钢筋混凝土承台，桩基采用摩擦桩基础，采用6根ϕ1.5 m C40混凝土钻孔灌注桩，桩长35.0 m，桩间距3.3 m。承台采用C40混凝土，桩基采用C35混凝土，均按普通钢筋混凝土构件设计。墩顶截面图如图7.18所示，桥墩结构图如图7.19所示。墩柱潜在塑性铰区域截面钢筋布置如图7.20所示。

2. 地震动输入

根据地震动区划图，设计基本地震加速度值为0.2 g，抗震设防烈度为Ⅷ度。场地类别为二类场地，查得设计加速度反应谱特征周期为0.40 s。根据《城市轨道交通结构抗震设计规范》(GB 50909—2014)，该桥梁属于重点设防类别。E1地震、E2地震、E3地震地震动作用下，设计地震动参数：

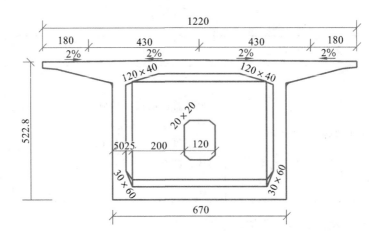

图 7.18 墩顶截面图(单位:cm)

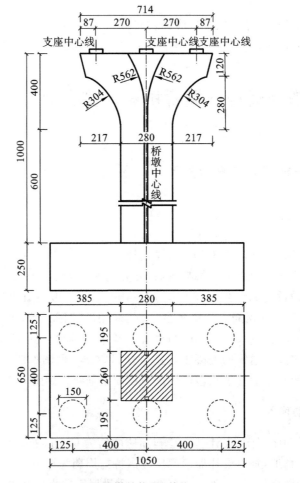

图 7.19 桥墩结构图(单位:cm)

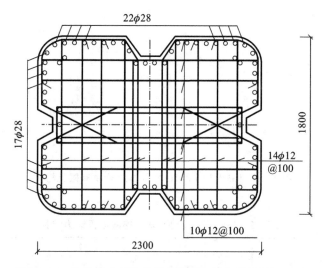

图 7.20 墩柱潜在塑性铰区域截面钢筋布置(单位:mm)

$$\alpha(T) = A_m \times \beta(T)/g$$

式中,$\alpha(T)$——地震影响系数;

A_m——设计地震动峰值加速度(单位是 g,1 g=10 m/s²);

$\beta(T)$——设计地震动加速度放大系数谱。

$$\beta(T) = \begin{cases} 1 + (\beta_{max} - 1)\dfrac{T}{T_1} & 0 \leqslant T < T_1 \\ \beta_{max} & T_1 \leqslant T < T_g \\ \beta_{max}\left(\dfrac{T_g}{T}\right)^\gamma & T_g \leqslant T \leqslant 6 \text{ s} \end{cases}$$

式中,T——反应谱周期;

T_1——反应谱平台起点周期;

T_g——反应谱特征周期;

γ——衰减系数。

7.7.2 计算模型及动力特性

(1) 计算模型。

双线连续梁桥有限元模型如图 7.21 所示。

(2) 桥梁动力特性。

桥梁动力特性分析是研究桥梁振动问题的基础。为了计算地震作用下桥梁结构的动力响应,必须首先计算桥梁结构的动力特性。双线连续梁桥动力特性见表7-35。

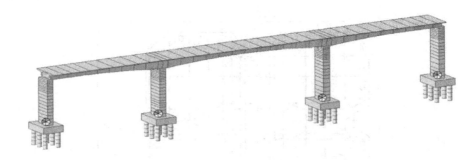

图 7.21 (35＋50＋35)m 双线连续梁桥有限元模型

表 7-35 (35＋50＋35)m 双线连续梁桥动力特性

模态号	频率 (cycle/sec)	周期 (sec)	振型描述
1	1.068	0.936	桥墩纵向弯曲
2	1.207	0.828	桥墩纵向弯曲
3	1.384	0.722	桥墩反对称横桥向弯曲
4	1.871	0.534	桥墩对称横桥向弯曲

7.7.3 地震反应计算

1. E1 地震作用

根据《城市轨道交通结构抗震设计规范》(GB 50909—2014)，E1 地震作用下重点设防桥梁抗震性能要求为 I 类，采用线性反应谱法进行验算。

(1) 内力计算结果。

计算桥梁的地震作用时，对作用在桥梁上的荷载进行最不利组合。桥墩控制截面的内力组合结果见表 7-36。

表 7-36 E1 地震作用下桥墩墩底内力汇总表

墩号	N_x/kN	F_y/kN	F_z/kN	M_y/kN·m	M_z/kN·m	地震荷载
DS1	8792.4	0	1749.1	16031.6	0	恒载+地震 E1 纵向
DS2	16346.7	0	427.2	2473.9	0	
DS3	16416.6	0	5735.3	41814.3	0	
DS4	8640.3	0	288.5	2749	0	
DS1	8931.5	1935.3	0	0	12520.3	恒载+地震 E1 横向
DS2	16560.4	2606	0	0	26194.6	
DS3	16551.4	3063.1	0	0	40790.6	
DS4	8908.3	2241.5	0	0	21203.5	

(2) 截面计算参数。

(35+50+35)m 双线连续梁桥墩计算参数和墩底截面纵向钢筋布置形式见表 7-37。

表 7-37 桥墩计算参数及墩底配筋表

桥墩类型	墩底尺寸		顺桥向钢筋			横桥向钢筋			配筋率/(%)
	顺桥向/cm	横桥向/cm	直径/cm	间距/cm	钢筋布置形式	直径/cm	间距/cm	钢筋布置形式	
边墩	220	240	28	10	单排	28	10	隔根加一	0.67
中墩	300	320	28	10	两根一束	28	10	两根一束	0.80

(3) 桥墩验算。

根据《铁路工程抗震设计规范》(GB 50111—2006)第 7.1.2 条:按多遇地震进行桥墩、基础的强度、偏心及稳定性验算。采用的建筑材料的容许应力见表 7-38。

表 7-38　建筑材料容许应力

材料名称	应力类别	（主力）容许应力/MPa	修正系数	（主力＋地震力）容许应力/MPa
混凝土 C35（桩基础）	压应力	10.0	1.5	15.0
混凝土 C40（桥墩）	压应力	13.5	1.5	20.3
钢材 HRB400	拉、压应力	210	1.5	315

(35＋50＋35)m 双线连续梁桥墩强度验算结果见表 7-39。

表 7-39　桥墩强度验算结果

地震荷载	墩号	混凝土应力 σ_c/MPa	钢筋拉应力 σ_{max}/MPa	轴心受压检算稳定性 σ_c/MPa	是否满足
恒载＋地震 E1 纵向	DS1	9.54	−180.06	1.22	满足
	DS2	2	19.78	1.55	满足
	DS3	12.11	−216.3	1.55	满足
	DS4	2.08	20.33	1.2	满足
恒载＋地震 E1 横向	DS1	6.03	−69.65	1.22	满足
	DS2	8.97	−128.5	1.65	满足
	DS3	12.77	−251.35	1.61	满足
	DS4	10.35	−203.93	1.21	满足

由表 7-39 计算结果可知：E1 地震作用下，(35＋50＋35)m 双线连续梁桥墩的强度满足规范要求。

(4) 桩基础抗震性能验算。

(35＋50＋35)m 双线连续梁桩基础抗震性能验算结果见表 7-40。

表 7-40 (35+50+35)m 双线连续梁桩基础最不利单桩承载力验算结果

地震荷载	墩号	混凝土应力 σ_c/MPa	钢筋拉应力 σ_{max}/MPa
恒载+地震 E1 纵向	DS1	4.88	−78.87
	DS2	3.11	−2.12
	DS3	8.97	−132.23
	DS4	2.93	−1.13
恒载+地震 E1 横向	DS1	4.70	−60.50
	DS2	5.04	−68.54
	DS3	8.07	−111.51
	DS4	7.44	−88.03

由表 7-40 计算结果可知:E1 地震作用下,(35+50+35)m 双线连续梁桩基础抗震性能满足规范要求。

2. E3 地震作用

根据《城市轨道交通结构抗震设计规范》(GB 50909—2014)第 3.3.1 条:E2 地震作用下重点设防类桥梁结构抗震性能要求为Ⅱ级,E3 地震作用下重点设防类桥梁结构抗震性能要求为Ⅲ级。对于振动特性简单的结构采用弹塑性反应谱分析方法;对于振动特性复杂的结构采用非线性时程分析方法。本次设计直接针对 E3 地震进行非线性时程分析。

根据《城市轨道交通结构抗震设计规范》(GB 50909—2014)第 8.3.3 条:抗震性能Ⅲ下,应进行墩、基础结构物及构件的抗剪强度、塑性铰区变形验算。

非线性建模型假定同上节 35 m 双线简支梁。

1) E3 地震作用下普通支座计算结果

(1) 内力计算结果。

假设 E3 地震作用下,桥墩处于弹性工作阶段,不进行刚度折减。弹性状态下,桥墩控制截面的内力组合结果见表 7-41。

表 7-41 E3 地震作用下桥墩墩底内力汇总表

桥 墩 号	计算弯矩		屈服弯矩		验算结果	
	M_y/kN·m	M_z/kN·m	M_y/kN·m	M_z/kN·m	顺桥向	横桥向
DS1	82552.6	60733.6	48614.8	46635.1	屈服	屈服
DS2	6608.3	11022.8	136775	126840	未屈服	未屈服
DS3	256427.4	143465.3	136136	126837	屈服	屈服
DS4	6864.2	58224.9	49063.2	46630.2	未屈服	屈服

由表 7-41 计算结果可知：E3 地震作用下，(35＋50＋35)m 双线连续梁纵桥向、横桥向均进入弹塑性工作阶段，因此针对墩底屈服处设塑性铰进行非线性时程分析。

(2) 塑性铰区抗剪验算。

根据《城市轨道交通结构抗震设计规范》(GB 50909—2014)第 7.2.1 条：钢筋和钢骨混凝土柱式构件的破坏形态应按下列公式进行判定：

弯曲破坏形式：

$$V_{mu} \leqslant V_{yd}$$

剪切破坏形式：

$$V_{mu} > V_{yd}$$

式中，V_{mu}——构件达到截面屈服弯矩时剪力；

V_{yd}——设计剪切抗力。

沿顺桥向和横桥向的抗剪强度及其钢骨混凝土柱式构件破坏形态判定见表 7-42。

表 7-42 (35＋50＋35)m 双线连续梁桥墩斜截面抗剪强度验算表

墩号	横向剪力/kN	纵向剪力/kN	箍筋直径/mm	箍筋间距/cm	横向抗剪强度/kN	纵向抗剪强度/kN	是否满足	破坏形式
DS1	7648	8245.5	16	10	13778.5	13192.0	满足	弯曲破坏
DS2	13766	1279	16	10	21453.2	20771.9	满足	弯曲破坏
DS3	13509	21631.7	16	10	21453.2	20771.9	不满足	剪切破坏
DS4	7369.6	806	16	10	13778.5	13192.0	满足	弯曲破坏

(3) 支座抗震验算。

支座水平地震力验算见表 7-43。

表 7-43 支座水平地震力验算表

墩 号	地震方向	顺桥向水平力/kN	横桥向水平力/kN
DS1	纵向	—	—
DS1	横向	—	2482.43
DS2	纵向	—	—
DS2	横向	—	2795.45
DS3	纵向	−14585.21	—
DS3	横向	—	3021.82
DS4	纵向	—	—
DS4	横向	—	2337.04

由上表 7-43 可知：E3 地震作用下，若按照之前的边界设置，固定墩独自承担顺桥向地震引起的水平力，且已经超过其水平承载力。所以考虑采用减隔震支座，模拟活动支座的水平刚度。

采用《FPQZ 系列摩擦摆球型支座选型指南》中参数，根据支座竖向力等级及桥梁所在工程场地类别确定球面半径，选取相应位移量的支座，并根据相关公式计算出等效刚度，对支座重新进行模拟，计算结果见表 7-44。

表 7-44 支座等效刚度

竖向承载力/kN	摆球面半径 R/m	摆动位移/mm	等效刚度/(kN/m)	备 注
3000	3	500	1180	DX 支座仅约束横桥
12500	4	500	3875	GD 支座水平向双向约束

2) E3 地震作用下减隔震支座计算结果

(1) 内力计算结果。

假设 E3 地震作用下，桥墩处于弹性工作阶段，不进行刚度折减。弹性状态下，桥墩控制截面的内力组合结果见表 7-45。

表 7-45 E3 地震作用下桥墩墩底内力汇总表

桥 墩 号	计算弯矩		屈服弯矩		验 算 结 果	
	$M_y/kN\cdot m$	$M_z/kN\cdot m$	$M_y/kN\cdot m$	$M_z/kN\cdot m$	顺桥向	横桥向
DS1	−16523.99	25575.71	45063.23	46585.67	未屈服	未屈服
DS2	−46772.95	60151.47	119729.05	127667.72	未屈服	未屈服
DS3	8475.13	60907.6	119809.06	127682.14	未屈服	未屈服
DS4	6982.69	26461.07	45027.5018	46579.20	未屈服	未屈服

由表 7-45 计算结果可知:E3 地震作用下,(35+50+35)m 双线连续梁纵桥向、横桥向均未进入塑性工作阶段,因此针对墩柱进行强度验算。

(2) 桥墩验算。

由于墩身未进入塑性工作阶段,对其进行强度验算,采用的建筑材料的容许应力见表 7-38。

(35+50+35)m 双线连续梁桥墩强度验算结果见表 7-46。

表 7-46 桥墩强度验算表

地震荷载	墩号	混凝土应力	钢筋拉应力	轴心受压检算稳定性	是否满足
		σ_c/MPa	σ_{max}/MPa	σ_c/MPa	满足
恒载+地震 E1 纵向	DS1	9.82	−94.34	2.99	满足
	DS2	14.82	−142.98	3.74	满足
	DS3	5.4	53.36	3.75	满足
	DS4	5.57	54.45	2.99	满足
恒载+地震 E1 横向	DS1	14.76	−139.4	2.96	满足
	DS2	12.76	−158.5	3.26	满足
	DS3	12.74	−157.2	3.26	满足
	DS4	14.21	−143.8	2.96	满足

由表 7-39 计算结果可知:采取减隔震支座后,E3 地震作用下,(35+50+35)m 双线连续梁桥墩的强度满足规范要求。

(3) 桩基础抗震性能验算。

(35+50+35)m 双线连续梁桩基础抗震性能验算结果见表 7-47。

表 7-47 (35+50+35)m 双线连续梁桩基础最不利单桩承载力验算表

地震荷载	墩号	混凝土应力 σ_c /MPa	钢筋拉应力 σ_{max} /MPa
恒载+地震 E1 纵向	DS1	10.7	−89.8
	DS2	16.7	−258.3
	DS3	14.3	−176.5
	DS4	8.2	−180.0
恒载+地震 E1 横向	DS1	8.7	−106.3
	DS2	15.4	−185.1
	DS3	14.2	−169.4
	DS4	8	−87.1

由表 7-47 计算结果可知:采取减隔震支座后,E3 地震作用下,(35+50+35)m 双线连续梁桩基础抗震性能满足规范要求。

(4) 支座抗震验算。

(35+50+35)m 双线连续梁桥墩支座应按抗震性能等级要求设计,单个支座水平力地震作用下位移结果见表 7-48。

表 7-48 E3 地震作用下,(35+50+35)m 双线连续梁单个支座位移验算表

支座验算	墩号	最大位移/mm	位移允许值/mm
恒载+地震	DS1	381.8	500
	DS2	426.8	500
	DS3	410.8	500
	DS4	400.2	500

从上表可知,采用抗震球型钢支座,E3 地震作用下共同受力,水平地震力未超过支座允许位移。

(5) 抗震构造措施。

35 m 双线简支梁桥墩进行抗震构造设计时,采取的构造措施及与规范要求的对照见表 7-49。

表 7-49 抗震构造设计措施表

序号	设计具体情况	规范要求	是否满足
1	(35+50+35)m 双线连续梁边墩墩身主筋全截面最小配筋率为 0.67%,中墩墩身主筋全截面最小配筋率为 0.80%	墩身主筋全截面配筋率不应小于 0.5%,并不大于 5%	满足
2	加强区箍筋间距为 10 cm;肢距为 30 cm,箍筋最小直径为 16 cm;经计算加强区最小配箍率为 0.38%	加强区箍筋间距不应大于 10 cm;其他部位不应大于 15 cm;肢距不应大于 40 cm;箍筋直径不应小于 10 mm;配箍率不应低于主筋配筋率的 1/4,且不应低于 0.3%	满足
3	钢筋连接构造,按规范执行	圆形箍筋的接头必须采用焊接,焊接长度不小于 10 倍箍筋直径;矩形箍筋端部应有 135°弯钩,弯钩的直段长度不小于 20 cm	满足

采取的防落梁装置及抗震措施主要有:

①每孔梁设置纵、横向支挡八个,每个支座都设置挡块,并保证不影响支座的正常使用;

②在支挡结构与梁体间设置缓冲材料;

③墩(台)与基础连接、截面突变、施工缝等部位采取提高抗剪能力的措施。

参 考 文 献

[1] 胡聿贤.地震工程学[M].北京:地震出版社,2006.
[2] 范立础.桥梁抗震[M].上海:同济大学出版社,2001.
[3] 范立础,卓卫东.桥梁延性抗震设计[M].北京:人民交通出版社,2001.
[4] 叶爱君,管仲国.桥梁抗震[M].北京:人民交通出版社,2011.
[5] Priestley M J N, Seible F, Calvi G M. Sei and retrofit of bridges[M]. New York: John Wiley Sons, 1996.
[6] 范立础.大跨度桥梁抗震设计[M].北京:人民交通出版社,2001.
[7] 范立础.桥梁减隔震设计[M].北京:人民交通出版社,2001.
[8] 李乔,赵世春.汶川大地震工程震害分析[M].成都:西南交通大学出版社,2008.
[9] 王克海.桥梁抗震研究[M].北京:中国铁道出版社,2007.
[10] R.克拉夫,J.彭津.结构动力学[M].王光远,等,译.北京:科学出版社,1981.
[11] 中华人民共和国交通运输部.汶川地震公路震害图集[M].北京:人民交通出版社,2009.
[12] 李国豪.桥梁结构稳定与振动[M].北京:中国铁道出版社,2003.
[13] 范立础,王志强.桥梁抗震设计理论及应用[M].北京:人民交通出版社,2001
[14] 中华人民共和国国家质量监督检验检疫总局,中国国家标准化管理委员会.中国地震烈度表:GB/T 17742—2008.[S].北京:中国标准出版社,2009.
[15] Philip J M. Shaking table scale model tests of nonlinear soil-pile-superstructure interaction in soft clay [D]. Berkeley: University of California, 1998.
[16] 陈列,胡京涛.桥梁减隔震技术[M].北京:中国铁道出版社,2014.
[17] 于建华,谢用九,魏泳涛.高等结构动力学[M].成都:四川大学出版社,2001.
[18] 艾伦·威廉斯(美).建筑与桥梁抗震设计[M].北京:中国水利水电出版社,2002.
[19] 日本铁道综合技术研究所(日).铁道构造物等设计标准及解说(位移限制)[S].2006.
[20] 叶爱君,范立础.大型桥梁工程的抗震设防标准探讨[J].地震工程与工程振动,2006(02):8-12.
[21] 邓小伟.桥梁震害分析与桥梁抗震概念设计[J].黑龙江科技信息,2012(29):276.
[22] 李向阳,孙珉,梅春.探讨桥梁工程的抗震设计[J].才智,2010(11):27.
[23] 陆晓锦,李利军,王欣.典型公路桥梁抗震设计问题探讨[J].现代交通技术,

2014,11(01):14-16.

[24] 贺金海,王江波,袁万城.连续梁桥的抗震能力概念设计[J].结构工程师,2012,28(05):75-81.

[25] 中华人民共和国建设部.铁路工程抗震设计规范 GB 50111—2006[S].北京:中国计划出版社,2009.

[26] 中华人民共和国交通运输部.公路桥梁抗震设计规范 JTG/T 2231-01—2020[S].北京:人民交通出版社,2020.

[27] 中华人民共和国住房和城乡建设部.城市桥梁抗震设计规范 CJJ 166—2011[S].北京:中国建筑工业出版社,2011.

[28] 中华人民共和国住房和城乡建设部.城市轨道交通结构抗震设计规范 GB 50909—2014[S].北京:中国计划出版社,2014.

[29] 中国国家标准化管理委员会.中国地震动参数区划图 GB 18306—2015[S].北京:中国标准出版社,2015.

[30] 中华人民共和国交通运输部.公路工程抗震规范 JTG B02—2013[S].中交路桥技术有限公司主编.北京:人民交通出版社,2013.

[31] AASHTO. Specifications for LRFD seismic bridge design[S]. Washington DC: American As-sociation of State Highway and Transportation Officials,2014.

[32] Eurocode 8. Design provisions for earthquake resistance of structures[S]. London:European Committee for Standardization,1994.

[33] CEN/TC 340. Anti-seismic devices[S]. EN 15129:2009.

[34] 王再荣,郭恩栋,赵钊,等.桥梁地震破坏等级划分标准浅析[J].世界地震工程,2010,26(01):90-93.

[35] 张龙飞,董斌,韩晓飞,等.汶川地震桥梁震害特征分析及地震易损性研究[J].华北地震科学,2019,37(01):12-19+71.

[36] 林庆利,林均岐,刘金龙,等.基于公路桥梁震害的烈度评定研究[J].地震工程与工程振动,2017,37(04):97-103.

[37] 宋飞,李建中.汶川地震百花大桥震害分析[J].振动与冲击,2015,34(08):121-128.

[38] 庄卫林,刘振宇,蒋劲松.汶川大地震公路桥梁震害分析及对策[J].岩石力学与工程学报,2009,28(7):1377-1387.

[39] 王克海,李茜,朱晞,等.桥梁工程抗震设防标准问题[J].桥梁建设,2008(2):60-62.

[40] 高凤昌.桥梁桩基础抗震性能分析及工程设计中的应用[J].山西交通科技,2003(02):68-70.

[41] 孙利民,范立础.阪神地震后日本桥梁抗震设计规范的改订[J].同济大学学报

（自然科学版），2001(01).

[42] 谢礼立，马玉宏.现代抗震设计理论的发展过程[J].国际地震动态，2003(10)：1-8.

[43] 石岩，王东升，孙治国.中美日桥梁减隔震设计规范的比较研究[J].地震工程与工程振动，2015，35(05)：79-84.

[44] 孔珍，张晓培，牛建军.应用于结构动力反应分析方法的对比研究[J].山西建筑，2006(18)：44-45.

[45] 吴彬，庄军生.铅芯橡胶支座力学性能及其在桥梁工程中减、隔震应用研究[J].中国铁道科学.2004(04).

[46] 藤田隆史，藤田聪，铃木重信，等.建筑隔震用橡胶隔震支座相关试验研究[C].日本机械学会论文集，1988，54(507)：2618-2623.

[47] 可见长英，岩部直征，高山峰夫，等.天然橡胶、高阻尼橡胶、铅芯橡胶的剪切拉伸特性[C].日本建筑学会学术讲演梗概集，1999(B-2)：559.

[48] 周锡元，韩淼，曾德民，等.组合橡胶支座及橡胶支座与柱串联系统的水平刚度计算方法[J].地震工程与工程振动，1999，19(4)：67-75.

[49] 刘文光，周福霖，庄学真，等.中国铅芯夹层橡胶隔震支座各种相关性能及长期性能研究[J].地震工程与工程振动，2002(1)：114-120.

[50] 刘文光，杨巧荣，周福霖，等.橡胶座非线性弹性压缩特性的理论和试验研究[J].地震工程与工程振动，2003(5)：110-118.

[51] Ceccoli C, Mazzotti C, Savoia M. Non-linear seismic analysis of base-isolation RC frame structures[J] Earthquake Engineering and Structural Dynamics, 1998(28):633-653.

[52] Fujita L. High damping rubber bearings for seismic analysis of base-isolation of buildings[J]. Trans. Ja. Soc. Mech. Eng. 1990(C56):658-666.

[53] 庄军生.桥梁减震、隔震支座和装置[M].北京：中国铁道出版社，2012.

[54] Buckle L G, Michael C, Mirat D, et al. Seismic isolation of highway bridges [J]. Buffalo：MCEER report No. 06-SP07, 2006.

[55] 资道铭，梁莹莹，袁涌，等.几种隔震橡胶支座性能研究及隔震效果探讨[J].预应力技术，2013(4).

[56] Kelly J M, Skinner R I, Heine A J. Mechanisms of energy absorption in speciai devices for use in earthquake resistant structures, Bulletin of New Zealand National Society for Earthquake Engineering, 5(1971)63-88.

[57] Camara A. Seismic ehaviour of cable-stayed bridges：design, analysis and seismic devices, Department of continuum mechanics and theory of structures, Technical University of Madrid(UPM), 2011.

[58] Skinney R I, Tyler R G, Heine A J, et al. Hysteresis dampers for the

protection of structures from earthquakes[J]. Buiietin of New Zeaiand National Society for Earthguake Engineering,13(1980)22-26.

[59] Marioni A J. Development of a new type of hysteretic damper for the seismic protection of bridges[J]. Proceedings of the 4th World Congress On Joint Sealing and Bearing Systems for Concrete Structures American Concrete Institute. 1997 955-976

[60] Skinney R I,Key J M,Heine J M. Hysteresis dampers for earthquake resistant structures[J]. Earthquake Engineering and Structure Dynamics(EESD),3(1975)287-296.